吳墉祥在台日記

（1957）

The Diaries of Wu Yung-hsiang at Taiwan, 1957

民國日記｜總序

呂芳上
民國歷史文化學社社長

人是歷史的主體，人性是歷史的內涵。「人事有代謝，往來成古今」（孟浩然），瞭解活生生的「人」，才較能掌握歷史的真相；愈是貼近「人性」的思考，才愈能體會歷史的本質。近代歷史的特色之一是資料閎富而駁雜，由當事人主導、製作而形成的資料，以自傳、回憶錄、口述訪問、函札及日記最為重要，其中日記的完成最即時，描述較能顯現內在的幽微，最受史家重視。

日記本是個人記述每天所見聞、所感思、所作為有選擇的紀錄，雖不必能反映史事整體或各個部分的所有細節，但可以掌握史實發展的一定脈絡。尤其個人日記一方面透露個人單獨親歷之事，補足歷史原貌的闕漏；一方面個人隨時勢變化呈現出不同的心路歷程，對同一史事發為不同的看法和感受，往往會豐富了歷史內容。

中國從宋代以後，開始有更多的讀書人有寫日記的習慣，到近代更是蔚然成風，於是利用日記史料作歷史研究成了近代史學的一大特色。本來不同的史料，各有不同的性質，日記記述形式不一，有的像流水帳，有的生動引人。日記的共同主要特質是自我（self）與私密（privacy），史家是史事的「局外人」，不只注意史實的追尋，更有興趣瞭解歷史如何被體驗和講述，這時對「局內人」所思、所行的掌握和體會，日記便成了十分關鍵的材料。傾聽歷史的聲音，重要的是能聽到「原音」，而非「變音」，日記應屬原音，故價值高。1970年代，在後現代理論影響下，檢驗史料的潛在偏見，成為時尚。論者以為即使親筆日記、函札，亦不必全屬真實。實者，日記記錄可能有偏差，一來自時代政治與社會的制約和氛圍，有清一代文網太密，使讀書人有口難言，或心中自我約束太過。顏李學派李塨死前日記每月後書寫「小心翼翼，俱以終始」八字，心所謂為危，這樣的日記記錄，難暢所欲言，可以想見。二來自人性的弱點，除了「記主」可能自我「美化拔高」之外，主觀、偏私、急功好利、現實等，有意無心的記述或失實、或迴避，例如「胡適日記」於關鍵時刻，不無避實就虛，語焉不詳之處；「閻錫山日記」滿口禮義道德，使用價值略幾近於零，難免令人失望。三來自旁人過度用心的整理、剪裁、甚至「消音」，如「陳誠日記」、「胡宗南日記」，均不免有斧鑿痕跡，不論立意多麼良善，都會是史學研究上難以彌補的損失。史料之於歷史研究，一如「盡信書不如無書」的話語，對證、勘比是個基本功。或謂使用材料多方查證，有如老吏斷獄、法官斷案，取證求其多，追根究柢求其細，庶幾還原案貌，以證據下法理註腳，盡力讓歷史真相水落可石出。是故不同史料對同一史事，記述會有異同，同者互證，異者互勘，於是能逼近史實。而勘比、互證之中，以日記比證日記，或以他人日記，證人物所思所行，亦不失為一良法。

從日記的內容、特質看，研究日記的學者鄒振環，曾將日記概分為記事備忘、工作、學術考據、宗教人生、游歷探險、使行、志感抒情、文藝、戰難、科學、家庭婦女、學生、囚亡、外人在華日記等十四種。事實上，多半的日記是複合型的，柳貽徵說：「國史有日歷，私家有日記，一也。日歷詳一國之事，舉其大而略其細；日記則洪纖必包，無定格，而一身、一家、一地、一國之真史具焉，讀之視日歷有味，且有補於史學。」近代人物如胡適、吳宓、顧頡剛的大部頭日記，大約可被歸為「學人日記」，余英時翻讀《顧頡剛日記》後說，藉日記以窺測顧的內心世界，發現其事業心竟在求知慾上，1930年代後，顧更接近的是流轉於學、政、商三界的「社會活動家」，在謹厚恂恂君子後邊，還擁有激盪以至浪漫的情感世界。於是活生生多面向的人，因此呈現出來，日記的作用可見。

晚清民國，相對於昔時，是日記留存、出版較多的時期，這可能與識字率提升、媒體、出版事業發達相關。過去日記的面世，撰著人多半是時代舞台上的要角，他們的言行、舉動，動見觀瞻，當然不容小覷。但，相對的芸芸眾生，識字或不識字的「小人物」們，在正史中往往是無名英雄，甚至於是「失蹤者」，他們如何參與近代國家的構建，如何共同締造新社會，不應該被埋沒、被忽略。近代中國中西交會、內外戰事頻仍，傳統走向現代，社會矛盾叢生，如何豐富歷史內涵，需要傾聽社會各階層的「原聲」來補足，更寬闊的歷史視野，需要眾人的紀錄來拓展。開放檔案，公布公家、私人資料，這是近代史學界的迫切期待，也是「民國歷史文化學社」大力倡議出版日記叢書的緣由。

導言

侯嘉星
國立中興大學歷史學系助理教授

　　《吳墉祥在台日記》的傳主吳墉祥（1909-2000），
字茂如，山東棲霞縣人。幼年時在棲霞就讀私塾、新式
小學，後負笈煙台，畢業於煙台模範高等小學、私立
先志中學。中學期間受中學校長、教師影響，於1924
年加入中國國民黨；1927 年 5 月中央黨務學校在南京
創設時報考錄取，翌年奉派於山東省黨部服務。1929
年黨務學校改為中央政治學設大學部，故1930 年申請
返校就讀，進入財政系就讀，1933 年以第一名成績畢
業。自政校畢業後留校擔任助教 3 年，1936 年由財政
系及黨部推薦前往安徽地方銀行服務，陸續擔任安慶分
行副理、經理，總行稽核、副總經理，時值抗戰軍興，
隨同皖省政府輾轉於山區維持經濟、調劑金融。1945
年因抗戰勝利在望，山東省主席何思源遊說之下回到故
鄉任職，協助重建山東省銀行。

　　1945 年底山東省銀行正式開業後，傳主擔任總經
理主持行務；1947 年又受國民黨中央黨部委派擔任黨
營事業齊魯公司常務董事，可說深深參與戰後經濟接收
與重建工作。這段期間傳主也通過高考會計師合格，
並當選棲霞區國民大會代表。直到 1949 年 7 月因戰局
逆轉，傳主隨政府遷台，定居於台北。1945 至 1950 這

6 年間的日記深具歷史意義，詳細記載這一段經歷戰時
淪陷區生活、戰後華北接收的諸般細節，乃至於國共內
戰急轉直下的糾結與倉皇，可說是瞭解戰後初期復員工
作、經濟活動以及政黨活動的極佳史料，已正式出版為
《吳墉祥戰後日記》，為戰後經濟史研究一大福音。

　　1949 年來台後，除了初期短暫清算齊魯公司業務
外，傳主以會計師執照維生。當時美援已進入台灣，
1956 年起受聘為美國國際合作總署駐華安全分署之高
級稽核，主要任務是負責美援項目的帳務查核，足跡
遍及全台各地。1960 年代台灣經濟好轉，美援項目逐
漸減少，至 1965 年美援結束，傳主改任職於中美合營
之台達化學工業公司，擔任會計主任、財務長，直到
1976 年退休；國大代表的職務則保留至 1991 年退職。
傳主長期服務於金融界，對銀行、會計及財務工作歷練
豐富，這一點在《吳墉祥戰後日記》的價值中已充分顯
露無遺。來台以後的《吳墉祥在台日記》，更是傳主親
歷中華民國從美援中站穩腳步、再到出口擴張達成經濟
奇蹟的各個階段，尤其遺留之詳實精采的日記，成為回
顧戰台灣後經濟社會發展的寶貴文獻，其價值與意義，
以下分別闡述之。

一

　　史料是瞭解歷史、探討過去的依據，故云「史料為
史之組織細胞，史料不具或不確，則無復史之可言」
（梁啟超，《中國歷史研究法》）。在晚近不斷推陳出
新的史料類型中，日記無疑是備受歷史學家乃至社會各

界重視的材料。相較於政府機關、公司團體所留下之日常文件檔案，日記恰好為個人在私領域中，日常生活留下的紀錄。固然有些日記內容側重公事、有些則抒發情懷，但就材料本身而言，仍然是一種私人立場的記述，不可貿然將之視為客觀史實。受到後現代主義的影響，日記成為研究者與傳主之間的鬥智遊戲。傳主寫下對事件的那一刻，必然帶有個人的想法立場，也帶有某些特別的目的，研究者必須能分辨這些立場與目的，從而探索傳主內心想法。也因此，日記史料之使用有良窳之別，需細細辯證。

那麼進一步說，該如何用使日記這類文獻呢？大致來說，良好的日記需要有三個條件，以發揮內在考證的作用：（1）日記之傳主應該有一定的社會代表性，且包含生平經歷，乃至行止足跡等應具體可供複驗。（2）日記須具備相當之時間跨度，足以呈現長時段的時空變化，且年月日之間的紀錄不宜經常跳躍脫漏。（3）日記本身的文字自然越詳細充實越理想，如此可以提供豐富素材，供來者進一步考辨比對。從上述三個條件來看，《吳墉祥在台日記》無疑是一部上佳的日記史料。

就代表社會性而言，傳主曾擔任省級銀行副總經理、總經理，又當選為國大代表；來台後先為執業會計師，復受聘在美援重要機構中服務，接著擔任大型企業財務長，無論學經歷、專業素養都具有相當代表性。藉由這部日記，我們可以在過去國家宏觀政策之外，以社會中層技術人員的視角，看到中美合作具體的執行情況，也能體會到這段時期的政治、經濟和社會變遷。

　　而在時間跨度方面，傳主自 1927 年投考中央黨務學校起，即有固定寫作日記的習慣，但因抗戰的緣故，早年日記已亡佚，現存日記自 1945 年起，迄於 2000 年，時間跨度長達 55 年，僅 1954 年因蟲蛀損毀，其餘均無日間斷，其難能可貴不言可喻。即便 1945 年至 1976 年供職期間的日記，也長達 32 年，借助長時段的分析比對，我們可以對傳主的思想、心境、性格，乃至習慣等有所掌握，進而對日記中所紀錄的內容有更深層的掌握。

　　最重要的，是傳主每日的日記寫作極有條理，每則均加上「職務」、「師友」、「體質」「娛樂」、「家事」、「交際」、「游覽」等標題，每天日記或兩則或三則不等，顯示紀錄內容的多元。這些內容所反映的，不僅是公務上的專業會計師，更是時代變遷中的黨員、父親、國民。因此從日記的史料價值來看，《吳墉祥在台日記》能帶領我們，用豐富的角度重新體驗一遍戰後台灣的發展之路，也提供專業財經專家觀點以及可靠的事件觀察記錄，讓歷史研究者能細細品味 1951 年至 1976 年這 26 年間，種種宏觀與微觀的時代變遷。

二

　　戰後中華民國的各項成就中，最被世界所關注的，首推是 1980 年代前後台灣經濟奇蹟（Taiwan Economic Miracle）了。台灣經濟奇蹟的出現，有其政策與產業的背景，1950 年開始在美援協助下政府進行基礎建設

與教育投資，配合進口替代政策發展國內產業。接著在
1960 年代起，推動投資獎勵與出口擴張、設立加工出
口區，開啟經濟起飛的年代。由於經濟好轉，1963 年
起台灣已經累積出口外匯，開始逐步償還美援，在國際
間被視為美援國家中的模範生，為少數能快速恢復經濟
自主的案例。在這樣的時代背景中，美援與產業經營，
成為分析台灣經濟奇蹟的關鍵。

《吳墉祥在台日記》中，傳主除了來台初期還擔任
齊魯公司常務董事，負責清算業務外，直到 1956 年底
多憑會計師執照維持生計，但業務並不多收入有限，反
映此時台灣經濟仍未步上軌道，也顯示遷台初期社會物
質匱乏的處境。1956 年下半，負責監督美援計畫執行
的駐華安全分署招聘稽核人員，傳主獲得錄用，成為美
方在台雇用的職員。從日記中可以看到，美援與中美合
作並非圓滑順暢，1956 年 11 月 6 日有「中午王慕堂兄
來訪，謂已聞悉安全分署對余之任用業已確定，以前在
該署工作之中國人往往有不歡而散者，故須有最大之忍
耐以與洋員相處云」，透露著該工作也不輕鬆，中美合
作之間更有許多幽微之處值得再思考。

戰後初期美援在台灣的重大建設頗多，傳主任職期
間往往要遠赴各地查帳，日記中記錄公務中所見美援支
出項目的種種細節，這是過去探討此一課題時很少提到
的。例如 1958 年 4 月前往中橫公路工程處查帳，30 日
的日記中發現「出於意外者則另有輔導會轉來三萬餘元
之新開支，係輔導會組織一農業資源複勘團，在撥款時
以單據抵現由公路局列帳者，可謂驢頭不對馬嘴矣。除

已經設法查詢此事有無公事之根據外，當先將其單據
內容加以審核，發現內容凌亂，次序亦多顛倒，費時良
久，始獲悉單據缺少一萬餘元，當交會計人員與該會再
行核對」。中橫公路的經費由美援會提供公路局執行，
並受美方監督。傅主任職的安全分署即為監督機構，從
這次的查帳可以發現，對於執行單位來說，往往有經費
互相挪用的便宜行事，甚至單據不清等問題，傅主查帳
時一一指出這些問題乃為職責所在，亦能看到其一絲不
苟的態度。1962 年 6 月 14 日傅主前往中華開發公司查
帳時也注意到：「中華開發信託公司為一極特殊之構
成，只有放款，並無存款，業務實為銀行，而又無銀行
之名，以余見此情形，甚懷疑何以不能即由 AID（國際
開發總署）及美援會等機構委託各銀行辦理，豈不省費
省時？現開發公司待遇奇高，為全省之冠，開支浩大，
何以必設此機構辦理放款，實難捉摸云」，顯然他也看
到許多不合理之處，這些紀錄可提供未來探討美援運
用、中美合作關係的更深一層面思考。

　　事實上，最值得討論的部分，是傅主在執行這些任
務所表現出來的操守與堅持，以及這種道德精神。瞿宛
文在《台灣戰後經濟發展的源起：後進發展的為何與如
何》一書中強調，台灣經濟發展除了經濟層面的因素
外，不能忽略經濟官僚的道德力量，特別是這些人經歷
過大陸地區的失敗，故存在著迫切的內在動力，希望努
力建設台灣以洗刷失敗的恥辱。這種精神不僅在高層官
僚中存在，以傅主為代表的中層知識分子與專業人員，
同樣存在著愛國思想、建設熱忱。這種愛國情懷不能單

純以黨國視之，而是做為知識分子對近代以來國家認同
發自內心的追求，這一點從日記中的許多事件細節的描
述可以觀察到。

三

　　1951 年至 1965 年間，除了是台灣經濟由百廢待興
轉向起飛的階段，也是政治社會上的重大轉折年代。政
治上儘管處於戒嚴與動員戡亂時期，並未有太多自由，
但許多知識分子仍然有自己的立場批評時政，特別是屬
於私領域的日記，更是觀察這種態度的極佳媒介，從以
下兩個小故事可以略窺一二。

　　1960 年頭一等的政治大事，是討論總統蔣中正是
否能續任，還是應該交棒給時任副總統的陳誠？依照憲
法規定，總統連選得連任一次，在蔣已於 1954 年連任
一次的情況下，不少社會領袖呼籲應該放棄再度連任以
建立憲政典範。然而國民大會先於 3 月 11 日通過臨時
條款，無視憲法條文規定，同意在特殊情況下蔣得以第
二度連任。因此到了 3 月 21 日正式投票當天，傳主在
日記中寫下：

> 上午，到中山堂參加國民大會第三次會議第一次選
> 舉大會，本日議程為選舉總統……蓋只圈選蔣總統
> 一人，並無競選乃至陪選者，亦徒具純粹之形式而
> 已。又昨晚接黨團幹事會通知，囑一致投票支持，
> 此亦為不可思議之事……開出圈選蔣總統者 1481
> 票，另 28 票未圈，等於空白票，此皆為預料中之

結果，於是街頭鞭炮齊鳴，學生遊行於途，電台廣
播特別節目，一切皆為預定之安排，雖甚隆重，而
實則平淡也。

這段記述以當事人身分，重現了三連任的爭議。對於選
舉總統一事也表現出許多知識分子的批評，認為徒具形
式，特別是「雖甚隆重，而實則平淡也」可以品味出當
時滑稽、無奈的複雜心情。

1959 年 8 月初，因颱風過境造成中南部豪雨成
災，為二十世紀台灣最大規模的天災之一，日記中對此
提到：「本月七日台中台南一帶暴雨成災，政府及人民
已展開救災運動，因災情慘重，財產損失逾十億，死傷
在二十五萬人左右（連殃及數在內），政府正做長期計
畫，今日起禁屠八天，分署會計處同人發起募捐賑災，
余照最高數捐二百元」。時隔一週後，傳主長女即將赴
美國留學，需要繳交的保證金為 300 元，由此可知八七
水災中認捐數額絕非小數。

日記的特點在於，多數時候它是傳主個人抒發內心
情緒的平台，並非提供他人瀏覽的公開版，因此在日記
中往往能寫下當事人心中真正想法。上述兩個小例子，
顯示在政治上傳主充滿愛國情操，樂於發揮人溺己溺
的精神援助他人；但他也對徒具形式的政治大戲興趣缺
缺，甚至個人紀錄字裡行間均頗具批判意識。基於這樣
的理解，我們對於《吳墉祥在台日記》，可以進行更豐
富細緻的考察，一方面同情與理解傳主的心情；另方面
在藉由他的眼光，觀察過去所發生的大小事件。

四

　　然而必須承認的是，願意與傳主鬥智鬥力，投入時間心力的歷史研究者，並非日記最大的讀者群體。對日記感興趣者，更多是作家、編劇、文人乃至一般社會大眾，透過日記的閱讀，體驗另一個人的生命經歷，不僅開拓視野，也豐富我們的情感。確實，《吳墉祥在台日記》不單單是一位會計師、財金專家的工作紀錄簿而已，更是一位丈夫、六名子女的父親、奉公守法的好公民，以及一個「且認他鄉作故鄉」（陳寅恪詩〈憶故居〉）的旅人。藉由閱讀這份日記，令人感受到的是內斂情感、自我紀律，以及愛國熱情，這是屬於那個時代的回憶。

　　歷史的意義在於，唯有藉由認識過去，我們才得以了解現在；了解現在，才能預測未來。在諸多認識過去的方法中，能承載傳主一生精神、豐富閱歷與跌宕人生旅程的日記，是進入門檻較低而閱讀趣味極高的絕佳媒介。《吳墉祥在台日記》可以是歷史學者重新思考戰後台灣經濟發展、政治社會變遷不同面向的史料，也是能啟發小說家、劇作家們編寫創作的素材。總而言之，對閱讀歷史的熱情，並不局限於象牙塔、更非專屬於少數人，近年來大量出版的各類日記，只要願意嘗試接觸，它們將提供讀者無數關於過去的細節與經驗，足供做為將我們推向未來的原動力。

編輯凡例

一、 吳墉祥日記現存自1945年至2000年，本次出版為
　　 1951年以後。

二、 古字、罕用字、簡字、通同字，在不影響文意
　　 下，改以現行字標示。

三、 難以辨識字體或遭蟲註，以■表示。

四、 部分內容涉及家屬隱私，略予刪節，恕不一一
　　 標注。

日記原稿選錄

今 年 的 討 劃

代 1957 年小引

In business, as well as in other pursuits of life, the closed door, the blockade, the "no" is the normal thing! Expecting to get what you are seeking the first time is a baby's idea — an experienced man knows it just doesn't happen that way. If your personal feelings of encouragement on the one hand and depression on the other, are based on whether or not you are searching for push overs, you are going to be depressed most of the time! Realize that "no" is the common, ordinary answer. When you get that "no", your work begins. Find a way around it, over it, or under it, and if your search reveals no way, why, go out and make a new way!

— James T. Mangan

Date

三月二十九日　星期五　晴

三月三十日　星期六　晴

Good boys who to their books apply, will all be great men by and by. —Lincoln

Date

四月十三日　星期六　晴

　　散覽－上午到市立醫院城內分院探看左臂之風濕病，醫師仍配如前此所打之水苦一劑並注射的 C-meta force，全洞一右吃下的行注射之首，另外再注 Vitamin B Complex 10 cc，素知，增世多古效，余固已連日服用 B1，刻它起注時。

　　集會－上午到女師附小出席家長會，乃因家長紀念之老師王老九班之事，據報告中學期學生之功課均無大進步，而男生小學者運動提著之趨向，流又似重之進考原因，迴功自修較勤，望小手控空並多故勵好。

　　旅行－下午二時到仏美在農安隣研究院國文研究小組之同學九人原茲女苗南坡竹山旅行，出席人方書此座，參加人除全会外陳寶器到惇锋，李东向，朱覧張平君，単君漢姓黄君，陈佬烯，外㗎補茶，來多为借用之車土茹，偏油線谷諸經新竹，彰化員林，北斗，溪州而至西螺，看進路第一長橋，迴轉以東北行，经斟栖，斗六，林內，像者巳竹山，由時再上山，凡二十三公里到达該級台灣大学實驗林之溪欵管林区招待所，長君已先迴到站前晚餐，九时入庭，菜肴中有为山上之特產如竹筍筍及珍奇菜，均極鮮美，故從工棧上向研究组本月之例会，沙論報告事项的房，寒夜，甚到達付已晚，各人須半身沐浴就寢，許有房间四個，每個睡三人，余主人及筆者出生實張平君時擢公米房向一间，尤畊稚此矣。

Date

三月十九日　星期日　晴

集會—母校二十週年紀念，將於卅日在母校中允
俟於校友返校，它於今日下午至本擇校由華
行詢各招待校友，余於下午二時火車站
為招集校友會所領系區車返校，車以田則遠，入校內係請先
引签名簿，签名並自寫名條，飯取紀念書刊，此時書刊隊
母校抽收筆小母分作為紀念論文集一厚冊，頗有分量，由
山玉如展覽覽，一為校園同生活型片私
友作品會在好擇玉徽我，國產成平立書籍，西所作稿
文路二有敷十萬字，但本經常貼，十分凌亂，以安性送
往，故本足徽也，由此承玉大禮堂參加酒會，陳校長大
擇在门参抵主為讚，入内以待友署手本署之同等並通
翠诵，甚感生平，特叩後出，遊圖書館筆家，然以持
束主迴車回长此為云。

　娛樂—母校晚间立國際學舍演家戲，爰紀
三十週年，由大鵬剧團演出，第一齣為採客人宇電舖，尚
佳，第二齣為全現合演洋英合，珠鮮稽束，余早退。

　師友—上午，王慕壹兄來話，談妝欠好由義
調回系全校見既，論年後借功代勞云。

　談記—上午到市立貿易神奇港討，珠不另
得校址之資料好，勉強買一件，其城以往，卅分人去編
南往换地均，益為買一件，又電做西擇一條。

The commander of the forces of a large state may be carried off,
but the will of even a common man can not be taken from him. —Confucius

Date

十月三十一日　星期四　晴

職務一今日開始草擬追隨投資災農墾計劃一九五七年支輔導合部分之重恨事宜，此一階段為中輔導合意欲已充量作為生活費與及公營事例開辦費，既屬重筆支出少數，共合作之業務況為助之一九五七年支計劃，以開科要提及變乃乙建築與水利為主乃大義，此一般乙通用方式為本中輔導合以能行供款支付，擬就思乃總達以收使款，但因各地差乙不清，概深各展批發引乙式通用帳，輔導合以便計重恨，好合借乙出乃成乙用與單位不互混細帳，且係幸以一筆接捨，種不大，仍乃不保要，此階段通活帳乙作引以按實序以找單樓，就乙醫療計劃大乙相同，乃於開始至核乙分配成乙字，決定場十單位乙另加乙字，由據君扡任挑園、彰化、陰密、寿豐，袋野筆許作合扡任桃乐乡，竹田、池上宣闌筆互單位，候參乙主行提以重报告。

交際一今日為蔣總統七十壽一誕長乙古開乙西乃古壽堂渴，以低拜壽，什安合以九到三五，一為通信投輔導合級乙乡派赴所立二以重錢費，筆名行絲並領重錢材料一午，三始匹政大學致友合，援捨乱乃地立布甲長旦，及私忱君乃一口式乡乱，植乃祝深，今四就稀壽乙作乡壽乙追乱客周乙古乃乃屑勢壽，今年志過乃乙以乃。

月　日　星期

君子必慎其獨也。

—大學

Date

十月二十五日 星期五 晴

集會一上午九時到中山堂參加國民大會代表與全會行憲十周年紀念會，因係紀念會性質，故正副主席團委員與全體委員皆參加，為中五字等同數女士報告，繼由韓德述致詞，皆老調子十年來之相沿慣調，聽者未感興趣，繼以張廣唐君之乙丑絕句歌加以改調，說此多人仍知舊已不如知人，此為考理論研究之大陸同胞式而令人失望也，此為討論迄未見審議書付政院召集院長批絕或進批其二事未有多意，乃以宣讀經歷討論搁置，歷時共歷一小時而散，下午開檢討會，由吳鴻鈞院長報告一般行政情形，均為空泛之論，歷半小時而散。下午復開年會大會討論今代表之提案九款十件，當未曾討論如前，即行通過，各圖要行決定，來代名而散。傍晚國民大會舉行十周年行憲酒會，中多未曾參加甚多，故稍一巡而散。

娛樂一晚，同紀南到三軍球場看此國民大會勞軍晚會，第四節省，首為歌唱，次為平劇清唱共有妯娌之雙蛇傳，到平劇，約，手之蘭，張之蘭之天女散花等，甚以為相稱，此古崑曲，此尹聚秀此見勝麗之篇定名參卿等清秀，極摇悅耳法，三十許年之風此詞演，取此由康樂隊演二幕舞劇"昭君出塞"而散會，時為十時半。

目　錄

1957 年（49 歲）

代 1957 年小引

In business, as well as in all other pursuits of life, the closed door, the blockade, the "no" is the normal thing! Expecting to get what you are seeking the first time is a baby's idea - an experienced man knows it just doesn't happen that way. If your personal feeling of encouragement on the one hand, and depression on the other, are based on whether or not you are searching for pushovers, you are going to be depressed most of the time! Realize that "no" is the common, ordinary answer.　When you get that "no", your work begins. Find a way around it, over it, or under it, and if your search reveals no way, why, go out and make a new way!

James J. Mangan

1月1日　星期二　晴
集會

上午十時到中山堂參加總統府召集之新年團拜，此為去年國大代表年會預定之總統致詞一項目臨時變更，經總統府說明於最近之將來再行集聚一語之實踐，其實今日不過為一普通之集會，出席者尚有文武高級官員與立監委員等，首先唱國歌，團拜時首先由陳誠副總統率領向總統與夫人行一鞠躬禮，繼由全體分別左右向相行一鞠躬禮，然後由總統宣讀元旦文告，亦即今日在報端發表者，歷時約二十分鐘散會。

交際

安全分署之會計長（Controller）Baranson 事先柬約會計處全體同人於今日下午四至六時在中山北路三段武昌新村其寓所舉行酒會，名為 Open House，余於四時半前往，始知均已先到，且有摸彩之舉，在此時間參加酒會者尚有安全分署署長Brent 夫婦與副署長Bowden 夫婦，稽核人員全到，於五時半分別散去。晚，與德芳率紹彭到會賓樓參加張子文君與馬曼青女士之婚筵，據云係日間到法院舉行公證結婚，晚間再來宴客者，席間有提議由新娘唱京戲娛客者，且亦有人開始以胡琴伴奏，但新娘並不應命，然亦可謂別開生面矣。

體質

連日飯後常有胃酸過多之現象，不知是否與數日來飲酒有關，余自早晨靜坐增加腹部呼吸以來，已覺消化力甚為旺盛，應不虞有胃病滋長之可能焉。

1 月 2 日　星期三　晴

職務

今日我國政府仍放年假一天，而安全分署根據美國大使館之決定於前日特別通知不予放假，故全日照常辦公。余因亟須趕辦之工作太多，故根本對於假期不甚在乎。上午主任稽核劉允中將上月余協辦 Desk Audit 時所寫致美援會之 Memorandum 五件退回三件重擬，其原因為余只著眼於受援人所送財務月報之基金之實際收支部分，對於其他各項如未支付之款項或待支付之款項與基金外用款之記載是否正確，為時間所限皆未一一核對，劉君執此囑余通知受援人切實加以改善，其實此項表件多非初次送來者，余查卷獲悉以前查核此項月報者多未予適時之糾正，及余事過境遷又欲突然加強，徒見此中事務之永遠未上正軌而已，然余等新人只可奉命唯謹，以免貽人口實也。下午開始草擬查帳報告，皆為去年十二月上半月所查之帳，因下半月從事 Desk Audit 而延擱未辦，今日已完成泰發煤礦之一件，因其有餘款待繳及還款拖延，認為暫難予以結束，預期其可以結束者，事實上多有困難。

娛樂

晚，與德芳率紹寧、紹因到三軍球場看白雪溜冰團（Holiday on Ice）表演，節目甚多，歷時二小時始畢，溜冰之技術嘆為觀止，而燈光與服裝亦皆上乘，以冰上各種舞蹈為最精彩。

1 月 3 日　星期四　晴

職務

草擬查帳報告之又一件，為台灣電信管理局按裝台北及嘉義與台南新電話設備之貸款七百十七萬元，去年查帳時已有之查帳紀錄為程寶嘉所辦，因退回五十萬元，曾建議將 CEA 由八百二十萬元就額改為七百七十萬元，此事已經實現，但該款係於上次查帳後始行完全用畢，故余之報告為一種之 Follow-up Report 將已經完成之建議加以報告，同時亦為一種之 Final Report，因款已用完，可以結束也。余照新定格式擬就，送劉允中主任稽核，渠最初認為須改換格式，用舊有之 Final Report 式，後又以為可用 Follow-up 格式，但其中所有敘述用款之情形而並未發現不當情形者，皆一律刪去，至於余對於其期末須繳回剩餘材料款一節，報告上只寫明須繳回，且已查明於十二月十八日繳回美援會，應進一步查明已否將 CEA 修改新額一併說明，庶可完全結束云。小工業貸款案內之齊魯公司前曾囑其將補記之援款帳送閱，日昨再催，今日始派員來送，大致相合。汽車公會八家會員汽車底盤貸款，只待立帳一事補辦妥當即可結束，今日約其主辦人來談，當決定由彼往各家催辦，並將其帳簿取來，未還款者催還。

體質

　　續注射 Origon 一針，油質，今日最不痛。

1月4日　星期五　雨

職務

　　今日全日用於結束上月處理各案件之修改與重辦事宜，此中又分查帳案件與內部審核案件兩部分，查帳案件余共辦四件，一為電信管理局，昨日報告寫成經劉允中主任修改後，今日復向本署 ADO 查詢修改之 CEA，知尚未送到，乃又向美援會財務處翟永全君處查詢，知甫於上月二十八日簽出，自是日以後之援款總額已須自七十七萬再改為六十四萬餘元矣，此點須包括在報告之內。二為泰發煤礦，余之報告經劉允中主任認為須用 Final Report 式，又須等待改寫。三為八家汽車公司，待公會帶帳繳卷。四為小工業貸款,今日又有利源公司送帳驗看,至是資料已齊。內部審核案件擬成 Desk Audit Memo 者五件,除一件包括五〇餘件者尚在核閱外,另四件中之一為台南蔬菜脫水貸款,本已修改重擬一次,今日劉君又有新意見,乃三度抄寫,二為基隆造船公司,劉君將應付款之一段數目重作,附有小表,用字之多在此項 memo 中為僅見,其實此二單位以前送來之表皆未如此改正,三為生產力中心,其會計李小姐今日來面談改編辦法,因其涉及兩年度之數字,須予以切斷,亦為以前所忽略者,四為漁船貸款,須待土地銀行假滿,始得通知其前來接洽如何改正焉。同事黃君鼎丞與樓君有鍾皆與余住在附近之街巷,今日下班後三人首至黃君寓拜訪,然後至樓君家看其尊翁,然後黃君來余家訪問,均略談即去。晚,蘇景泉兄來訪,閒談至八時去。

1 月 5 日　星期六　晴

業務

　　上午,依前數日之預定,到第四建築信用合作社繼續辦理查帳工作,余本已通知該社會計孫瑞華君將余所需要之數字抄出,比至始知渠根本未作準備,乃重作叮嚀,預約於明日上午繼續查核,據孫君云其未能準備妥當之原因係由於新年後該社換立新帳,工作甚繁之故云。

師友

　　下午同德芳到溫州街台灣大學宿舍訪周玉津教授夫

婦，並贈送覓工人所做貼花被單一床，緣不久以前紹南
為其長女補課，渠曾有餽贈，其夫人且來訪問面送，深
感須禮尚往來云。

1月6日　星期日　晴
業務
　　上午，到第四建築信用合作社查帳，孫瑞華會計已
將該社去年底之存放款本息數算出，余再囑其分別將
去年底利息總數按官定利率重算，並依律師之需要將
四十一年二月七日與四十三年一月二十二日之本息數加
以核算，渠已將當日之本金抄出，余將各相當期間之利
率加以註明，仍囑孫君加以計算，並定後日晚間繼續辦
理，以便應律師十二日開庭之需。
師友
　　上午到成功新村訪蕭一葦君不遇，留字定於星期四
再來，並請探詢陸軍總部有無成立運輸部隊及向各部隊
調用駕駛官兵之事。（吳伯實託）

1月7日　星期一　晴
職務
　　今日全日工作為改作查帳報告，共計二件，一件為
台灣電信管理局，本將所有之 Findings 欄對於查出之項
目加以敘述，雖多為正面的，甚少須加以改正之事項，
經劉允中主任核閱後認為此皆辭費，不必多所鋪陳，改
為極簡單之形式，幾乎為僅說明此項 project 可以結束
而已，今日即將此重新寫清。另一件為泰發煤礦，余

本已將有關事項寫成 Findings 數項，經彼核閱後，認為須作一單獨之報告，其方式不用上項 Follow-up 式，而用彼為余所臨時開出之項目，實際上不過將各該項目之次序另加排列而已，重寫雖不費時，然因余係先在抄簿上起稿，然後謄清作為 Draft，故費時倍蓰焉。余上月十二日出差到頂雙溪泰發煤礦查帳之旅費，列報後至今將近一個月始行領到，所用五聯單發交一聯於余，格式甚為複雜，而所填者不過寥寥數字，不知何以必須如此浪費紙張也。

師友

下午到台灣銀行訪趙榮瑞君探詢彼所知悉之省立小學學生轉學手續，以便為樓有鍾君之女設法轉學，趙君並不詳知，云將到北師附小訪問相識之教師探詢詳情云。

瑣記

到信義路三段英語補習班，教師仍未到。

1 月 8 日　星期二　晴

職務

昨日所作之查帳報告今日重新謄清繳卷。今日著手草擬另一報告，此為去年十一月間與本署 ADI 同人一同出發查核之 Small Industrial Loan 十一家，所據之原始資料為 ADI 之賴、林二君查帳報告，據云此項查帳之 joint team 例係由 ADI 與會計處之 Audit Section 與 End-use Section 一同出發，獨此次 End-use Section 無人參加，而一向由該 Section 起草報告，於是乃將此工作

推之於余，余分頭訪賴君與 End-use Section 經常寫報
告之李君，聽取其意見，決定分為兩個報告，一個為五
家尚須將來 Follow-up 者，一個為六家為可以圓滿結束
者，並將加入一家以前陸慧禪稽核查過，因未接 Final
Report 而延不予以結束者共成七家，今日只寫成五家一
份之大部。Desk Audit 中之中國生產力中心今日來陳、
李二君送閱其新改之月報，並加說明，大體已妥。

業務

　　晚到第四建築信用合作社為其核算有關訟爭之存放
款本息數，此為第四次前往，今日已將囑其會計孫瑞華
蒐集之基本數字找齊。

師友

　　以電話詢問女師朱綺芬君託探詢女師附小之收留轉
學生方式，據云憑證件交涉即可，不受學區制之限制，
當即轉告樓有鍾君。

1月9日　星期三　晴

職務

　　今日繼續從事於去年未了之事項，其中有為余所審
核之 Desk Audit 須另行囑各接受援款單位補繳或改作月
報表者，其一為中國生產力中心，該單位幾完全恃美援
而存在，因年度在六月底結束，該中心直至十一月始領
到本年度之款，此前四個月則係用上年度應繳回未繳回
之款以為延續，致在十一月份表內有收入去年累計數及
繳回去年款之記載，殊不合規定，經囑其切斷，十一月
份只列入新收本年度款，已改作完成於今日送來，其二

為土地銀行經辦之漁船貸款，十一月份有三百餘萬元美
援會撥出而該行未收，據來人解釋為台灣銀行遲遲未予
照撥之故，經囑其另附便條於月報表上，謂於十二月照
收無誤，以作解釋地步，此二家經此改補，即將發信糾
正事取消。

業務

晚利用業餘時間，將第四建築信用合作社之託余證
明事項寫成證明書一件，函送李洪嶽律師，聲明證明公
費依新規定為自一千元起，又去年曾辦過證明一件，其
時係從五百元起，如另支顧問公費，即可打一八折，請
其轉洽該社，末並附筆兼致該社之鄭雍若、張子文、邢
開場等。

瑣記

晚飯樓有鍾君發起在長安館吃羊肉煮饃與釀皮子，
此二種麵食皆為余等初次嘗試，煮饃用若干湯加若干饃
本可自定，余等不知，彼所給份量太多，以致太飽。

集會

晚出席小組會議，略談即散。

1 月 10 日   星期四   晴

職務

去年所查八家汽車公司增購汽車底盤貸款本已可以
完全結束，只因 Final report 未曾送齊，立帳情形未能
往看，及其中一家貸款過去未能還清等故，不能結束，
今日該公會之黃君已由各地催辦回台北，將未送 Final
Report 之四家之結束報告送來，又將六家所立帳簿送來

驗看，並云未清還之一家亦已清還，經以電話詢問台灣
銀行屬實，遂即寫成一查帳報告，認為可以圓滿結束。
發出之 Desk Audit Memorandum 余於今日始實際從事
於校對工作，其手續為由打字員將原稿及打清之件一併
送余，將二者校閱無誤後即在其中印有暗文字跡 copy
之一張上簽字，隨即交原核稿人順序簽字，最後發出，
余將原稿留下備查，因余已不從事 Desk Audit，故即轉
交胡重仁君保存。泰發煤礦林義德君前來補送其結束報
告，此項報告在 ICA 及美援會卷內均未查到，乃在前
數日函林君，渠於此事完全不知，其會計則服兵役未
歸，故上午來送其文卷請余認定係何件，下午即將打件
送來。

師友

　　晚，訪蕭一葦君於成功新村 218 號，探詢吳伯實託
詢之是否有向所屬部隊調用駕駛人員之事，據蕭君及
同在陸軍總部服務之李如初君云，似有類似之事尚未
定案，即調用官兵亦須從連排調起，並無按人選調之
事，蕭君為畫家，素養甚深，與談藝事，極為投契，談
一小時。

1月11日　星期五　晴

職務

　　今日全日工作為修正數日前所作成之泰發煤礦查帳
報告，但只查卷蒐集資料，尚未動筆行文，緣該項報告
送劉允中主任後，今日送還，認為格式方面尚須再加修
正，而內容方面則有數點尚欠具體，余乃查閱卷宗，

因內容不全，又向沈熙亮君調閱美援會之卷宗，但對於
若干文件之根據尚感不夠具體。十一月間所查十一家
小工業貸款，余已草成報告兩件，一件為認為可以結
束的，另一件為尚須 Follow-up 的，此報告向來歸 End-
use Section 之李君執筆，余乃於寫成後送其表示意見，
彼認為工業組認為可以結束的一家應歸於不結束，另有
一家余以其動用援款向同一字號之公司買入機器，主張
改照其進口結匯成本計算，李君則認為應全剔除或不剔
除，而在兩個同屬公司組織者則似不適用此項條款，又
余本考慮工貸之所謂向有關字號買進機器在所不許者，
係第三批始有之規定，本案為第二期，本可不受約束，
因與陸君慧禪商量，彼不以為然，乃始列入，今李君所
見果有不同，則所言是已。劉允中主任語余，計劃中余
將來稽核工作之對象為退除役官兵就業輔導委員會有關
之援款計劃，下星期東西橫貫公路上年度之援款須作結
束之稽核，由葉于鑫君任之，囑余亦一同前往，俾對此
等事有更深刻之了解，葉君並將此事對余略述其梗概，
將於下星期先將他事作一結束，星期三、四前往。

1 月 12 日　星期六　晴
集會
　　上午，到女師附小幼稚園參加好寶寶會，此為該校
所籌備，由全體兒童表演，而非正式通知學生家長亦來
參加者，紹彭參加表演小樂隊，余未終而退。
瑣記
　　上午到中山北路林麥公司，為修理 Parker 鋼筆而

往，據檢查云係筆尖受損，略有殘缺，無法恢復原狀。
此筆余已用三十年，全部日記每年約二十萬字累計約
六百萬字皆出此一筆，雖式樣已老，余愛之如拱璧，前
日忽遺落地板上，當時即不好用，略加校正，始勉強
可用，然已不似原有之流利矣，當時黯然久之，無可奈
何也。

參觀

上午到法院參觀司法節之監所作業出品展覽會，以
木器為最多，式樣亦有極好者，余中意一書櫃，因已被
人定去，余知其台北監獄出品，會當於以後圖之，此外
尚有縫工、印刷乃至玩具等出品，略看即返。

娛樂

晚到三軍球場看電影，為大同中學學生所放映之
「春風化雨」，乃二十世紀福斯公司新藝綜合體五彩出
品，由 Jennifer Jones 主演，寫一偉大之教育家的故事，
極為感人，余本已看過，此為重看，率紹中與紹寧參
加，聲光俱佳。本片雖為佳片，然故事不無強湊之缺
點，例如萬人在醫院外等候女教師開刀化險為夷之消
息，女主角仍以所授地理及如何考試為念，在一危險病
人，此殊不近人情也。

1月13日　星期日　晴

師友

晨，訪吳治檢察官於比鄰，代為與其商洽又一鄰居
鄭太太所遭遇之法律問題，緣鄭君所營印刷店於九月
三十日接到貨款支票五千元，該支票之支票背書為徐

某，出票人亦姓鄭，九月三十日持票人提出交換，經其據徐、鄭之要求撤回，直至本月六日始再度提出，然出票人已無償債能力，向背書人要求，則亦規避責任，鄭君乃託余與吳治兄研究，今日吳君謂此項債務依票據法之規定持票人已無保障，因退票須有理由書，而提示付款又須在出票後十天為之，彼九月三十日提示並無退票之事，於是不能適用此項期日之規定矣，至於其後有理由書之退票則又遠在出票日十天之後，故根據此點，鄭君對徐之追索權不能維持，結果只能以普通債權向法院聲請。晚到交通銀行訪王慕堂兄，面交本日所收轉之美國來信一件，並閒談其研讀資治通鑑之心得。上午丁暄曾君來訪，談其在國防部工作情形與其夫人在紙業公司工作之情形，並贈送國防部印就之日曆一組。

交際

晚，到第十信用合作社參加其社員代表大會，通過預決算等，並選舉理監事，繼即請客，余待其席終始散。今年度該社之紀念品為皮帶一條，皮質甚佳，惜其鐵環上印有第十信用合作社字樣及本社大門圖樣，頗不雅觀云。

1 月 14 日　星期一　陰

職務

今日重寫泰發煤礦之查帳報告，此已為第三次，第一次係根據最近劉允中主任交余之 Follow-up Report 格式，交核後認為須改用另一種較為詳盡之格式，對於 Findings 須詳為說明，但不參加意見，余重寫後，劉君

對於內容又認為有須補充處，而文字亦有須加潤飾處，
乃於今日第三度屬稿，因其中有涉及若干公文號碼與日
期之處，須將文卷查明，始可列入，故上午係將若干文
卷重加檢閱，下午將稿擬就，文字比第一次又多出不
少，若干數字之算法亦有變通之處，而主要補充為核准
支出關稅之原卷號數，又申請變更償還計劃中申請與批
駁日期等，又對於預算數實支數相比較之差額較大項目
亦加以說明其原因之所在。因不久即須出差，依照規定
可以預支旅費六百元，待年度終了歸還，余乃於今日將
申請預支之格式填就送行政部分之蔣君辦理撥支手續，
尚不知若干時日始可領到。每星期一為領用文具用品之
日，今日領用紙張封套均已領到，惟已領數次無存之剪
刀與膠紙二者仍未有補充，又有領用鉛筆數次而迄今未
發者。

師友

上午到經濟安定委員會訪劉鳳文兄，因渠住中和
鄉，對於公路局車次較為詳細，乃受樓有鍾君之託前往
查抄，備其明日赴中和鄉參考之用。

1月15日　星期二　晴

職務

今日將泰發煤礦之查帳報告於第三次清稿後送劉允
中主任，下午果不出所料，又被改動若干處，須作第四
次之清稿，此次所改者有為余所新增之內容文字被認為
欠妥者，亦有本為劉君改過抄入，又被重新修改者，亦
可見劉君文字固較熟練，然其過於注重文字修飾，以向

外籍官員儘量表現，亦屬難免過份，且渠對於內容方面並不作深入之分析，只求在文字上能自圓其說，可見當前之風氣實在形式重於實質也。今日報告中余再三斟酌者為泰發煤礦由相對基金內支付關稅一項應如何剔除，緣支付關稅之核准乃出於美援會一紙公文，該文雖未明白指出關稅，然在泰發之來文上對照觀察，其所請示者為關稅之支付，其答復亦認為非不可支付，自然認為有效，而實際是否確當不移，固大有問題，且美援會辦稿者為劉溥仁，文字並不十分清楚，余對此案本亦可另有立場，但為簡化案情，仍准予列支，只主張將相當部分轉讓他人之關稅退回，其本身使用之器材所支付之關稅則仍准列支焉。將上週所寫另一小工業貸款查帳報告開始重寫，其原因為依據李君之意見將認為可以結案之厚生橡膠廠不予結案，以待其正式開工始予結案，並將另一永豐公司之本不予結案者，予以結案，今日只寫不結案之一件，大體完成。

1 月 16 日　星期三　晴有陣雨
職務

上午將泰發煤礦查帳報告作第四次清稿，送之劉允中主任，此次未再退回，諒不致再清第五次矣。今日有一事甚細小而微妙，緣前數日所作之 Desk Audit，其中有退除役官兵就業輔導委員會一個經費戶所列之月報表收入總數，與美援會表報不符，其原因為剩餘經費已經退還美援會且已將撥款授權書（CEA）作最後之修正，而受援機關則未列入，此項繳回款之事實發生甚早，

CEA 修改亦為十一月十五日之事，而十一月份月報不能表明，自屬不合，於是發信糾正，余第一次稿本將此項日期寫出，表示不應遲至半月又似不知，經劉允中主任改為十一月份內之授權書，日期略去，余謄清後送之劉君後，直至今日打清待發送余核校時始發現又作一次修改，將十一月內之字樣又改為 ... latest amendment dated November, 1956，余初疑為漏寫日期，及細看改正之稿十分清楚（用鉛筆），意亦似非不可通，乃送之劉君，彼亦認為須有date，及看原稿筆跡為會計長之筆跡，又感覺困難，欲詢又止，就商於Johnson，結果認為聽其自然，不加過問為妙，但余見會計長所核改其他文字皆用鋼筆，何以獨此一字用鉛筆，殊不可解，即其用鋼筆所改之字亦皆只在閒字眼上用功夫，實際不關大體，由此可見會計長 Baranson 之為人喜問細事，固名不虛傳也。

1月17日　星期四　晴

職務

數日前所寫之小工業貸款查帳報告二件，其中包括一件尚待以後 follow-up 者五家，一件包括可以結案者六家，兩件本已皆送 End-use Section 之李君核閱，彼至今只送回一件，主張尚有出入，認為余認定之向連號買進冷凍機之永豐公司援款須繳回者尚可考慮，而另一家厚生橡膠廠 AD/I 部分認為可以結案者，因尚未開工，最好亦加入不完全者之內，余今日採納其意見，將尚待續查部分之一件重新寫好，將永豐改為厚生，送劉允中主任先核。據聞此項報告向歸 End-use Section 動筆，此次因彼無人參加，故改由余寫，其實帳務部分已全無問題，將來續看亦只 AD/I 與該 Section 而已，余今日之報告等於完全為人代勞也。去年經辦事項，現已處理大體就緒，下午乃開始閱覽東西橫貫公路之文卷，一部分為勘測，業已完成，另一部分為興建，全部粗略計劃需三億元，歷時二年半，今年為第一次計劃，預定二千五百萬元，但至年底實用一千餘萬，餘款延至次年度使用，刻已完成之工程只為修整以前日據時代已經粗有規模之部分，艱難尚非甚多云。

業務

孫福海君以電話告余，余之事務所轉讓已經簽約，應找回之款為以三月計共七百五十元，至於桌椅余表示暫時可以不移回，但不受約束，在必要時當移出，惟必於事前若干日通知前途，以便準備云。

1月18日　星期五　晴

職務

關於泰發煤礦之查帳報告，End-use Section 之李君將加入一段美金器材部分之使用情形，另表示對於該礦遲不還款之癥結應加以說明，余乃於今日加補一段，說明該礦提出之遲延還款已經美援會拒絕，但其有無償還能力全在是否有營業之足夠收入，懷特公司曾建議，目前煤業調整委員會收購七成五以上價格遠低於市價之現象應加改善，至少應有半數允其自售，此二者應請美援會再加考慮，以免徒然虛張聲勢，事實上懸宕不決夜長

夢多云。閱覽美援會所編按月送安全分署之相對基金報
告表，由此可知美援內台幣部分之全貌，此項報告表分
為四本，一為特別帳戶第一號，乃狹義之相對基金存入
與支出記錄，二為第二號帳戶，乃借出而又收回本息後
再作運用者，三為剩餘農產品售價美國政府台幣部分，
即所謂 505 及 402 法案內之援款，四為此項援款之收回
本息部分，至目前為止尚未重加運用，亦係因為數不多
之故，不若第二號帳戶之積有成數時輒於再度運用動用
之餘仍轉入第一號帳戶也。

師友

　　晚，楊孝先氏著其外孫車如麟來訪，並送還兩年前
於代其墊用款新台幣二百元，固辭不獲。

家事

　　本星期用木工、瓦工製新大門及修整水泥地，皆由
德芳經理，事事辛勞，今日已經告一段落。

1 月 19 日　星期六　晴

瑣記

　　今日休假，全日用於料理私事，上午到銀行送存前
日所領薪給短期內可以不致使用者，本欲共存一千六百
元，其中一千元為自有，另六百元為所借支之旅費周轉
金，到達彰化銀行時，填寫一千五百元送款簿，此乃較
早時之打算，迨將現款送出納員時，渠點查為一千六百
元，余將其所多者仍舊帶回，始終以為係誤將現金多
帶，直至晚間開始寫日記時始憶及原有存一千六百元之
議，而整日全未憶及，此等類事近日時常有之，不知記

憶力之衰退，何以竟至如此，且有時幾乎近乎顛倒，月餘以來所注射之荷爾蒙竟亦未發生何等作用，是真大可悲哀者也。

1 月 20 日　星期日　晴

家事

下午率紹因、紹彭到姑母家閒談，便中詢問油漆門窗應用何種漆料及工作等，據云最好為長城牌，此中亦無何等技巧，可以抽暇自己為之，兩門約需四分之一加侖云。

瑣記

午後到南勢角看國民住宅興建委員會所建之住宅房屋，因門窗多數未開，余只就一個開放者參觀，由建積觀察，此當係一參考之圖式，內部尚精緻，但太小，廁所亦欠佳。

師友

晚，吳治與孫告業兩君聯袂來訪，吳君為陪同孫君來，談里長候選人登記今日截止，尚無一人登記，舊里長亦未登記，詢余有無興趣競選，余答無此興趣，且戶籍目前不在古亭區龍匣里，余提出王一臨兄，同往徵求意見，亦無結果。

1 月 21 日　星期一　陰雨

職務

本定於今日開始到公路局查核東西橫貫公路之援款帳目，但又延期，原因為此次準備同去者除葉于鑫稽核與余及 End-use Section 之胡君外，尚有本處稽核部分之 Chief Johnson 亦將前往，今日葉君詢其如何部署，答云今日先作準備工作，且因此項公路為退除役官兵就業輔導會計劃之一，須先赴該會，再赴公路局，於是此項工作何日開始暫尚未定，今日葉君著手草擬將來撰寫報告之綱目，余則將此項援款之 PPA（Project Proposal and Approval）與 ProAg（Project Agreement）之內容再度加以閱覽，其要點本只在抄簿上加以記錄，因余只為幫忙性質，且知葉君本已前往查過，故未先作work paper，今晨葉君語余，須先作此項工作，且意似未見過此項 PPA 之文卷者，余乃為之大惑，但既已知有此必要，只得從頭再用 working sheet 做起，將此案核定前後有關資料要點加以摘錄，由其用款預算一項，在 PPA 及以後公路局之請款書上所載名義，乃作比較之登記，以窺全豹，同時又閱及公路局所提出之勘查總報告書，其中本文占二十頁，以下為路線圖、資源分佈圖，以及預算計算之根據說明等，訂成一厚冊，內容簡單扼要，讀後對於此項東西公路之鳥瞰得以攝取，實為一實事求是之報告也。

1月22日　星期二　陰雨

職務

今日重新整理泰發煤礦之查帳報告，所以再度整理者，因劉允中主任核過經余重抄後即送 Audit Section 之 Chief A. O. Johnson 核閱，彼將二年前葉于鑫與黃鼎丞二稽核之查帳報告看過一次，即認為鋪陳過甚，刪去十之六七，重要者為預算與實支之比較，支出關稅之器材轉讓其他事業後應相應而繳回相對基金帳之數目，以及還款遲延應如何補救各節，皆一一刪去，所餘者即為收支相抵無餘，還本付息至今尚未開始等項，而因並無尚未完成之事項，本應作為報告之性質屬於 Incomplete 者，至此則改為 Satisfactory 矣，此實為該礦礦主所求之不得者，余本以對於關稅一項之核准至為勉強，但為顧全美援會輕率核准之顏面，將器材中之自用部分不復剔除，轉讓部分則必須剔除，余本因為數只有二千餘元，詢之劉允中主任是否可以認為為時已久而為數無多即不予理睬，劉君以為不然，乃於清稿後再度送交 Johnson，彼竟化繁為簡，殊出意外，此中辦事人好改文章，余私忖設余所作者果如此簡單，渠又將認為不夠充分矣，此真所謂無可奈何者也。所作小工業貸款五家 Incomplete 部分查帳報告，今日據劉允中主任刪改重繕。

集會

　　晚，出席經濟座談會於經濟部，由經濟安定委員會秘書長錢昌祚報告第二個四年經濟計劃之概要。

1 月 23 日　星期三　陰雨

職務

　　關於公路局運用美援貸款而修築東西橫貫公路之核准經過，如 PPA 之簽訂，Project Agreement 之簽訂，公路局預算之提出等項，已於早兩日將內容摘要備參考，現在所不知者為截至年底實際支用之情形，此則由最近月份之月報表內覘之，今日將該局所送之十二月份月報詳加核算，計有一總表，另有五分表，此六表又彙成全Project 之表，總表即總工程處之表，五分表則附屬單位之表，余將此六者與全 Project 之表相核對，發見為數均屬相符，下午則根據該表所列之項目依據預算所列者另用 work sheet 作成一大表，左方表示各預算項目，右方表示各單位實支數目，於是縱橫均使相加而總額縱橫相等，各預算項目抄完後，即以 cash on hand、cash in bank 及 cash in transit 與存在 VACRS（國軍退除役官兵就業輔導委員會）之購料基金等項目將其支餘之款項一一加以分析列出，而最後縱橫相加使成總數一千萬有餘，亦即該局所報淨支出額之根據，此表作成後對於出發查帳之準備工作即已大體完成，但亦有疑團難析者，即該局月報列支餘之數較上述之實支數為多，而 CEA 已經照上述實支數改過，決不能作再度之修正，此點須問過該局人員始可知之，又該局支用所據之預算，不但與 PPA 相異，即與最後公路局所提者亦大不相同，此亦須問過該局始知也。

1月24日　星期四　晴

職務

上午，同葉于鑫稽核到國軍退除役官兵就業輔導會，查詢有關東西橫貫公路由該會領到款項轉發公路局之帳目經過情形，當由該會取出與各主辦機關之往來帳，並交其屬員加以抄錄，在等候期間，與其會計主任王君閒談，葉君較熟，故王君對於安全分署會計長

Baranson 之種種措施毫無保留的加以批評，且強調其
自作聰明對於中國用援款機關干涉過度，聞此君以前在
聯勤總部收支組亦辦理美援會計，英語甚流利，此次調
至輔導會係因該會秘書長蔣經國氏甚加賞識之故云。由
此又至公路局與張主計處長接洽查帳事宜之安排，因主
辦橫貫公路會計人員未在，乃約定於下午來談，至時果
攜帳至，當會同葉君與其檢討幾個先決問題，第一為預
算細目，幾度變更而無卷可查，請其回去查明，第二為
年終結束時支用款總金額與十二月份月報所列者不同，
據云係在十二月二十日依規定將援款結束時之數額即為
最後修正之 CEA 數額，年底十天又有若干轉帳項目，
致總額超出，但余等認為此數決計不可加入，故決定由
該局另作一份本月二十日之結束報表，照最後之 CEA
數目為準，以便互相對照，第三為該局帳簿科目與預算
科目不符，須加解說始能明白，余告以應按美援會計之
需要記帳，至於是否與該局之正規帳目需要配合，應由
該局自己決定，因雙方之需要不同也云，葉君因此次該
局東西公路之赴外檢查工作係由 Johnson 領導前往，此
人之習性喜好簡單，斷不能有無法一目了然之帳目，故
切囑該局務須將帳目只表現現金情形，不必多顧其本身
會計管理之功能云。余前數日所寫之小工業貸款五家認
為 Incomplete 之查帳報告，經劉允中主任核閱改正並
局部重抄，本已認為可以通過，不料今日劉君又行送
回，謂 Johnson 認為須更求詳盡，囑余照其意思重行修
改，此事真正一肚苦水無從傾吐，蓋小工貸之報告原係
由 AD/I 與本處 End-use Section 與 Audit Section 共同往

查，歸後由 End-use 方面之人員主稿，其他兩方提供資料，報告之核閱人向來亦非 Johnson，此次因 End-use 方面無人參加，而會計方面亦無何問題，所寫只 AD/I 所供之資料，無人主稿，乃由余為之，格式完全依向來 End-use 之所為，實乃舍己轉人，而 Johnson 則不顧過去成例，一為以其自己之看法多所批改，是真難以應付矣。余對於稽核部分之查帳情形冷眼旁觀，似乎一切至今無成規可循，任何人之報告未有不經大加刪改者，故撰寫者決不能冷靜客觀，只能從核閱者之性情加以揣摩，此顯失查帳之本意矣。

集會

晚，舉行小組會議，分認春節勞軍捐款。

師友

晚，蘇景泉兄來訪，閒談。

1 月 25 日　星期五　晴

職務

全日與樓有鍾君從事臨時工作，即對於相對基金援款向華盛頓經濟合作總署所作之稽核統計報告打印完成後須全部核對一過，於是由余與樓君一讀一看，互相輪核校，費時六小時始畢，余居恆不能多說話，多說即啞，今日不但嗓啞，且忽頭痛，亦身體衰象之一也，余對於校對尚存相當把握，諒不致有錯。

集會

晚到台灣大學出席研究小組，由高化臣召集，事先由余準備專題報告一件，題目為東西橫貫公路之興築之意義與現狀，係就數日閱卷所得摘要而成，計一千五百字，會議推公路局服務之羊宗驊君加以補充。

1 月 26 日　星期六　晴
瑣記

上午到國大秘書處支領二月待遇及加給去年一個月者。上午到板橋台北縣政府接洽配售水泥事，因渠通知須於本月底以前將房屋所在繪圖通知也。下午，到前在中山堂前合作大樓之事務所訪吳崇泉兄及孫福海君閒談，並面交以辦公桌轉讓之收款收據請轉劉伯含代表。途遇第四建築信用合作社負責人之一鄭雍若君，據告關於該社公費事已一再相催，盼余亦直接與該社之邢開場詢催云。下午到交通銀行訪王慕堂兄，不遇，留交其由紐約來信一件，並留字祝其新春中南部游覽愉快順適，因彼有信相告，謂將於下星期一赴四重溪等地一遊也。

1 月 27 日　星期日　晴
閱讀

擇讀 Adolf A. Berle, Jr. 著 *The 20th Century Capitalist Revolution*，此書篇幅不多，為一論文結集之性質，要旨在說明公司組織之企業如何由經濟性的機構發展而為政治性文化性的機構，此類主題之著作甚少，作者乃一新的嘗試，所採材料則完全為美國之史實，第一章為 The Modern Corporation and the Capitalist Revolution，第二章為 Corporate Power and Modern Capitalism，第三章為 The Conscience of the King and the Corporation，第四章

為 The Modern Corporation in International Affairs，第五章為 Corporate Capitalism and "the City of God"。文字頗多引人入勝之處，余因時間未予精讀。

業務

第四建築信用合作社對余之會計師公費，自月初以函件通知李洪嶽律師轉達後，至今仍無消息，今日乃正式備函致該社理事主席張子文與副理邢開場，先告以去年接鄭雍若信轉達二人意思致余顧問公費一千元，俟年終決算時支給，茲再將去年及今年委辦業務公費奉達，其一為去年證明公費，其時最低標準為五百元，因受聘顧問實收八折四百元，其二為今年證明公費最低標準為一千元，如續聘為會計顧問，亦按八折實收，統請查照早日見付云云，此等合作社可謂善於計較。

1月28日　星期一　晴

職務

上午與樓有鍾君繼續辦理稽核工作定期報告表之打字油印校對事宜，工作份量比前日為輕，前日為自1953年至55年，今日則自1956年之普通相對基金至此年與以前之550與402法案之各項 project，雖款項來源有數項，而支用之筆數不多，故全部二十頁只費時三小時，尚有一原因則為此年度之查帳工作幾乎全未進行，故在右方各欄應填明查帳之日期，報告書號數與 rating（即查帳之評語分為 satisfactory, unsatisfactory, and incomplete）之處皆任其空白，不若以前各年度之填註較多，須費較多之時間以相核對也。公路局會計人員今

日續來與余及葉于鑫稽核研討該局東西橫貫公路支用援
款之查帳準備工作，渠已將結案之總數調整為與最後
CEA 之金額相同，而細數則尚未一一列舉，致與其所
送十二月份月報所列者仍不能一一對照，故囑其根據此
項總數將所包括之細數一一析出，按照預算科目加以改
列，並將帳面數目之表現亦使其勿致兩歧，渠所困難者
為總處外尚有兩工程分處在新城與東勢，下星期余等即
須赴東勢，故囑其先將東勢部分早日調整就緒，好在此
部分所涉及之項目尚少，現金收支與預算比較皆不致在
若干科目中有難以分配清楚之苦云。

1 月 29 日　星期二　晴

職務

今日上午與下午均在公路局查核東西橫貫公路之帳
目，同往者為葉于鑫稽核，彼之查帳重心在核對其現金
之收支撥存等，余則根據其明細分類帳以查對傳票與單
據，尚未完竣。今日所查為相對基金之撥款，其來處為
國軍退除役官兵輔導會，撥出時亦記入此帳，其去路為
各工務所，其結存為由該局工程總處接到而未撥出之現
金，此外則查其各種臨時支出，手續均甚清楚，迨查其
管理費用時，因有關薪餉與出差旅費之規定尚未十分清
楚，故囑其將有關規定抄下於明日賡續審核云；該局之
東西公路帳有一最大特點，恐亦即係該局平時一切記帳
之所採用，即一切明細帳皆用多欄式，例如相對基金科
目，凡接到撥款時記入輔導會撥款一欄，凡撥出時即記
入各工務所之相當欄，前者表示負債，後者表示資產，

一用藍字，一用紅字，其他科目亦然，如其他支出一科目，即係依付出之數記入各經手單位之專欄作為一種資產，但有沖回數字，則記入該欄用紅字表示資產之減少，故每筆皆須隨時注意用紅筆或藍筆記帳，此法將帳之表面借貸改為用不同之色彩表示，自有其可取之處，然記帳稍不經心即難免誤謬，故可取而亦不可取者也。

師友

　　晚，徐嘉禾兄來訪，閒談其在官兵檢定工作情形。

1月30日　星期三　晴

職務

　　上午，同葉于鑫君陪 Johnson 到東西橫貫公路工程處訪其林副處長閒談下週出發東勢查帳應配合與準備之事項，移時即辭出，下午仍同葉君到該局查核工程總處之帳目與單據，余之重點在於以傳票與分類帳及單據核對，而兼及其支出之內容，葉君則只注意單據之內容，據葉君云，依 ICA 之規定，咖啡、茶葉均不得入開支之列，又出差旅費中之飛機票亦不得包括航空建設捐在內，此為不見明文但為美國人最易注意者，又關於該處支付之旅費與薪俸津貼須查核其人事待遇有關規定，經囑該處人員查卷抄閱，遲遲不見報命，因而對於人事費用之內容未能遽予審核焉。將小工業貸款五家 Incomplete 之報告送劉允中君，但又送回，謂 "Scope" 一欄不必將金額一一寫明，應在 Findings 內將各個 project 之金額與實支數額及結餘資金何日繳回一一寫明，余乃依照 Johnson 此意重寫一過，尚不知此

次能否通過，其實如 Johnson 所主張者皆為以前此種報
告所未採，今彼則獨出花樣，反使人有無從遵循之苦，
然亦只好將就此項意見而重寫一過矣。

交際

今日為舊曆除夕，來送禮者有王興西君、王一臨
君、林義德君、徐嘉禾君，及姜慧光表妹，送出者有王
一臨兄處與公園路龔君余臨時遷往戶口之處。

1 月 31 日　星期四　晴曇

交際

今日為舊曆新年元旦，全日用於拜新年，余上午雇
用專車，所到各處余井塘、楊紹億、劉允中、陸慧禪、
趙榮瑞、蕭一葦、李如初、吳崇泉、冷剛鋒、李公藩、
裴鳴宇、洪蘭友、周旋冠、李祥麟、單鳳標、程傑慷
朱綺芬、沈熙亮、陳岩松、朱佛定、尹樹生、張由紀、
韓兆岐、張景文、谷正綱、馬懷璋、隋玠夫、吳先培、
周天固、劉階平、閻鴻聲、邵光裕、張中寧、鄔繩武、
廖國庥、黃德馨、楊綿仲、張益瑤等處，並到會賓樓參
加同鄉會召集之團拜，在彼處相遇者有多人。下午繼續
出外拜年，計到汪焦桐、王一臨、吳治、魏盛村、蘇景
泉、鄭旭東、佟志伸等處，大部並未晤面。今日前來拜
年者有蘇景泉、張緒心、邵光裕、宋志先周叔明夫婦、
比鄰姚君夫婦、汪焦桐夫婦、王德壽、程傑慷夫婦、黃
德馨、李公藩、魏盛村、表妹姜慧光及夫隋錦堂、佟志
伸、吳治、楊象德、冷剛鋒夫婦、王一臨、楊愷齡鄒馨
棣夫婦、王舍甫馬麗珊夫婦（並贈蘋果）、徐自昌、趙

榮瑞、閻鴻聲、李祥麟夫婦、韓兆岐、曹璞山、楊紹
億、樓有鍾夫婦、張由紀、丁暄曾等，余晤及者甚少。
師友

　　拜年時乘便將樓有鍾幼女之轉學證件交朱綺芬程傑
慷夫婦，託代為洽女師附小，請求轉學。又於向蕭一葦
君拜年時開去族人吳伯實之現在服務單位番號，請轉洽
李如初君代為留意有無調動機會。

2月1日 星期五 晴

家事

上午，同德芳到中和鄉姑丈家拜年，因到時較遲，姑母欲留午飯，余等因尚須他處拜年，不允，姑母失望之餘，送余等出門時竟含淚欲滴，深覺不應過於執拗，乃決定午飯仍回姑母家，至午再返，與姑丈姑母及表妹姜慧光共餐，意始怡悅，飯後至一時餘始行回寓，今日再三勸姑母俟天暖到醫院對胃病作一檢查。

交際

上午到中和鄉拜年，先到李洪嶽律師處，又到于永之兄處，再到宋志先兄家（宋兄夫婦昨日曾來），由此再到李琴堂兄家，面託其於台北縣政府前來調查余之建屋施工情形以便配給水泥事，請對縣府來人有相當說明並加以周旋。與德芳到羅斯福路一段為樓有鍾君夫婦及其封翁與太夫人拜年，並約定於明日與樓君同出拜年。與德芳到新店拜年，計到崔唯吾先生家、叢芳山兄家、孫典忱兄家、韓質生兄家，余並到楊愷齡鄒馨棣夫婦家，歸途至景美吳麟兄家，便中察看景美所買之放領地情形。今日前來拜年者有周靖波夫婦（旋往答拜）、王興西代表、李德民君、陳德馥會計師、李子敬兄、鈕鉁龢君、曾大方兄夫婦，前來答拜者有樓復夫婦、廖國庥兄、陸慧禪君、劉允中主任、吳先培兄，共十餘人。

師友

在崔唯吾先生家遇李祥麟兄，託詢問女子中學學生請求轉學之手續等，據云尚待校長會議議決之云。

2月2日　星期六　晴

交際

上午依昨日約定與樓有鍾君同出到各處拜年，首先至同事胡重仁君處，再到王德壽君處，又導引樓君至沈熙亮君家，又回到葉于鑫同事之家，同事沐松濤君之家、繆冠生君之家，時已中午，乃返。經過途中余又到王立哉氏家拜年，至陳德馥會計師家答拜。下午，同德芳到公園路龔君家拜年，到廖毅宏兄家拜年，到公路局宿舍曾大方兄家答拜，到王興西代表家、劉澄清兄家答拜，余又單獨到李子敬兄家、丁暄曾君家、曹璞山君家、徐自昌兄家、黃鼎丞君家，及夏鐵肩君家，均為答拜或拜年。今日前來拜年者有夏鐵肩、劉澄清兄，前來答拜者有張景文、周天固、胡重仁、沐松濤、張中寧兄等，又有李洪嶽律師與于永之兄之子于政長。給兒輩壓歲錢者計有王興西兄給紹彭四十元，余與德芳前往答拜時回贈一百元。此次舊曆年又有台北市黨部委員二人持印好之紅色卡片蒞臨，片上印全體委員之名，並有文一段，謂余為三十年以上黨齡之老同志，請不吝賜教，並代表市黨部表示崇敬云云，余始悟及已有漸漸沒落之先兆，蓋在本黨內黨齡之被重視，一向屬於個人之事，在黨部內毋寧視為昏朽之代名詞，今市黨部派員出面致敬，實不免有敷衍或沽名之動機，余今日已成為此種敷衍與沽名之工具，實大可悲哀也。前來答拜新年者又有鄭旭東兄與吳崇泉兄等。

2月3日　星期日　晴

交際

上午，到新莊劉振東先生家拜年，去時車尚不十分擁擠，返時則在新莊候車二小時，站隊等待，為余在台灣等車時間最長之紀錄，一般均謂公路局辦理成績，大體上固屬甚佳，然亦有不稱意處，余初不知其所以然，今日始知其不滿人意處固亦有出乎意料之外者也，及歸已十二時餘，又到廈門街為同事曾君拜年，至此全部同人均已拜過矣。

家事

姑丈今日來探視，午飯後去，據云不日即開始製裁夏季出售之衣服，在往年經手銷售之店鋪皆於售價內扣去行商所得稅、營業稅等，有時高達千分之四十，今年準備自領統一發票，則稅課負擔自行掌握，詢余手續如何，余告以須先辦商業登記，再辦營業稅登記，始可領用發票，至於稅率則營業稅千分之六，印花稅千分之四，所得稅照所得額佔營業額十分一而稅率百分之十五，合共千分之廿五，自比以前受人扣繳者低出多多，但手續上比較繁瑣，因須自行登帳也。姑丈認為如作為加工業登記，稅收可以節省多多云。下午利用空暇在籬外將竹製之大門加以修理，此門已經數年使用，不佳時即酌量加以修補，而其實病象日劇，將不勝其修理，故今日亦只能對於現狀略加改善，無法使年衰之竹籬再生也。

2月4日　星期一　晴曇
旅行

今日為出發開始查核東西橫貫公路各地工程用款之第一日，目的地為台中縣屬之東勢，此地為橫貫公路西段工程分處之所在，晨八時半由台北出發，乘 ICA 自備車，Ford 之 Country Sedan，有座位三排，同行者為 A. O. Johnson、葉于鑫稽核、胡家爵調查員，及公路局主計處長張沛然，本聞美援運用委員會財務處長諸肇民亦將參加，今晨知又作罷，或係因 Johnson 未予以連繫之故。出發後所經公路為沿海之柏油路，計經過桃園、中壢、新竹、頭份、苑裡、大甲，及沙鹿、王田等地而至台中市午飯，Johnson 喜中餐，乃至其曾經到過之沁春園蘇鍋菜館用飯，飯後因汽車加油費時良久，二時續行，乃折而向北，沿鐵路山線，經豐原東轉，半小時而達東勢。由豐原至東勢為石子路，灰土較重，幸路線不長，由東勢再行四公里至台灣電力公司大甲溪事務所所設之招待所，此乃公路局事先為余等借住之下榻處所，屋宇寬敞，房間十餘，客廳至大，為昔日本佔據台灣時代所建之木屋，聞其在此曾計劃對大甲溪作大規模之開發，故建築甚多，晚飯由台電所準備之西餐，甚為豐盛，今日與公路李工程處長已作初步接觸，準備明日正式開始查帳，余今日見台電及公路局人員均能說簡單之英語，余始知現在台灣之一般公務員已非昔比矣。

2 月 5 日　星期二　晴

職務

　　今日全日在東勢台灣省公路局東西橫貫公路工程總處梨山工程處查核其東勢達見段工程費用支出情形，晨間由 Field Audit Section Chief Johnson 率領前往，彼與葉君開始注意其各項管理費用之內容，余因未知其工作如何分配，乃就此處另一大項支出之工程費用加以查核，移時彼等對於各項管理費用之要點獲得一致意見，謂重點應在於此項工程費用之支用程序，何項在於台北，何項在於此地，何項又由此地移台北而後移此地，必須一一尋根究底，且注意其中間何人以何名義霑得其部分利益，此言自甚中肯，余初以為正常之稽核仍須執行，午後葉君告余，絕不需要，只按其所示擇一契約之內容與支出情形加以澈底分析，其他不必顧及，渠本人則亦按其所示對於所有管理費用是否有法案根據，及是否先有核准手續一一加以推敲，余至晚已有大體上之結果，彼則尚在進行途中焉。今日查帳中發生一文字解釋問題，即預算中有所謂 Construction Overhead 一項，支出皆為工程總分處之管理費用，在 Johnson 認為此應屬於 Administration Expenses，爭辯良久，尚須待解釋焉。

交際

　　晚，工程分處李處長在寓請吃飯，甚熱鬧。

2月6日　星期三　有陣雨
職務

　　今日繼續在東西橫貫公路梨山工程處查帳，全日只為核對其收支款項之日期與支票號數而工作，此二事本極單純，但因該處之帳項處理太過複雜，以致費時太多，益以主持人 Johnson 所要求者為款項之來龍去脈的探索而非其實際用途之全盤了解，更使此中增多甚多之額外工作，所謂其處理太過複雜者，例如該處成立之初期，其撥款皆記入普通基金之帳，在支付工程款時，因其對象為建設廳榮民工程總隊管理處。須匯至台北，於是開出之支票係由普通基金為之，如是者數次，直至十一月間始另立相對基金帳目，是時又將前付之款屬於相對基金者由普通基金內移出，相對基金自然有帳而無單據，為求知其真相與憑證及支票號數等，即須再到普通基金內檢查，如此難免多費時間矣。在核對現金帳時發現一問題，即日記帳之銀行每日收付數不能與銀行結單相對照，前者不按每筆支票記載，後者不按支票開出日期排列，而支票存根與出納員之現金帳又遠在谷關，結果只得核對年底餘額了事。在核對年底餘額時又發生一問題，即庫存現金太多，而實際非是，於是允該處臨時補製傳票，將該項現金大部付其他支出科目，而於新年度後再行收回，以求表現現金狀態之合理。

2月7日　星期四　晴
職務

　　上午，到梨山工程處將昨日所查之第一件合同工程支付款項情形加以複核，認為所須查出之資料俱已查出，又將該項合同附件加以摘錄，認為可供在收支程序上加以注意之點已無遺漏，於是將此項工作加以結束。開始本件工作之第二步驟，即查核在東勢達見段承做道路工程之榮民第四總隊收到工程款與支付工程款之實際情形，仍以第一件合同為對象，此第四總隊之會計工作預料不十分上軌道者，反表現相反之事實，即一切記錄均有條理，所需要之資料均能一一迅速提供，無何週折或困難，經囑將有關數字抄出並一一核對加註，並略對傳票單據，即行結束，繼對於其經領之現金保管狀態加以核對，大致與銀行結單所載者相同，據云備用金只三千元左右，然不定額，亦無記載，只在現金內混同計算，技術上尚非甚佳，經囑加以改進，然後結束，今日查帳時發覺四總隊之現金周轉情形為墊款太多發生困難，尚非因領款程序繁複，有所延誤，知只改善領款程序，變間接為直接，尚不能解決其財務上之困難，為一般所想像者焉。

瑣記

在東勢四天，住台電招待所，每日西餐三次，飲食合理，入夜四圍靜寂，睡眠亦佳，自昨日 Johnson 發起飲酒，為量駭人，今日全部工作結束，胡君陪其赴台中，余未往。

2 月 8 日　星期五　晴晚雨

旅行

上午九時半由東勢出發，遄返台北，同行者為本署

Johnson、葉于鑫君、胡家爵君、公路局張沛然處長，
送行者梨山工程處李春松處長，並贈台中產茶葉每人二
罐，因前日在李寓吃飯時 Johnson 極欣賞其茶葉也，過
豐原至台中市時已十時餘，加油再行為十時半，所經路
線仍為王田之幹線，須多繞二、三十公里，到達新竹中
飯時為一時半，飯後二時半續行，因此段較短，於下午
四時到達台北，以已將近下班之時間，故分別將各人送
回寓所，未至安全分署。

閱讀

以旅行時間閱方丁平作「五鳳朝陽」第四冊，全書
已終，此冊所寫為雪娜娃營救戚春鳳逃出鐵幕，正鳳、
春鳳、風鳳香港團聚，正鳳利用春鳳發洩其利用男性之
心理而致事業發皇攫為己有，而對方家破人亡，本身亦
幾乎神經失常，後因雪娜娃殉身以救正鳳，使此四鳳最
後仍均有較好之下場，而全書以終，此書書寫之故事主
題不甚明顯，似乎在說明亂世之女性有多種型態，結果
多不免玩火自焚，而其正確之途徑為何，又並不指出，
故書中人物雖均甚突出，而又均不正常，讀者對於每一
主角之行徑俱有無從捉摸之感，此實其作品之最大缺點
也，至於布局有時奇峰突出，有時又見首不見尾，亦有
瑕瑜互見之感，其較值得欣賞之處，則有時對話犀利，
如剝鮮筍，引人入勝，在無意中使書中人與讀者引起共
鳴，甚屬難得也。

2月9日　星期六　晴

師友

上午，孫典忱曲蘭華夫婦來訪，係答拜新年之意，據談林鳴九兄之胃癌雖賴中藥見好，然此類病症決不能因藥物而痊癒，反因治療遷延而有誤開刀之時機，又謂普通所謂癌症時多為良性之瘤，真正之癌在臨床經驗上百不遇一，此乃聞之於名外科醫師，故對於癌症之畏懼不應如一般之甚也。

家事

中午，約姑母與姑丈到寓吃飯，姑母久患胃病，然今日甚為愉快，飯後本欲約看電影，因雨作罷。

師友（二）

下午，樓有鍾夫婦來訪，談其幼女轉學女師附小事，已由南師附小校長函女師附小校長並持函往洽，據柳子德校長答復，須查明何班有空額時再作決定，此事余前已將其成績單等送請朱綺芬女士轉柳校長，託余轉請朱君於轉洽時提明其面洽之經過以為促成之計云，又談其租賃房屋太小不足使用，尚須另覓適當之居處，但出租者亦不易一時有更適合者云。

瑣記

上午到國防部福利社委託部交涉去年底所買尼龍絲襪未穿即壞事，緣買時未見有洞，迨穿時一觸即破，顯已糟爛，與該部交涉良久，渠推諉不肯負責，余忿甚，告以作委託行生意不可如此，渠允問原貨主以何情形再作答復，余有意將襪留下作證，渠又堅持不肯，蓋懼怕多事之意也。

2月10日　星期日　晴有陣雨

選舉

今日為黨內提名下屆省議員之投票期，余於下午到十普寺投票，事先發來競選活動信件者無慮數十起，余相識者只有彭令占一人，故即投彭之票焉。今日另一選舉為舉龍匣里之里長，此項候選人有二，一為現任里長呂錦江，二為青島人李國杭，日昨舉行小組黨員大會時曾據報告呂為民社黨份子，本黨同志應一致投李國杭之票，但余之戶籍刻在城中區文賓里，遷往不久，雙方俱無選舉權，故只得犧牲矣。

業務

前數日營林共濟組合前組合員簡樹水來訪，不遇，留字託寄全體組合員名單，以備向政府再度請願之用，余於今日到事務所將所存於桌洞內之文卷檢查，發覺前曾應該組合周爐之請，將前項請願之名單索去，故即寫信致簡君，請即向周君接洽取用或抄用云。

師友

下午，同德芳到新生南路一段訪朱綺芬女士，不遇，留片，謂前曾將樓小姐之轉學證件送請轉交女師附小柳校長，現悉其家長又接南師附小校長之介紹信即面送柳校長，為免兩事有脫節之處，希望再向柳校長處說明一切，並轉託其幫忙云。晚，蘇景泉兄來訪，閒談，謂舊曆新年曾到台中旅行一次云。下午，訪魏盛村君於同安街，探詢有關電話之事項，魏君又談及去年楊天毅兄等有挽于兆龍氏出資參加基隆一漁業機構之事，于氏對此表示無興趣云。

2月11日 星期一 雨

職務

今日照常上班，上午因辦公室重新布置，為兩個 Section Chief 另隔小房間一間，乃將余等原有之座位所在地歸之於四個打字小姐，余等則移於近窗之地位，此處又為行路所必經，十分不寧靜，亦只有聽之而已。今日之主要工作為整理上週之各項資料，其中最主要之一項又為東西橫貫公路之工款由美援會移之於輔導會，又移之於公路局，再撥於所在地工程處，工程處又撥回台北於建設廳之榮民工程總隊管理處，再由管理處撥回工地所在之第四總隊，此總隊再撥於作工之各隊與分隊，為明悉其程序中之時間與轉折之實況，余乃列成一表，但因所撥並非一筆可以到底，往往與其他撥款混同，以致不能確指何款為何用途，只得按時間前後加以排列推斷，然在計算時極費時間，余以九欄表加以分析，至晚尚未竟其事。下午與葉于馨、胡家爵二君到國軍退除役官兵輔導會作進一步之蒐集資料，第一為該會曾設有購料基金，僅為東西橫貫公路一案即留用七百萬為之，至結束一九五六年度用款時已用一百九十餘萬，今日目的定在查核其動用之程序與支出之憑證等，因只有鋼筋與木材二項，故將購入之發票加以核算，尚屬甚符，今日之查帳仍為繼續上週之所為，並根據 Johnson 之指示對於材料之採購程序與保管發放等加以核對，大體上尚屬相符也。

2月12日　星期二　雨

職務

　　為填製東西橫貫公路之工程款項收支路徑表，費去一天又半之時間，蓋此項表格之原則雖甚簡單，而欲自美援會撥至退除役官兵輔導會，依次撥至公路局東西橫貫公路工程總處，再至榮民工程管理處、榮民工程第四總隊，其間之週折卻不簡單也，余在填製之始，本以由開始做起為合乎順序，後知不然，須由最後階段之第四榮民工程總隊列起始可，因此總隊收到款項之筆數已屬甚多，而隨工程之進展分次支付之款項筆數更為繁瑣，如不先由此列起，無法預留以前各項程序之空格以適應其相當之地位也。下午與葉于鑫稽核同到公路局東西橫貫公路工程總處續查帳目，葉君係根據 Johnson 之指示更詳細的核閱其人事費，余則查閱其由退除役官兵輔導會領到工程款與轉發於各工程處之筆數與日期，以便與撥款全般程序之調查相適應，而完成其環節之一，此次並因東勢達見段有支付工款之單據在總處者二筆，今日亦在此加以調閱，核明相符，並將支票號數與日期註明。

師友

　　女師朱綺芬女士來電話，謂樓有鍾之女公子入女師附小事已與附小柳校長說妥，但今日往送其證件時柳校長不在，容改日必再送往焉，當將此情轉告樓君。下午李祥麟兄來訪不遇，係告知台北市五省中聯合招收之情形與報名手續，並謂粥少僧多，頗不易易，且無情面可言云。

2 月 13 日 星期三 雨

職務

上午，續製東西橫貫公路用款調撥過程表，原表為節約地位本欲將收入列入一欄之內，而以黑、紅兩色字表示增減，後為不甚醒目，乃改用兩欄式，於是整個欄數加為十二欄，不得不用最大之一種多欄式表矣。下午同胡家爵君到建設廳榮民工程總處核對帳目，一為由公路局撥交該局之工程款之日期數額，二為由該處撥匯第四工程總隊之工程款日期數額，以便與在公路局及第四總隊之數額相勾稽，三為查詢每筆工程契約在訂立後計算工程成本之原則，及如有盈虧如何處理，四為明瞭該處之經費來源，以澄清外間之種種不正確的傳說，在開始調查之初，本以為該處或以包商立場拒絕查帳，後知所料不確，該處趙處長並表示彼之立場雖不直接與美援相干，但歡迎查核，殊便利不少也，今日所查各事項均經順利獲得結果。東西橫貫公路為退除役官兵計劃之一，安全分署本指定余與葉、胡二君常駐退除役官兵輔導會，而初步工作即為東西橫貫公路，今日葉君及 Johnson 先後告余，葉君因須為 Baranson 另外稽核香港救濟知識分子協會之款項，需時甚長，將來查核東西橫貫公路之其他部分時，即須余與胡君二人任之，查核其他計劃帳目時亦然，葉君之新工作為無定期的，故余與胡君獨任此事亦為無定期的云。

2月14日 星期四 陰

職務

　　關於余所寫小工業貸款五家 Incomplete 之查帳報告，日前 Johnson 對余之起草稿件詳加審閱，並調閱其中一家之查帳工作底稿，始知內容均有來歷，但仍有新問題發生而不能定稿，其原因為：（1）查帳報告式樣又有改定，此件未定稿之報告已輾轉近月，然仍須適用新格式，（2）報告內有三家在查核時預定為去年底將機器按裝完成，或本年一月底開始工作，現在已屆二月中，此種事實有加以明瞭之必要，否則報告二月寫成而作預料一月如何如何之口氣，殊不得體也，此點極有理由，但所謂未完成之事項完全為本署工業組再須加以複查者，在會計方面早已將款用完，無可再查，乃予主辦其事之工業組人員連繫，請其定期複查，希望此五家中有可以不再屬於 Incomplete 者。下午續到公路局東西橫貫公路查帳，今日本欲查其材料帳及退除役官兵安置費帳及單據，因為葉君核對其購料數字有前後報告之數字不同情形而託余向其查詢，不料由於年度劃分，而將年終材料數字改定移入次年數字及引用原表之根據有所出入，經輾轉核對，尚未全部完成，而此次該局之帳目即由於有年終根據 CEA 劃分年度之數而調整之原因，多費卻若干不必要之時間，恐較之實際在正常狀態下可能需要之時間多出一倍以上，三週來猶未能將東勢達見段之查帳工作告一段落，如每一個 project 均如此，即人手再加十倍亦不足用也。

2 月 15 日　星期五　雨

職務

　　上午，到公路局橫貫公路工程總處查帳，今日預定
之工作為此項工程之材料帳的單據與其中就業輔導費之
支出實況的查核，但窮半日之力，只將材料單據查核明
白，實際支出之帳不過十筆左右，其所以如此費時，係
因支付之時多為預付，迨交貨時再轉至材料帳，而在轉
至材料帳時又虛加運雜費一成，以便發出材料時不致使
費用無著，有時運什費一項目內在轉帳時將數種材料混
雜記載，以致在查帳之時不能不在預付帳內找出其相當
之單據，而欲知何筆相當何筆，又須減去運雜費之加成
數後計算始知，故因輾轉核對，特別費時，至午始將此
部分處理明白，至於安置退役官兵之開支，單據極多，
且非公路局所經手，到該局查帳無特別之便利，經於下
午囑其送來余辦公室加以查核，至晚只看完一小部分。
下午將東西橫貫公路東勢達見段之款項支撥程序中之收
支日期全部查明，顯示此項事實之表亦因而完成，雖其
中以第一號契約為主，且分批付款均一一加以對照，然
仍恐主持此事之 Johnson 不能完全明瞭，故又加畫程序
圖一張，以示由美援會、退除役官兵就業輔導會、公路
局、東勢達見段工程處、榮工管理處，而至四總隊與
每一隊員，此圖自對於不能看中國文卷之西洋人發生
極重要之參考根據，故雖自覺簡單明白，然亦只好待
Johnson 自行核正。

2月16日　星期六　陰雨

瑣記

　　今日週末，不到安全分署辦公，照例用此時間料理瑣事，午前買菜後即赴衡陽路一帶購買物品，並交涉退換舊曆年前在國防部福利社所買霉爛尼龍絲襪事，並無結果，只好自認晦氣，到物資局代辦處買肥皂及新增配給之洋房牌襯衣，又到工商月刊社查詢去年八月間余投稿譯文所補送原文之 *Journal of Political Economy* 雙月刊究竟退至何處，與余接談者為一宋君，彼似即負責該月刊之編務，謂去年用過此書後即由工商協進會之郭副秘書長加封套送財政部內外匯貿易審議委員會調查研究室之王景陽君（按余與王君不識，乃胡祥麟君之代理人），余當託其將送件簿加以追查，當得送出之日期，將根據此項日期再向外匯貿易審議會追查，或可有相當結果云。

娛樂

　　午後率紹中、紹寧、紹因、紹彭到第一劇場看電影，乃華納公司出品「動物世界」（The Animal World），以地球形成以前之洪荒恐龍時代為濫觴，演述該時代生物與恐龍經地球大火山爆發後死盡而後再生之新生物之歷史沿革，其用意乃在表現若干動物鬥爭與人類間之微妙關係，且進一步說明動物在宇宙間之地位，並非不言不語而實有其會心之微妙處，製片用意至佳，彩色亦好，惟主題不甚明晰耳。

交際

　　晚，與德芳參加安全分署同事張建國君之結婚典禮，筵席上同桌皆為同事，談笑甚為歡暢。

2 月 17 日　星期日　雨

師友

　　上午，依約到樓有鍾君家會同樓君率其幼女章瑋到女子師範訪朱綺芬女士，請其偕同到女師附小為章瑋辦理轉學註冊手續，因事先朱女士以代為接洽就緒，故只等待辦理手續及繳費即可，歷時一小時即行辦妥。晚，樓君約到其寓所便飯，在座尚有劉允中、陸慧禪及徐、吳二君，除徐君外皆為打馬將而來，余等於飯後略事盤桓即行辭去。

業務

　　台灣省前營林共濟組合代表人簡樹水來訪，謂組合財產經一年前託余辦理後，因財政廳作梗而停頓，各組合員已不堪再等，預備向主管行政機關與民意機關再度陳述意見，但尚有三十餘個組合員地點不明，因彼等均曾向余事務所辦理登記，乃託余代為查明其地址，經即約定於十一時在事務所見面，由余為之查卷辦理，比時簡君偕友二人在合作大樓見面，即將全部登記存根加以核對，三十餘人之地址一一得以查出，並閒談此案之歸趨，至十二時完畢，略食麵點而別。

職務

　　同事胡重仁君辦理 Desk Audit 遇有教育部僑教美援基金十餘單位與教部總表不符，因前月係余所核，請余為之解釋，余因辦公時間內太忙，允為之在假期代辦，今日將全部表式加以審核，立即知其問題在胡君未採取適當之基礎，乃自食治絲益棼之果也。

2月18日　星期一　雨
職務

　　上午，從事審核公路局東西橫貫公路之安置費
（Placement）一項，此為一項特殊支出，因橫貫公路
之路工全為退除役軍人，退除役官兵輔導會規定新參加
工作之隊員有三個月之安置費，包括居舍、床板、伙
食、服裝等，照一千人計算，共預算二百一十萬元，
而實支一百九十餘萬元，但在十二月結束 1956 年度修
改 CEA 時，此數已固定為一百二十萬餘元，其差額乃
係預算中之一項服裝費，由輔導會代辦，尚未發給，故
作為現金移至下年度，審核後發生問題有數點：（1）
此實支 190 餘萬之數，並非原預算之數，而減除服裝費
後之數較之 1956 年決算數尚少六萬餘元，不知如何處
理，余商之葉君，認為可作為實支數缺少單據，責令
繳回。（2）開支內有不准支出之茶葉等項，須責令繳
回。下午到公路局進一步審核其購料內支付有日本易貨
外匯支給中央信託局手續費之帳項，係按價款百分之二
列支，實際尚未結帳，此數因乃中信局所得，依規定不
能動支相對基金。余至今日為止尚未能將全部之查帳
資料整理成為要點送 Johnson 案辦，其原因為葉君自另
有其他任務後，對於東西橫貫公路事即自行結束，將
資料送 Johnson，未完之事完全交之余全部辦理，余對
此中習慣尚未完全明瞭，進度甚遲，葉君將一切資料
自行保管，即余所作 work sheet 亦不例外，後全部交之

Johnson，余對於全局無法全知，今日渠因改數將所交
者取回，交余尚未及閱即又自行交回，此等人之作風實
甚難與人配合也。

2 月 19 日　星期二　雨
職務

　　上午，因 Johnson 對於東西橫貫公路移於一九五七
年度使用之援款一千四百餘萬元之是否全數為現金，重
新到公路局核對，蓋此項移轉之款項有一百萬零若干元
係非現金之狀態，渠認為與理不合，謂如非現金狀態即
須在一九五六年度內列支，余到公路局查明全為預付
之款，無正式單據，不能在五六年度列帳，歸向其說
明，彼不以為然，又與劉允中主任討論一遍，仍不干
服，往詢會計長 Baranson，歸後告余須再往查明支付
日期，因預付款項不能懸列二個月以上也，弦外之音
似乎 Baranson 不同意其所見，只謂須注意時間久暫而
已。余將所擬之查帳結果要點製表繪圖並列出項目送
交 Johnson 列入其正在起草之報告內，此項資料包括工
程費付款程序，付款內容分析，購料用款內中信局、台
灣銀行等手續費之剔除，各工程總隊開支內茶葉之剔除
等，為免枝節太多，只在列表與圖解上用力，避免多用
文字。

集會

　　晚到經濟部出席經濟座談會，由財政部稅務署長陳
琮報告稅務革新之要素，內容為說明近年稅法修正之主
旨與近年對於稅率問題統一稽徵問題等各方看法不同之

見解，報告後相繼發言者多人，余未終席而退。晚，出
席小組會議，今日主要事務為辦理去年之黨籍總檢查，
按規定項目計算各項分數，余到會時已遲，但聞分數已
經算好，以余為最多，達九十餘分云。

2月20日　星期三　陰

職務

　　續到公路局東西橫貫公路工程總處查帳，此項查帳
案件本已可將總處部分告一段落，但因 Johnson 對於已
有之資料認為不足，乃須再往發掘，今日之重要工作即
為將日昨所查得之移於一九五七年度援款內之以帳項抵
現部分，再往逐筆一一詢問其內容，查明支付之日期與
可能轉正或已經轉正之日期，蓋依渠之見解，此項抵
現之情形實有背於以 "Fund" 移至新年度之核准事實，
渠認為 Fund 必須為貨幣狀態也，但事實上此等預付項
目等又不能變成現金，亦不能在一九五六年內不憑正
式單據報銷，此等情形在繼續經費內實為無可避免，
Johnson 謂依 Baranson 之規定預付項目不得懸掛至二個
月以上，故對此等預付款有核明其支付日期內容與收回
日期之必要也，不寧惟是，即在五六年度內亦有類此情
形，該總處曾在用款內列有其他支出一項，Johnson 即
囑查核其實際內容，及何以不能作為正式之理由，今日
均將內容查核清楚，大體尚無超過二個月以上者。今日
另一工作為查核其總處之人事費用，因 Johnson 曾囑葉
于鑫君在東勢將梨山工程處之人事費用逐一抄下，此間
尚未辦理，葉君云曾告該處抄送，但至今未送，今日余

催詢該處主辦會計人員，據云尚未抄就，余下午實地視
察，始知根本上今日始行動手，據云最速亦須明日始得
完成。

2 月 21 日　　星期四　　晴夜雨
職務

今日全日時間仍用於東西橫貫公路之查帳，上午將
昨日查核所得之一九五六與一九五七兩年度之預付材料
費與預付費用內容加以臚列，送請 Johnson 供其參閱，
彼閱後認為此等預付項目皆不應抵作現金，並詢何以
同為預付而分擔於兩個年度，余告以此等情形殆由於
預付款項轉來能否於年度內清結而定，能清結者歸於
一九五六年度，否則歸於一九五七，如此可以不致影
響一九五六年之 Final Report 之編製，但彼仍堅持其見
地，認為凡非現金均不得移至次年度，即預付亦然，於
是彼將預定歸之於一九五六年度 CEA 之數額擴大，包
括此等抵現之一百萬有餘，而總額由一千零五十萬增加
至一千一百五十萬元，下午照彼意再到公路局查明其對
於預付水泥款而遲不交貨情形加以注意，余乃往將定貨
單號數查出，並推斷其預定交貨日期為兩個月，而所以
不能按期交貨則依實況加以說明，謂因水泥配給不能預
定數量之故，尚餘一事彼認為重要而今日仍未能查完者
為總處之薪工，該處已經著手編製，因中間有若干技術
問題，此表欲一面將員額表明，另面將金額之表示同於
帳列支出，殊不易易，余乃囑其下星期早日辦就，此事
為 Johnson 所甚注意者，只好歸報因內容太過繁複，今

日未能核竣，須待下週以後矣，彼乃將所草之報告未定
稿先以示余，余閱後深以為簡單扼要也。

2月22日　星期五　雨
師友

　　晚，公園路龔君夫婦由周靖波君陪同來訪，蓋龔君
自余去年偕德芳往訪後至今未來答訪，今日全為此節而
來也，並帶有餅乾糖果贈諸兒女，余之得與龔君夫婦發
生淵源，乃由周君之介紹，並由余率紹彭將戶籍移至其
家，其家在女師附小附近，位於該附小學區之內，紹彭
希望下學期能獲得市政府分發入該附小，故於去年底將
戶籍遷入該處，最近市府辦理戶口校正，曾將戶口名簿
及身分證送之龔君處，今日渠為余帶回，謂已於昨日校
正完畢云。

瑣記

　　今日為美國第一任大總統華盛頓之誕辰，安全分
署依規定休假一天，未往辦公，亦未外出，在寓閱讀，
剪報。

2月23日　星期六　雨
家事

　　兩日來因休假無事，只在寓料理瑣事，包括拆折煤
簍作為引火之柴草，到市上買菜，整理院落等項。現在
如非星期日，在寓甚靜，蓋本週內各校俱已開學，紹中
在新店五省立中學分部，須終日在校，紹寧為女師附
小上午班，紹因為附小下午班，紹彭則附小幼稚園上午

班，在寅時間均不多也。下午到醫務機關查詢有無注射
破傷風預防針者，德芳有意為紹彭注射，而不知何處有
此疫苗，余先到省立保健館，下午無人辦公，不得要
領，但外懸注射防疫針之種類，其中無破傷風，又往詢
台北市衛生院，其護士云無破傷風預防針，僅有血清一
種為已染破傷風者之注射所用云。

2月24日　星期日　雨

記異

　　晨四時半由睡夢中驚醒，床左右簸動甚劇，木板格
格作聲，歷時數分鐘始行過去，空中懸掛物件如電燈等
均搖擺不定，此為近年少有之地震，後見晚報載，知此
次地震之震央在花蓮以東之海中，花蓮一帶之震級為五
級，太魯閣有山崩，而花蓮市之房屋已有倒塌，台北市
為四級，但報上之分析為亦達五級，有少數房屋亦有
倒坍，余生平無此經驗，今晨為之心悸，且感無術以應
付云。

師友

　　上午，故友張敏之之子張彬來，謂即赴台灣大學註
冊，繳費尚差二百五十元，余因今日備款適不足，明日
即須出差，彼名下所收友人存款只有一百一十元，乃交
其完全帶去，不足之數並囑往詢崔唯吾先生，是否經
收之友人助款有近來收到者。此子為張兄之長子，已在
二十歲以上，而對於立身處世似茫然無所知悉，即如其
在校讀書應如何自行設法自給，其母似未計及，其本人
亦從未思及，較之友人中頗多父母雙全而已用種種方法

逐漸自立者，實不可同日而語，今日德芳喚起其注意此
點，或為人補習，或另謀短期工作，在假期打算添補費
用，均為習用之方法，彼何以不能採取耶。因此又念及
其姊張磊在醫事職校將近畢業，對人情世故似亦多不注
意，即如德芳去年曾託其在台北醫院設法覓取新鮮胎盤
為病後補虛之用，彼陽允天涼後照辦，而半年無消息，
來此取保亦不提及，蓋已忘卻矣。

2月25日　星期一　晴曇
飛行

　　晨七時十分，安全分署汽車依預定時間到余寓接余
同到衡陽路三葉旅社接同事胡家爵君，與公路局橫貫公
路工程總處王課長赴松山機場乘復興航空公司飛機赴花
蓮，規定時間為八時十五分，八時正即排隊候驗身分
證，魚貫登機，機艙不大，凡兩排座位，每排二人，約
能容乘客三十餘人，設備方面除所用嘔吐袋係用膠質筒
外，其餘未見有何新穎之處，即飲食方面亦付之闕如，
此蓋因短途之故歟？余自到台後，七年以來未乘飛機，
起飛後感覺微有顛簸，諒係氣候不正雲層太低之故，飛
機係自台北沿海岸而行，過宜蘭後天氣即漸漸開朗，俯
瞰海面如鏡，而蘇花公路蜿蜒如帶，洵為奇觀，飛機飛
行極低，在海上不過數百公尺，比岸上之山低下多多。
九時到達花蓮，凡在途為四十分鐘，此時有東西橫貫工
程合流工程處，由新城派員派車來迎，即同赴新城該處
之招待室下榻，余與胡君同處一室，入夜靜極，有山居
之趣。

師友

　　晨，張中寧兄絕早來訪，謂新中央橡膠廠周轉困難，前來通知不能支付存款且停止付息，詢余應採何對策，余因該廠負責人阮隆愈一向穩健而謹慎，現在財務困難諒係一時現象，故主張不必逼迫過甚，使期能度過難關，庶可兩全，但必須能與其他重要債權人切取聯絡，共同行動，始免為人著了先鞭，但張兄又主張將其房屋契據取得，以資保障，此亦不失為一有用之法也，云云，余因亟待出發赴花蓮，故未能充分與之研討云。晚，到花蓮女子中學訪葉淑仁女士，因來花機會甚少，故往與一談，據云昨日花蓮地震甚劇，渠住樓上一時不易下樓，故移往樓下居住，今日亦有微震，但已不似昨日之甚，故多不甚畏懼，其實防不勝防，畏懼亦屬徒然云。

職務

　　上午與公路局東西橫貫公路工程處（合流）胡處長談公路之一般情形，胡君甚健談，謂自勘查此項路線時即入深山探險，今日從事興修，自然對於該路之種種情形有深刻之了解與詳密之規劃，又謂在勘查完竣之時經初步估計全部工料需六億元之鉅，後經將運料方式詳加核算，將運料之勞費減至最少，始悉半數亦可敷用，可見築路工作與運輸情形之配合為第一必要也。開始查帳，今日主要查核之對象為此公路土石方工程之支付工款情形，經將每一契約之實付數值加以匯總，得出截至目前為止之全部工程付款，復將此項實付與預算數相較以明其超過或不足，此實為一重要之查帳對象也。另向東西橫貫公路合流工程處要求其供給有用之資料，尤其銀行存款數必須與帳上相符，此固最簡單，然其屬於一九五六年之現款與銀行存款竟不能相符，原因為一部分之現金為其他支出所湮滅，經查詢調整後始克有相符之可能，諸如此類，均經與其總處王君及該處會計主任徐君商談補救之道焉。

2月26日　星期二　晴曇

職務

繼續查核橫貫公路合流工程處之帳，今日為將全部工程費材料費加以綜合之分析，工程費在一九五六年度全部為榮民第一總隊所承辦，經以全部之契約（名為同意書）本文與所附之估驗單核對帳列數字，均屬相符，有須注意者為工程契約訂立時，依約定為先付百分之三十，而事實上則有出入，且皆屬二十萬元以上之工程為遷就審計部之監標而在台北由公路局代為訂立者，次為工程進度往往不能與約定相符，此蓋因約定日期為工作天，如非對照天氣晴雨記錄，無法核對，此部分工作乃視察性質者，故應由胡君為之，余只在數字上著眼而已；材料費則分工程處自購料與由總處發交材料之兩種，余在審核時對自購注意其程序與憑證，對收到發料則注意與發料單是否相符，耗用之手續為何，經核明均屬與規定相符，發料之報銷手續亦屬齊全，均數月來均集中於十二月間一次記帳，顯見有積壓之情形，又材料帳上記載材料係以材料種類分成專欄記載，耗用時往往只記一種之總數，欲知某一契約用去材料某種若干，則所記不詳，經查出附件之內容，另加統計，製成一表，以每個工程契約為單位，加以分析統計，縱橫相加相等，於是知全部用料總數所含之總類，自購抑領發，以及用途為何，均可一目了然矣。工料部分用款為該工程最重要部分，業已告一段落。下午到太魯閣口內榮民工程第一總隊核對其領發工款之情形，與總隊長胡正祺晤談，余只求明瞭其會計之概況，故未加細核，但知其時內容記載不夠詳明，且有種種隱情，如承辦之工程有轉包牟利情事，人言嘖嘖，然欲求其在帳上有所表現，非全部傳票與契約詳加核對無由得知，此實非短時間所能做到，歸後聞胡君云，彼已發覺其一件轉包之契約，改日當加以詳細調查，余亦覺在有線索可尋之狀態下不妨再往查核一次也。

師友

晚飯應李祥麟太太之約在花蓮女中便餐，菜餚甚佳，意甚感也，渠本欲託余帶物回台北，因已另託他人，屆時或另買他物託帶，俟星期五日再定云。

瑣記

今日赴花蓮本事先與工程處方面約定於晚間九時派車到花蓮女中相接，余於晚飯後先到市上洗澡，及九時回女中等候至九時半尚未見車到，知其爽約，故又回至中山路大新旅館暫住，蓋此時已無回新城之公路局車也。凡事不能預先安排妥當，往往有不能把握之困難，即就洗澡一事而論，旅館之設備遠勝於浴堂，然因未如預期，故洗澡以後始往住旅館，費時耗財，且不舒適，後聞此汽車係因往醫院送太魯閣內地震受傷之路工赴醫院而耽擱過久，到女中時已九時半以後；余又憶及在由女中折返街市時，路上遇一汽車極似工程處車，但雙方均未招呼，以致錯過，意外事往往如此也。

2月27日　星期三　晴曇

職務

　　繼續查核合流工程處之帳目，今日所查為管理費用與財產支出，著眼於支出單據之審核，因其傳票內此項單據所占分量極重，為免翻檢之勞，故即將全部傳票按次序一一查核，事先將費用之子目與細數記入一張 work sheet 上，各留相當之空白，以備於發現單據有異常情形時加以記載，今日已看過一半，所見之異常情形約有兩類，一為關於奢侈性之支付，而最明顯者為茶葉，筆數甚多，二為關於稅費之支付，而最明顯者為印花稅及汽車牌照稅，均經一一記入，以便列入 Disallowed Items，此項審核方法較之按照帳內逐筆查傳票者為速，余本欲於晚間完成之，因傳票之另一部分為工程處主計課主辦人員取回，而其人又回花蓮，至不果焉。

游覽

　　上午，胡君與工程處工程人員赴太魯閣內溪畔一帶察看公路工程進度，余本無必要前往，因工程處會計人員相邀一同前往，故亦參加，余等數人僅行二公里至隧道與吊橋處而折返，此路余於兩年前曾來游過，今日景象大不相同，因沿路道路已放寬，而山壁開鑿之痕猶新，路雖加寬，而風景殊不若疇昔也，尤其繼前日地震之後，山上大石不能穩定，墜落路上者甚多，聞即三人同遭非命之處，其餘工棚被毀者亦多，開山工程殊非易易也。

見聞

余此次來花蓮，正值地震發生之後，而受災最重者又適為查帳對象之橫貫公路，今晨進太魯閣，在閣口第一總隊部遇胡總隊長，據云因連日仍有小地震，故山石始終未臻固定，然亦非全無安全時間，依彼所得之觀察經驗，似乎每日晨十時左右以前及薄暮以後落石較多，是否因空氣冷縮影響山石之位置，不敢斷定，但勸余等在此時間內入山，亦確屬一番苦心，無論事實是否如此，亦可見人類為爭生存，不能不注意此等原則也。太魯閣口為榮民第一總隊部所在，數十人在茅棚內辦公，別有一種景象，其茅棚之四壁全為草梗所紮，頂用鋁板，窗用竹面所編，而在未支開以前全無光線，支開以後則係糊有一層玻璃紙，一種簡陋之狀態，無以復加，室外豎有總統畫像，又有若干條之標語，乃就退除役官兵之身分所設計，作為共同努力之目標者，門首又懸有橫額曰「樂觀奮鬥」，又曰「勞動創造」，此二者對於榮民今日之身世可謂十分貼切，蓋今日之所謂榮民，不少為多年來屢立戰功之老將，現在依雙手為生，余昔讀誦丹青引，於「將軍衛武之子孫」起各句深致慨嘆，此日所見毋寧為無數之將軍也。晚與胡工程處長談總隊部已奉令移歸工程處管轄，昔之契約關係即將告一段落，但未來該處在公路局與國軍退除役官兵就業輔導委員會二機關之雙重指揮下，其如何順利完成任務，實大費斟酌也。

2月28日　星期四　晴

職務

　　上午，同胡家爵君到太魯閣口榮民工程第一總隊部，繼續查詢轉包工程狀況與支付工款之內容，因此項工程係為安置退除役官兵而設，依規定不得另行轉包，但風聞第一總隊所承辦之工程甚多轉包者，即合流工程處亦言之鑿鑿，故須儘可能明瞭其真相，余等到時其胡正祺總隊長不在，工務方面人員始而取出轉包合約一件，係今年之新工程，後又陸續取出二、三件，余與胡均分別將其條件單價摘錄，繼詢主計室以支付工程款之情形，楊主任云，並無明細之記錄，主計室之工程支出帳係根據工程段落為戶名，每半月依各施工所亦即各隊所填之請款單發款，至於正式隊員與附屬隊員應如何分配，則為工務部分之事。詢之工務部分則只有明細紀錄，以工程為單位，但依據所出示之合同，均尚只有部分工款付出，故無從知其驗收與結帳等手續也，繼又查詢其關於領到工程費與支付工資及所謂「施工管理費」之差額若干及支領情形，據云收到工程費時列一項目，支付時又列一項目，統籌支用，施工管理費之開支係以工程成本與領到款之差額為挹注，而內容無從預算，且亦不能由會計記錄上求得百分比，無已，乃只請會計人員將去年已做大半之第一、第二、第三，三段工程付出工資累計數加以開列，俾以之與工程處付出數相對照，另外則將其所定之成本預算取出，以與工程處發付工價

預算相對照，以明其差額情形究為何若。工作兩小時完
畢，回至工程處核對兩項工價，除成本單價部分有待於
細算外，其轉包部分則發出包價與所收包價幾乎完全相
同，甚至有轉包且高於原價者，由此可知其最先取出之
契約乃預有準備者，以證明其所云轉包原因由於帶有技
術性危險性非隊員肯作或能作者之不誣焉。下午，繼續
審核管理費用，各子目均已根據傳票單據全部看完，只
有人事費用部分因須根據其所製之總表加以核對，故在
審核傳票時加以越過，此項總表編製費時，直至今日傍
晚始見交來，其中所列各項費用給與之項目，有尚須向
該處索取法規章則者，蓋其待遇內容有係根據中央規定
者，如統一薪俸、職務加給、眷屬補助費、實物給與，
有係根據公路局規定者，如工地旅費（實為定額支給之
待遇）調在工程處人員之津貼等等，前者固有政府之通
行法令可據，後者即須看公路局之規定條文及是否奉上
級機關之核准矣，此項待遇表列人數只有三十餘人，據
云此為工務所之人員，十一月間成立工程處後，工程處
人員則暫在普通基金經費內墊支，留待記入一九五七年
度之帳云。

交際

　　晚，合流工程處胡處長在花蓮鴻賓樓請吃飯，在座
尚有今日由台北來監辦接收第一總隊之周、王二君等。

瑣記

　　晚，在花蓮買花蓮薯、玉里羊羹及雞蛋等備明日帶
回台北，在候車時聞公路局王君云有粵人製牛肉乾亦
佳，乃同胡君至花崗山探詢，果甚佳妙，亦趣事也。

3月1日　星期五　晴

飛行

中午十二時由新城至卡來萬飛機場，等候復興航空公司之飛機回台北，因班機時間預定為十二時三十五分起飛，由新城至機場需時二十分，故十二時前必須動身，而合流工程處之汽車臨時不能發動，乃借公路局第四工程處車前往，及抵機場始知飛機誤點，而頃間之匆遽實非必要也。同行者為胡家爵視察與公路局橫貫公路工程總處王課長振業，工程處之主計課長徐君前來送行，飛機於十二時五十分到達，一時二十分起飛，仍沿海岸飛行，花蓮今日已晴空一碧，而甫至宜蘭外海即白雲靉靆，飛機在雲端上行，歷四十分鐘到達台北，時為下午二時，因有空軍飛機跑輪損壞正修，跑道被占，無法降，飛機在上空盤旋十五匝，費時四十五分始克降陸，而所降則為新建未成之跑道，由此乘汽車轉至舊跑道與航空站月台出站，周折甚多，今日飛行時間長達一倍而波折又多，殊出意外也。到站後由另外出差之同事鄭君打電話叫車，先同到美國大使館補領上週薪，時間不對未成，於是分頭送余等人回寓。

師友

李祥麟太太上午到機場送款物託帶到台北，到達後遂即到李兄家送交，並詳談此行經過，李兄並與余商酌其有意赴南洋大學授課事，余主張其隻身先往一年。

瑣記

在花蓮以物價較低計，買有雞蛋與豬肉、豬肝等帶回台北食用，惟路上攜帶略感瑣碎耳。

3月2日　星期六　晴
集會
　　上午到衡陽路 102 號出席國民大會代表黨團第三十一小組會議，討論事項有一建議案，為請中央糾正並防範黨內提名競選省市議員之弊端，據云此項提名選舉多有賄選等情形，而競選人以捐助經費為名向小組長送錢之事幾乎不勝枚舉，最甚者則竟有每票百元之事，實為駭人聽聞，如此現象而謂當選人能領導群倫，其孰能信，在會議上之同人聞此等情況均為痛心，一致主張建議云。

師友
　　中午，高注東兄來訪，留午飯，據云此來係應召集參加光復大陸設計研究委員會之小組召集人起草人與兼秘書聯席會議者。下午，到羅斯福路一段訪樓有鍾兄，不遇，告其太夫人以余已返台北，蓋樓君昨日曾來探視也。下午到羅斯福路三段訪張中寧兄，詢其關於新中央存款停息之處理方法問題，據云負債六十餘萬，廠外人只占其半，此半數中又有半數為大戶，即張兄與另一存戶，資產償還有餘，只周轉不靈耳，該廠不動產曾向美援會透過彰化銀行借款三十萬（實得十五萬，差額為銀行中飽，利息則歸新中央負擔），現在已還，而契據尚未取回，張兄已託人介紹向美援會接洽取回契據，另外設法借款周轉，余認為此項進行方式甚好，但仍應注意其廠內成品原料與生產之動態云。

參觀
　　到中山堂看徐德先彩色攝影展覽會，出品百餘幅，均極佳妙，另有一部分為透視攝影，別開生面。

3月3日　星期日　晴

參觀

下午，同德芳再到中山堂參觀徐德先攝影展覽，展出者有黑白、彩色，及透明等種類，觀眾極擁擠，盛況得未曾有。晚，同紹南到台大醫院參觀徐德先攝影透視片幻燈欣賞會，余等到時已甚遲，然已觀一小時，精彩百出，尤其以花卉與人像為佳，山水外景甚多，但不見功，尤其以朝晨光線不足時所攝為最為不易，至於幻燈片是否即為其所拍之軟片，則不知矣。

娛樂

下午，同德芳到萬國戲院看電影「河娘淚」，為哥倫比亞出品，意大利影星蘇菲亞羅蘭主演，加特藝彩色，情節與演技均屬不凡，故事寫一走私青年戀一女工，最初女工不予置理，後忽回心轉意，狂放不可收拾，立賦同居，不料男子愛情不專，留言離去，女俟其回來後往加責難，被男子奚落，憤而遠走為割藤之河上女工，其地覓居在水濱，時已生一子，雇工代為看顧，己則早出晚歸，適另一眷戀女者往尋女，強此雇工引路前往，棄小孩於不顧，及歸發覺小孩失蹤，女牽雇工四出搜尋，幾已絕望，而在藤叢中發覺童屍，不禁悲痛欲絕，是時男因被女舉發被捕，越獄至河濱欲尋女報復，見此淒涼景色，乃先到官府自首，然後參加送喪，全劇在哀樂告終，女主角初飾一活潑風流之女郎，中飾一茹苦含辛之女工，終飾一慘絕人寰之悲劇人物，均極為逼真。

3 月 4 日　星期一　晴晚雨

職務

　　今日開始整理花蓮查帳資料，並補充須在此間蒐補之資料，其中如東西橫貫公路工程處之人事待遇規章等，即須向公路局索取，並查核其呈准之公文云。上午，同胡家爵君等五人乘車到美國大使館補領應於上星期發放之二週薪，此事本可另憑收據在安全分署託人代領，但辦法常改，最近又不肯憑此手續發給，而必須自行往領焉。上午，同葉于鑫君到建設廳榮工處查詢東西橫貫公路東勢達見段第一契約之支付工款情形，緣在余赴花蓮期間，Johnson 檢閱余所作之第一契約工款支付程序與數目大概圖表，有不明處即問葉君，彼亦不求甚解，又往詢榮工處，榮工處告彼之數字與告余者又生差額，謂係有一小部分工程交技術總隊承辦，計二萬元，此數不影響工程總價，但與實發路工隊員之數則逕多此數，葉君本意係詢其何以實際支付，但云不知，余則問其何以又多出此筆，彼云係本在第二標工程內，後又轉入第一標一部分云，葉君歸將工程總價與四總隊實收加以比例核算，將所收與所付相較，得一百分比為百分之二十三強，此即包括榮民工程處所統籌各個總隊之經費（所謂百分之十七）及各總隊留供統籌之共同經費云。（此即所謂百分之十二，去花蓮時曾聞此百分之十二係由各總隊報效退除役官兵輔導會人員，未知是否事實。）

3月5日　星期二　雨

職務

　　出差回安全分署辦公後，公文內有公路局函美
援會請對於去年函請核定之局部東西橫貫公路預算
加以處理，緣該公路修建預算內有一百八十萬元之
Construction Overhead，實際上供工程總處及工程處之
開支，Johnson 則云此為管理費用，與PPA 所稱之建築
Overhead 不同，於是公路局乃有此函，其副本則送來
分署，謂此項Overhead 之預算規定甚清，望查出後即
知所謂 Construction Overhead 當前之使用狀態無甚歧
異。余因安全分署卷內無法查出，乃向美援會調閱，並
將內容送Johnson 加以研究，彼囑余依據此項實數與實
際支用情形加以比較，則彼已不再作此項名辭之爭矣。
余由美援會之文卷內獲知公路局東西橫貫公路工程處所
支之職員津貼與工地旅費雖得省府核准，但因以徵得美
援會同意為條件，而美援會又云須先問退除役官兵輔導
會，至今仍在踢皮球之狀態下，而款早已照支，遂覺審
核時大為困難，而不易立有補救辦法。

師友（補昨日）

　　晚，同事陸慧禪、樓有鍾來約同往和平西路一段杜
震洲君家看出租房屋，緣二人之友人徐君即移居此地，
須覓租房屋也。

師友（今日）

　　託趙榮瑞兄在台灣銀行為紹南借用該行業務處理
手冊一種，此為其今學期新開銀行會計一學程之參考
資料。

3月6日　星期三　雨

職務

余自到安全分署以來，計寫成查帳報告三件，至現在止，均已打印分送有關方面，今日將三件報告之 working file 加以裝訂，其中除打印報告與原有底稿外，即為查帳時所用之各種 working papers，均集中一起，以備查考。上週查帳之工作底稿於今日止整理完成，並開出要點送之於 Johnson 加入其準備中之查帳報告，在余本以為已經十分完密，乃下午突發生一項問題，是余未曾預料，倉促間難以解答，緣太魯閣合流段之十二月底現金結存曾因整理帳目，至九月中旬確定移轉新年度時有所調整，其數額增加一萬三千餘元，Johnson 因見銀行現金對帳單之十二月底餘額不及現在移轉年度數之大，詢係何原因，此項差額余在太魯閣時曾與該工程處人員核對推敲，因甚多曲折，當時只了解無誤，即未再作紀錄，致無作答之資料，晚間根據當時核算所用之竟未毀棄之便條加以推斷，始知乃收入一萬六千餘元與支出三千餘元之結果，但此兩項收支係何內容則不甚詳細，只好再向關係人員查詢矣，由此可見查帳工作之因有無秉承而大異其趣，在有所秉承時，不能以只求自己明白即可了事，必須將明白之原因加以記錄，寧可備而不用，亦不宜從簡，余對此次查帳本已充分注意及此，而不知西人之看法有時對極通常之事引起懷疑，設無充足資料，即感難以應付也。

3月7日　星期四　雨

職務

今日全日時間幾乎用於兩筆無關輕重之帳目，緣此次所查太魯閣合流工務所之公路修建帳目，依最初之年底銀行結單與現金帳目原屬相符，其後因將若干不確定之臨時支出移至次年度，致數目有所變動，但主辦之Johnson則又有其見地，認為移至次年度之現金應以銀行結存數為準，凡以不確定之支出抵現移後均所不許，於是凡不確定之支出均歸入上年底以前之帳，此次合流之帳有兩筆款項，一收一付，相抵淨收一萬三千餘元，該工務所於一九五六年前列收帳內，而現金則在元月底始向銀行調整，以致現金結存與銀行結單不符，余在新城時本對此已經核明，只因未加記錄，致兩款內容不復省憶，幸今日問公路局主辦人員，得明底蘊，當作一 Reconciliation 單送Johnson以為說明，而參於其事之葉于鑫君又堅主將此一萬三千元之差額改為次年入帳，庶一九五六年之帳列現金與結存銀行帳者相符，與Johnson所採原則無違，余將此意向Johnson說明，彼即照改，但彼又似不以為意，或以為 Reconciliation 即足以說明，亦未可知，此項改帳問題，余本不認為有問題，而葉君謂Johnson甚重視，乃採其說，如此公路局將不知增加幾許工作矣，該局本已再次結帳作表，現在之辦法似又大體恢復原來之作法，而又不完全相同，使該局有莫衷一是之感，此等事係外籍人所主張，使用美援機關只好遷就也。

3月8日　星期五　晴

職務

今日全日工作為從事於東西橫貫公路工程總處與所屬二個工務所人事費分析工作，此為主寫查帳報告之 Johnson 所需要者，余之工作分為二部分，一部分為各種待遇名稱類別之羅列與內容之簡要說明，包括統一薪俸、服裝費、醫藥費、職務加給、實物給與、眷屬津貼、效率獎金、總處津貼、工地旅費等項，其中最後三者互有排他性，僅能支其一種，東西橫貫公路人員之後二者均較效率獎金為高，故效率獎金無人支領，然為知其內容，曾通知該處王振業科長持辦法條文前來說明，余即將要點用英文寫入所擬之要點中，另一部分為以去年十二月份為舉例之對象，將實支情形加以分析，並統計其人數，草成一表，以知各項待遇之支領者各為若干人，因有各項待遇全支者，故表內總人數欄便據以減除重複也。

交際

晚，參加安全分署會計處之宴會於鐵路局招待所，今日宴會意義為歡送 Deputy Controller Gordon 與 End-use Division Chief Trett 之調職與返國，並歡迎新近由華盛頓來台查帳之國際合作署稽核與助手二人 Preer 與 Burleigh，計共四席，西人被請者尚有會計長 Baranson 夫婦，Audit Section Chief Johnson 夫婦，牆上懸 "Bon Voyage" 紅額，席間致詞者數人，並有簽名之錦綢分致 Gordon 與 Trett 二人，至九時餘始散。

3月9日　星期六　晴

師友

上午，到中和鄉訪宋志先兄，不遇，其岳母周太夫人在寓抱病，據云已十餘日，左臂與左腿動作不便，而血壓不高，想係風濕之類，正服用維他命 B、C 與蘆定片劑等。余今日本擬約宋志先兄到電信局繼續洽商按裝電話事，而宋兄則送其公子到醫院看病，於是不果，乃到復興書局訪楊天毅兄談電話事，緣申請電話按裝之初為余在合作大樓所迫切需要，而遲遲不得結果，洎該局嵇局長表示年底可以辦到時，余之迫切需要已成過去，但已費盡九牛二虎之力始見端倪之事又不願如此放棄，適上週楊天毅兄告余有開封街一商號需要電話，余乃往詢其詳情，並請轉洽如仍在合作大樓按裝則移機事彼能否辦到，如此項問題能解決時，余當於最近期間將此事實現云。

參觀

晚，同德芳到新聞大樓參觀自由中國第三屆畫展，出品不多，包括國畫、西畫、書法等部門，國畫中之作品以張大千者為最出色，此外足觀者不多，西畫似更無是處，攝影以徐德先所作為最佳，似乎最精者尚為其前數日之個人展覽會所展出者，較為充實者尚屬之於書法部分，如許世英之行草、曾克耑之楷書、宗孝忱之小篆（有聯「友如作畫當求淡，文似看山不喜平」布局最佳）、梁寒操之行書、溥心畬之題跋，皆引人入勝。

3 月 10 日　星期日　晴晚雨

師友

下午，林樹五君來訪，閒談，據云其兄鳴九刻移居於水源路十七號台電療養院，病勢似未見好轉。下午，廖毅宏夫婦與陸冠裳夫婦來訪，閒談，二人現均服務於國軍退除役官兵就業輔導委員會。

閱讀

讀本月份學生英語文摘，見有所錄 Gerald Horton Bath: "Salute to the discontented" 一段，極有價值，記之於下：

"Perhaps psychiatrists wouldn't like the news to leak out too generally. But the truth is that the people who do most for mankind - and are the happiest - are the discontented, people who are not satisfied with things as they are and who find happiness trying to improve them. ... America's astonishing success stems largely from the fact that we have been blessed, from Jamestown to the present, with people who thought things could be better, and had this get-up-and-get-to do something about it! Discontent is the steam in the boiler of progress. Religion itself grows out of the divine craving of man to be the best person of which he is capable."（中間省略一句為普立茲獎金得主 Oliver La Farge 之名言，不及全抄。）

3 月 11 日　星期一　雨

職務

上午，將上週所作之公路局東西橫貫公路工程總處

與兩個工務所去年十二月份人事費之分析資料加以整
理，然後送之 Johnson，備其作為寫作報告之根據，此
項人事費資料包括兩部分，一部分為各種給與之名稱與
辦法，對於現行公路局人員待遇加以簡單說明，另一部
分為就十二月份總處工程處支給之實際待遇作一統計，
藉悉支領某項待遇者有若干人，最後加以註腳，說明公
路局在各項津貼中有一種名為效率獎金者，而東西橫貫
公路之待遇中則將此項獎金取消，另規定，另在總處核
支津貼，由三百五十元以至一千元，其已領者，工程處
則支給工地旅費，均不再支效率獎金，以上二者及效率
獎金三者皆不重領，此點關係其實際待遇者甚鉅，故在
所作之多欄 working sheets 上亦特加註明，寫好後即送
交 Johnson。東西橫貫公路建築工程之查帳工作已大致
告一段落，次一工作本為 Johnson 所指定之 George Fry
顧問經費之審核，但該公司來函內述其待查之工作係截
至四月十五日止，Johnson 與 Jack Liu 皆未曾細看過，
於是極盡敷衍之能事，余告以不能等待，應先進行其他
查帳工作，適有東西橫貫公路查勘案尚未移出，乃將經
過情形向其說明，始云應先作此事，而 George Fry 之
來函本說明為四月十五日止之帳目，二人均未細看，經
余說明始知之云。

3月12日　星期二　晴有細雨

職務

　　今日全日用於閱覽東西橫貫公路路線測量與資源調
查之文卷，資源調查部分為 PPA 中由經濟部主辦之部

分，此部分款項不過四十萬，在用畢時尚有結餘，在結束勘查時尚有剩餘物資，均照數依手續繳回美援會，且將 CEA 修正，作成結束報告，而預算數目與實支較有伸縮，亦經依手續備函美援會請准予留用有案，種種處置可謂絲絲入扣，另一部分一百七十餘萬元則為公路局所主辦之測量工程，因實際工作時較之經濟部為繁雜，且超出預定里程與預定之每日日程，以致實際用去之數倍於原預算而超過，在請求增加用款時，J. G. White 公司之意見認為完全合理，應准予追加，至 ICA 時則各部門意見不能一致，其中大部費用為人事費，於是意見集中於調用政府固有之人員究竟應在何項經費內負擔之問題，而此項問題又不能片言決定，於是主張先由 Controller's Office 舉行查帳，然後再作計議，故此項查帳之重要工作即為對於人事費用之澈底分析，此項分析工作依日來在橫貫公路興建計劃中之情形，可謂一最繁瑣而糾纏之工作也。

師友

晚，王慕堂兄來訪，為其舊長官張直夫以國大代表身分貸款建屋於新北投，因自行墊款太多，急需出售，而無受主，詢問美國機關有無要者，余允為之詢問有無承租者，蓋外籍人士只租不買也。

3月13日　星期三　雨

業務

林產管理局林慶華君日昨曾以電話詢合作大樓余以前之事務所，孫福海君曾以電話相告，余本擬今日或晚

間抽暇相訪，上午林君又來電話，謂林業員工互助協會
清理財產案最近已由省政府核定交職工福利委員會承繼
辦理，而職工福利委員會須先取得法人資格，故已申請
登記，俟此點做到後即可賡續一年前未竟之工作，又員
工等候不耐，最近向余處抄去全體名單地點，已託律師
來函限時答復，否則將起訴云。

職務

上午將全部東西橫貫公路文卷看完，今日所看者為
實際收支部分，因公路局經辦部分有請求追加之事，故
於已經支用之時期與墊借之來源等情形有加以特別注意
之必要，故摘錄後且加以性質上之分析，下午到公路局
開始對其帳冊作全般之了解，並先查詢其款項支用之最
後狀態，已得一月底之數字，繼即對於帳內所記之明細
子目亦加以檢閱，並囑為余抄一餘額詳表。該局之東西
橫貫公路經費支出較原預算加倍有餘，請求追加而遲遲
未有結果，馴致年度結束期限已過，欲照實支作結束報
告則實數與撥款不符，欲照撥款數作結束報告，又恐美
援機關視為結束而不復考慮追加，但在該局已記之帳上
則已經將數字分成兩部分，一九五六年度之數字完全侷
限於原有撥款預算，惟傳票單據未能分割耳。

3月14日　星期四　陰雨

職務

上午，為 Johnson 校閱其所作東西橫貫公路建築案
之一九五六年度用款查帳報告，此項報告係由經手查帳
之葉、胡二君與余共同供給資料，由彼加以分析排列，

而加以說明意見，全文在十頁以上，為罕見之長篇報
告，所採格式亦與平時所用者不同，此為彼到安全分署
之第一個查帳報告，故最為一般所注視，其草稿草成之
後，經胡君先閱，於昨晚交余，余以全部上午時間為之
對照數字，發覺若干筆誤之處而加以改正，而對於分項
所用之號碼見有不同階層而從同者則為之加以括弧，以
明有別，至於內容上之重大訛誤則用另紙記下，備於看
完後一併詢問，不料尚未看完，彼即催葉君速看，余則
下午出外查帳，洎歸，葉君告余以彼已看完送還，余見
其原稿已放置於送會計長之發文枱處，乃取下續閱，至
下班時尚未完全看畢，但重要者已經記下，備明日向其
說明焉。下午續到公路局查東西公路測量經費帳，其帳
務處理之情形已經大體了解，乃先查核其採購測繪器材
部分用款，發覺原定向海外購買之若干物品改為在國內
購置，帳上所記託中央信託局向外國買進之器材只有一
筆，其全額係根據訂購單所列，諒係估計之日本市價，
為求其準確計，查核國外發票與進口費用等記載均付
缺如，諒為該局購料部分所另外保管，已囑其前往調
閱矣。

3月15日　星期五　雨
職務
　　此次會同Johnson 與葉、胡二君所查之東西橫貫公
路建築費帳目，自將所有資料集中於 Johnson 處後，彼
已將查帳報告底稿草就，先交胡君核閱，胡君於昨晨交
余，余因對數字均加核對，窮半日之力未竟，而又被葉

君取去，幸余又再度取回，今晨乃將錯誤處再加改正，例如應追回之不准開支款係由若干項目內累計而成，其原稿之數有誤，胡君改正仍有遺漏，葉君則未加注意，余於今晨作最後之校正焉，又有一筆款其報告所敘述者將出處引錯，有張冠李戴之誤，此點經當面向其說明，請其自行照改，此外則為章節排列問題，其大項目用羅馬字，次用阿剌伯字，三用英文字母順序，以下又用數字，再下仍用英文字母，且均為小寫，前後易於混淆，余將其後者加以括弧，以示區別。今日上下午均會同胡家爵君到公路局東西橫貫公路工程總處查核測量經費帳目，因胡君所用之帳與余相同，故余之看帳對傳票工作未能繼續，只將全部經費收支與銀行帳單加以審核，順便對其全部費用概況加以了解，另外則探究其對於財產項目之帳務處理與管理辦法，知其處理程序與方式完全參照官廳會計之另製財產傳票，另記財產統制帳，並於購買時即製財產增加單，均屬充分而細密。

娛樂

　　晚，與紹南到寶宮看「梵谷傳」（Lust for Life），米高梅新藝綜合體，文藝氣息濃重，甚為精彩。

3月16日　星期六　雨

閱讀

　　讀學生英語文摘 Quotable Quotes 一欄，常有警句耐人思索而與人受用，茲摘數則如下，以當記憶：

"Adversity is the state in which a man mostly easily acquainted with himself, being especially free from admirers then." - Samuel Johnson. "It takes less time to do a thing right than to explain why you did it wrong." - Longfellow. "Our greatest happiness does not depend on the condition of life in which chance has placed us, but is always the result of goof conscience, good health, occupation and freedom in all just pursuits." - Jefferson. "Kind words do not cost much. They never blister the tongue or lips. Though do not cost much, they accomplish much. They make other people good-natured. They also produce their own image in other men's souls, and a beautiful image it is." - Pascal. "We are told what fine things would happen if everyone of us would go and do something for the welfare of somebody else; but why not contemplate also the immense gain which would ensure if everybody would do something for himself." - Sumner.

3 月 17 日　星期日　陰雨

師友

　　上午，同德芳到中和鄉訪宋志先兄探其岳母周太夫人病，至則見已至院內曬太陽，已漸漸病癒矣。又到中和鄉訪郭福培兄，只見其夫人，遷入新居方不久，嫌地點偪仄，無迴旋餘地。

參觀

　　下午，率紹寧、紹因、紹彭遊植物園，並至國立歷史文物美術館看清代名人書畫特展，展出凡一百餘件，皆有足觀，余最欣賞者有鄭板橋之墨蘭中堂、行書立

軸，前者為雍正年間物，而後者則乾隆年間作，然前者
似甚為老練，後者反似早年間所作，無怪觀者中有人疑
其中之一為贗品也，又有金冬心之漆書，全為方筆楷
書，佳構活現，筆力均在無形中發揮出來，得未曾有，
又有吳大澂之書札與篆書聯，皆極有意趣，而鄧石如之
篆書則又有一種氣象，觀時如與古人晤對，一種春風鼓
盪之情趣盎然如在左右，此種鑑賞實為一種最高度之享
受也。此外又見伊秉綬之山水，曾國荃之楷書中堂，王
文治之冊頁手卷，劉墉之書札，何紹基之手翰，姚鼐、
何焯之手札，中興名臣胡林翼、李鴻章、左宗棠之墨
迹，畫中有高南阜之小幅山水，別饒意趣，而查士標、
鐵保、惲南田、曾奕禧、張之洞等，亦各有書畫陳列，
均屬精品，以視現代人之作，又覺其高出一等矣。

3月18日　星期一　晴
職務
　　今日將月來所查東西橫貫公路建築案內之一切查帳
工作報表加以彙總整理，以便俟查帳報告完成後裝訂一
冊作為其附件，此案表件之多殊出意料，以余所知，查
帳報告 working papers 之多恐無出其右者。Johnson 所
寫本案查帳報告送至 Controller Baranson 核閱後又多出
若干意見，請其補充，其中之一經 Johnson 詢余，余詳
細作答，彼將略加修改，此即文內所述公路局東西橫貫
公路工程處內之人事費用，Johnson 原報告內云，因公
路局之待遇級數未定無從審核，Baranson 引以為異，
其實 Johnson 所指者乃工程處之人員津貼一項，已呈請

美援會核定，尚未奉復，故法案之根據尚不充分，至於薪俸等正規待遇均照政府規定，無絲毫不同，余對 Johnson 將此點加以強調，渠問余有無重支，亦即有無在政府預算內支薪而在相對基金援款內亦再支一份，余即告以絕無，且謂公路局本身之薪俸帳亦經抽查，其實並無此事，然非如此措辭，彼絕不能了解，因在政府機關內無人能容許他人冒領薪津也。

交際

安全分署 Deputy Controller Allen Gordon 奉調南美服務，今日成行，余亦隨同大多數稽核赴機場送別。

集會

晚間小組會議，組長報告市長提名已定為黃啟瑞，希望全黨一致爭取選票，以便下月廿一日投票。

3 月 19 日　星期二　晴

職務

全日在公路局東西橫貫公路工程總處查此項公路之測量經費帳，余之原計劃為先將財產購買項目按帳列日期追溯至傳票憑證，以期集中注意力，然後對於瑣碎繁多之項目按傳票順序一一翻檢，只注意有無不准用相對基金者即可，但因胡君查帳亦須用此項分類帳，故余變更程序，將各科目分別用 working papers 加以預留空白，查核時即完全按照傳票發生順序，逐一審核，遇有須加以紀錄之事項，即在相當科目之 working paper 上加以註明，今日因遭遇數筆較重要之帳項，故費時較多，只核訖傳票一本，不過占十分之一而已。今日所費

時較多之帳項，一為預付中央信託局國外採購器材款，
摘要寫明係按招標前之預算美金額照國外匯價預付價
款，並加付百分之三手續費，但經細核不然，詢之原經
手人，又只謂約略計算，不足為據，如此馬虎，殊屬不
解，而進口器材已到者亦未完全轉帳，故在其他各款據
云已經完全付清之狀況下，將因此款之不能迅速結帳而
影響其用款總數之不能迅速見曉也，次為購買當地出品
之用於山地工作裝備者，發現有發票未付款而亦無人感
到吃虧之情形，核對亦特加費時，此外則為了解其人
事概況，使經辦人早日將人事資料集中，以便查核順
利，研究說明亦費去不少時間，故工作效率日來自覺
殊低也。

3月20日　星期三　晴有陣雨
職務

今日全日在公路局查帳，係按時間先後逐一審核傳
票，而特別對於裝備費與薪俸加以注意，因前者內有服
裝費一項似為原預算所未列，既無預算而逕行動支，是
乃有意超過，並非出於不得已之原因，後者則為安全
分署主管部分所特別關心，因此項測量經費之超支原因
在該項人事費之用於調用人員者究有幾何，如調用人員
之待遇仍歸所屬機關自行負擔，將省用美援款若干，乃
此案是否增加之焦點也，至於逐一審核傳票尚有一連帶
的注意之點，即在辦公費內注意有無不許動支之項目如
茶葉之類者。去年十一月所查之太平洋電線製造廠因尚
有一部分器材未到或未按裝而查帳報告不能認為可告結

束，而該廠急需將其抵押品贖回，於是向美援會催詢，
該會問余，余舉出問題之要點在 ADI 部分，一方面向
該 ADI 查詢已否繼續往查，該 ADI 之賴君謂非有稽核
人員會同往查，彼等不擬前往，如此又將歸於延宕，余
歸報劉允中主任，但彼認為會計處既已認定帳目不須再
查，此點即不重要，勿須遷就 ADI 方面之意思，如此
恐又將拖延一個時期矣。

集會

晚到台大醫院出席研究小組會議，由周開慶報告外
匯貿易之數字的實況，並討論下月開會地點，決定以旅
行方式到南投縣竹山台大實驗林場舉行，預定下月中旬
擇一星期六下午前往，而於星期日下午北返。

3 月 21 日　星期四　晴

職務

今日終日仍到公路局查核東西橫貫公路測量經費之
帳目，全部傳票至昨日止已核過大半，所餘小半亦於今
日完成，余對於全部傳票之內容自昨日看過大半之後，
即知其內容之應加注意者為何事，在此以外者則檢翻完
畢後即作為無何問題矣，在查核之時注意薪俸與辦公費
二項，前者只係對於台灣糖業公司與台灣鐵路局所調用
之人員所發，而且次數金額均屬無多，經即一一加以記
錄，以備在計算薪俸在全部經費內之比重時作為根據數
字，此數為可能將來安全分署不允負擔之數目，因署內
頗有一種看法，謂調用人員之本為政府機關者，仍應由
原單位支給，以免預算經費有所節餘而反在美援內支用

人事費云。

瑣記

　　日前有同鄉牟瑞庭君來告競選黨內台北市市長提名送至省黨部後，以不合格為理由而取消其競選資格，渠為表示不服，又向考試院辦理資格檢覈，經考選部發給合格競選證書，並準備基此理由而向黨部加以抗議，且仍不放棄競選之舉，余即以識時務為俊傑一節相規勸，請其不必負氣，況選舉不能無錢，彼既無錢以從事於此，即仍以節約自持為得計云。

體質

　　左膝蓋於今日下午上班時，因下車不慎致遭撞破，痛疼難支，到醫務所搽紅藥水並加包紮。

3月22日　星期五　晴

職務

　　上午到公路局繼續查核東西橫貫公路測量費帳，全部傳票均已看完，只待該局應造送之人事資料即可與所支人事費用相對照而作成分析之報告矣。下午整理數日來在公路局之查帳資料，並將所得之分類數字與該局所編者相比較，而發現若干財產性之支出未作適當之處理，可見其會計制度雖相當完備而究尚不能謂無漏洞也。近來安全分署稽核同人外出查帳多對於使用美援者之有無茶葉開支表示認真，但今日忽又傳出茶葉可用援款開支，其原因為以前黃鼎丞稽核在查核工業委員會帳時已寫成報告而會計長 Baranson 囑將經費使用情形開列詳表，結果發覺有五、六千元用於買茶葉，乃加以剔除，此事醞釀至今，美援會根據工業委員會之意見不肯剔除，聞再三交涉，以沙濾水較飲茶設備為更浪費為理由而說服 Baranson，今後茶葉又成為可以動支之項目矣，如此朝三暮四，徒見凡事不上軌道也。

師友

上午到台灣銀行訪趙榮瑞君，送還其以前代借之台灣銀行業務處理手冊，並訪王靈飛君，道謝其日昨前來送交該行業務處理手冊。叢芳山兄回信告代周靖波君探詢其向大陸救災總會申請貸款之處理情形，謂因現款無多，故未能先辦，此項情形已由德芳晚間到消防隊告知周靖波太太云。

3 月 23 日　星期六　晴晚雨

體質

上午，到台灣大學醫院看牙，由第三診所張醫師診察，據云全無蛀牙，而所以畏熱畏冷畏硬，原因為牙根多暴露在外，神經不堪刺激之故，僅右下有一臼齒疑係有病，乃照 X 光，斷定亦屬無病，於是結果不需治療，只好不食冷熱及硬食，別無他法矣。

家事

為紹因在台灣大學醫院看眼，楊燕飛主任今日不值班，僅由另一醫師診斷，認為其左眼之眼胞無何變化，不必處理，只砂眼尚須繼續點用 Aureomycin。

聽講

下午到國民大會黨團聽陳大齊氏講「中國自然科學不發展的一因」，要旨在說明中國民族對學術極富發展之能力，而所缺乏者為對於某一類學術無發展之興趣，學術之分類就其大者言之，分為求真的與求善的，前者之要旨在辨真偽，後者之目的為別善惡，中國思想主流之儒家甚少注意辨真偽，如孔子所謂父為子隱、子為父隱，直在其中矣，即認為真不重於善，且孔子以前無「真」字，直字意近而有別，在儒家中有意求真偽之真者似乎有一告子，惜乎除孟子中告子一章外無其他文獻足徵，而因孟子與告子爭辯之劇，又足證其不容於正統之儒家思想，在此種思想主流之控制下，遂不免於人文科學蓬勃發展而自然科學淺薄落後，由是知哲學基本觀點對於一國文化狀態決定性之重要也，一小時畢。

3月24日　星期日　雨
師友

上午，同鄉甄田芝來訪，渠經營小食館於懷寧街公園外，該處違章建築林立，皆為同樣營業，為競爭計，皆在門前拉客，最近對於管區一警員未能善為招待，頗有開罪，於是屢到其門前表示干涉，以致營業大受影響，派出所另有警員與彼相得者則勸其呈報，以免被先發制人，甄君謀之於余，詢是否如此先下手為強，余認為彼無明顯違法之事，呈報如何措辭，值得慎重，況如不能發生將該警員調走之效果，嫌隙更深，冤冤相報，豈非將根本影響營業，甄君謂該警員聞將呈報其當街拉客及營業不辦登記，其實前者曾經集體表示不准，而警局曾表示不問，以致今日滿街亂拉，後者則一再呈請，因房屋為違章建築，警局不肯發下，非商民之過，甄君大可置之不理，靜觀其發展云。下午訪王慕堂兄於交通銀行，代轉其美國寄來之書籍，並閒談近來生活狀態。

瑣記

下午率紹寧、紹因到新生大戲院看電影，二時到達，欲買二時五十分之戲票，未能買到，四時再往，尚未開始售票，排隊等候，余前不過數十人，樓下者共四行，售票開始時已在演前三十分，歷時二十分又告售罄，估計樓下只賣票五、六百張，而黃牛則在票房與警員之雙重扶助下最易買到，似尚不限於窗口，遂致排隊買票者多告向隅，如此情況，使觀眾幾非請教黃牛不可云。

3月25日　星期一　晴

職務

今日全日到經濟部水資源統一規劃委員會，查核以前該會主任委員鄧祥雲所主持辦理之東西橫貫公路資源調查團帳目，由代該團整理帳目之現任水資源委員會會計科長趙君接洽辦理，因此項調查團之組織比較單純，任務比較簡單，故經費支出為數少於公路局之測量經費，帳簿單據亦少於該局測量經費，故以一日之力即全部查完，其中略為費時者為該項支出之具有財產性質者，業經該團將結束時之剩餘部分估價移轉，而將價款繳還於美援相對基金帳戶，而以帳上之餘額作為實際支出，則凡未移列者必須為具有消耗性質之支出，於是須將帳內支出加以檢索，使無遺漏，此外則均十分簡單，僅將單據逐一核閱以證明有無剔除而已。

交際

　　陽明山實踐研究院同學龔璧端君患癌症作古，今日
在極樂殯儀館開弔，事先召集人樂幹通函捐金贍其遺
族，即未備輓幛之類，而送現金五十元，即在極樂殯儀
館弔奠焉。

師友

　　晚，徐嘉禾同學來訪，談在退除役官兵輔導會工作
感覺苦悶，有心圖謀脫離，又談其鄰居陸冠裳兄之夫人
與公子等私事，余對徐君此等事最無興趣，故只聽之唯
唯而已。晚，蘇景泉兄來訪，閒談，多為當年南京辦理
國大代表、立監委員競選故事。

3月26日　星期二　雨

職務

　　上午，到公路局續查關於東西橫貫公路之測量費帳
目，本日之工作已只餘人事部分若干尚未明瞭之問題，
緣人事費用中之薪俸部分本已查明，只有借調台灣鐵路
局與糖業公司之人員及公路局聘用之醫師三數人係由
美援內開支，此等開支在安全分署主管業務人員本以為
係政府所本有之負擔，而不應由援款內開支者，故詳加
審核得其總數，並知只占全部經費之廿分之一，欲以此
理由拒絕公路局請求增加測量費，自屬甚為薄弱，至於
最大開支部分之工人工資，是否有本來政府已用之人而
在援款內支領薪工，則為今日所應繼續查明者，據主辦
人陳世南君告，其中半數為公路局固有人員，大約月薪
五百元左右，余乃告以請按此項人數計算一項平均數，

以明薪工內應由政府數為若干，因陳君云此等工人在援款內支旅費，不另支工資，余誤會其所指為旅費內包括工資，故須加以分析，乃與陳君及另一林君一同由傳票內查出工人旅費為若干，以憑分析，迨查出後彼又告余此等工人之固有工資係由公路局自行負擔，則問題根本不曾存在，是真一場庸人自擾也。

娛樂

晚，與紹南到寶宮看電影，環球出品之 Never Say Goodbye，由洛克赫遜主演，五彩文藝片，寫親子之愛、夫婦之誤會與冰釋，極富人情意味，惜故事內容有牽強處，所謂無巧不成書耳。

3 月 27 日　星期三　雨

職務

今日全日工作為準備東西橫貫公路測量經費之報告，自昨日上午查帳工作完畢後，下午即與共同工作之胡家爵君交換意見，斟酌佈局，一面即由胡君行文，蓋彼所任之工作為視察工程進度與財產購置等，所需時間甚短，在余尚未完成查帳工作以前，彼已將報告寫成，只留待余之查帳結果加入即可，而胡君頗勇於負責，余將準備報告之事項以原始資料交之胡君加以解釋，彼即代余寫入，且極迅速，文字亦清楚，只欠推敲耳，寫成後渠交余全部加以複核，余乃於今日加以詳細審閱，發現問題甚多，一為 Disallowed Items 之總數誤列，因總數係由三細數相加而成，其中之一應以溢付數列入，胡君竟以全數加入，二為全部援款支付與收入之情形未有全盤說明，余得加入一段 Fund Status，以資明晰，三為胡君所敘關於測量進行之公里數及路線與由何隊擔任一節，其所記似不相符，余根據其四個測量隊之測量報告所載加以核對，對於胡君所記究何所自，竟無由得之，而胡君今日未到公，只好等待明日再行商量改進矣。

瑣記

在安全分署參加孔君所邀之合會，今日為第六次標會，余標二十元（每期三百元）結果另有以二十一元五角得標者，因無固定形式，余疑此中有人調皮也。

3月28日　星期四

職務

上午將東西橫貫公路之測量經費查帳報告與胡君最後定稿即交劉允中主任，並轉代行會計長之Johnson。安全分署會計處有每三月一次之工作報告（The Quarterly Activity Report），採分案敘述體，劉允中主任囑余將本年一至三月間進行之退除役官兵輔導會 project 東西橫貫公路修築經費查核情形寫成一段，以便列入季報，余為慎重計將現在Johnson處尚未核定之查帳報告借出摘錄要點，分別一、二、三、四交之劉允中主任，是時彼始將過去已作之季報樣式交余參閱，以明應取之體裁，余乃根據成例，將一、二、三、四節融成一段，寫成後交其再次核閱參照列入。東西橫貫公路之修建費查帳報告係由余與胡、葉二君供給資料，由Johnson主稿，因彼急於發出，故交余核對時間

極為倉促，已閱後送還後憶其中有一筆公路局購買日本
炸藥向中央信託局委託之帳，曾付百分之二手續費，
並由中信局代收付給台灣銀行百分之一結匯手續費，
Johnson 底稿上列出後者而遺漏前者，二者皆為美援相
對基金所不准支付者，余於本週初即欲向 Johnson 說
明，因彼代行會計長職務，又須應付華盛頓國際合作署
派來之稽核人員不斷的詢問，故未往要，今日有此項寫
季報之資料，乃極自然的向其索回參考，便中即將此筆
帳目改入，而全部之剔除款項視原稿所列又多出一筆
矣。余今日有時間將上項 Johnson 所寫報告底稿加以複
閱，並細審彼將此稿送之會計長 Baranson 後所得之反
響，除在原稿內加邊批外，另在其 Router slip 上寫有下
段："Have gone over the attached rather hurriedly and in
preliminary fashion only. Believe we need a lot more work
on this including looking into personally by either yourself
or myself. Suggest you let the boys go over it again picking
up my marginal comments for the moment. Let's discuss
again when I get back around 4/2/57. Please do not release
until we'd gone over it again." 此段措辭對於協助 Johnson
工作之余等似表示一種極不鄭重之態度，此人恃才傲
物，在安全分署內早有口碑，固無怪其然也。下午由劉
允中主任同余與胡家爵、徐正渭二君到退除役官兵就業
輔導會訪主計主任王紹堉君，約定下星期開始查核該
會顧問公司 George Fry & Associates 之三月份以前的帳
目，蓋此項顧問公司之契約滿期後不再繼續，如早日
著手查帳，不致待彼等回國後無由查詢也，至於余等

三人本已派定駐在該會內審核，如何開始將俟會計長
Baranson回台後再行決定，惟王君表示既須先行開始查
George Fry之帳，即先行為余等關一專室以利工作云。

3月29日　星期五　晴

游覽

今日為德芳生日，又為青年節，子女均放假休息，
下午乃與德芳率紹中、紹寧、紹因、紹彭到指南宮游
覽，此地余去年曾率紹彭游過，但德芳及諸女均未去
過，今日去時係由木柵換乘登山汽車至指南宮山門，歸
時則因下山較易改為步行，未料路途不近，走來甚為吃
力，尤其德芳久病甫愈，紹彭猶在稚齡，而均能步行如
此之遠，甚屬不易，紹彭歸謂十分疲倦，余以此兒方六
歲餘，能行如許山路，亦為首次，當表嘉許，並謂將為
之記錄，今執筆記載此段，不能不特別指出也。今日在
指南宮只游覽香火最盛之殿，山巔只著諸兒女前往焉。

3月30日　星期六　晴

娛樂

下午，同德芳率紹彭到萬國看電影，片為二十世紀
新藝總合體大片，由殷格里褒曼主演，余見褒曼之演技
甚為熟練，但因刻畫前後，又不能先行負擔一種先天之
不幸，此為最不易表演處，而褒曼在有意無意中均能曲
曲道破，此真不易多得之人才也。

瑣記

今日為余之舊曆生日，放假在家，助德芳料理中午

飯食，因德芳尚須因子宮口發炎而赴醫師檢查也，其實
此等情形比較普遍，余本於不久以前之經驗，利用上午
時間將碎煤用黏土和勻在日光下曬之成煤餅，並修擦皮
鞋等事，而其他可辦之事則均因氣候關係而延後矣。

3 月 31 日　星期日　晴
閱讀

讀二十日自由人報，有楊君作「談知人」一篇，所
引之古人名言甚為有價值，茲錄數則於下：（一）陸象
山云：「事之至難，莫如知人，事之至大，亦莫如知
人，誠能知人，則天下無餘事矣」。李克曰：「居視其
所親，富視其所與，達視其所舉，窮視其所不為，貧視
其所不取」。是為五視。諸葛武侯曰：「問之以是非而
觀其志，窮之以詞而觀其變，咨之以計謀而觀其識，告
之以禍亂而觀其勇，醉之以酒而觀其性，臨之以利而觀
其廉，期之以事而觀其位」。是為七觀。閻循觀云：
「知人有三：知人之短，知人之長；知人短中之長，知
人長中之短。……因其材以取之，審其能以任之；用其
所長，揜其所短」。以上余以為最精要者為五視，蓋每
人均有其窮通之時，此等事最易表現人之本性，富如能
不僅酒肉徵逐，達如能不感情用事，處逆境如能不濫於
所為，貧苦時而能不傷廉潔，此皆非一般無修養者所
能。至於居恆以何為友，則為觀人之素行，雖不在窮通
之際亦可有所表現，則於觀人之道，思過半矣，惜乎非
所語於今之世也，今之世人能受此考驗者，直如鳳毛麟
角，吾書至此，唯有擲筆三嘆矣。

瑣記

今日為星期日，只在寓所處理瑣事，其中較費時者為與紹南共同修理竹籬，此為巷內三輪車所碰，經常必賴修理保養者。

4月1日 星期一 晴

職務

今日起開始日光節約時間，安全分署亦採用之，余本六時起床，現則在當地時間五時即須起床，感覺晨間更為忙迫，因余必須從事者為生火，做運動，和牛奶，聽廣播四十五分鐘，故直至八時前，兩小時間無暇暑也。今日開始至退除役官兵就業輔導委員會查核美籍顧問 George Fry & Associates, Consulting Management Engineers 之在台協助退除役官兵計劃內用款，余因對此案背景完全不知，故須從頭查卷，而安全分署之卷內十分凌亂，甚至連 PPA 亦無之，在輔導會詢該會有無文卷，經會計人員羅君取出零星文件一包，據云其中亦全無系統分明之資料，彼來會工作不過半年，以前經手人已經早早離去，欲問亦無從矣云，但余所稽卷內所缺之主要文件美援會與 Fry 所定之合同，經羅君向秘書室查出中文本，余今日全部時間用於閱覽此合約，並將要點加以摘錄，惟其中有數處數字未填，當仍係簽字以前譯成者，故仍須設法查出英文本，始知其最後如何定局也。

師友

晚，蘇景泉兄來訪，閒談。晚，隋玠夫兄來訪，當面持贈中國合作事業協會所刊行之中國台灣合作年鑑一冊。代張中寧兄向安全分署 AD/I 林君處詢問新中央橡膠公司小工業貸款款已還清能否發還押品，據云因美援會必須分署作過 Final End-use Check，故當趕辦手續。

4月2日　星期二　晴有陣雨

體質

　　左足自十餘日來即有不適之象，足踝內有一條神經在彎腰時感覺痛疼，余連日在行金剛靜坐法運動時，在兩手握兩足尖時即覺不便，余認為係風濕一類，但未知輕重情形如何，於是於上午到安全分署診療所請林醫師診斷，彼因從表面看不出病象，且詢悉關節未有不正常之情形，故為余處方每日服用維他命 B1 兩片，每片為 100cg，分量較重，余自今日即開始服用，前數日曾服用 25cg 者四片，亦即相當於濃量者一個，則今日所服者殆加倍也。

職務

　　繼續到退除役官兵就業輔導會看卷，今日為將先後所發之 PPA 經過情形加以檢查，並予以擇要記錄，此項 PPA 為卷內所不載，今日所閱則係同往查帳之胡家爵君由安全分署 AD/O 部分主辦人員處取來者，其實余所調之卷亦為 AD/O 者，然保管分散，如此不便檢查，真特殊現象也。

集會

　　晚，到經濟部參加經濟座談會，今日由電力公司孫運璿總工程師報告「大甲溪之開發」，其資料係由經濟部水資源統一規劃委員會調來，首先說明此計劃之上游重點為電力，在達見作一拱壩，可以有發電六十萬瓩至一百二十萬瓩之希望（現在電力公司已有六十萬瓩），希望十年內達此目標，下游則為東勢以下，以利用溪水從事灌溉及開發台中港為中心，目的在發展工業運輸，消納中部人口云。

4月3日　星期三　晴

職務

　　續到退除役官兵就業輔導會看卷，今日所看為向美援會借來者，其中有英文本美援會與 Fry 公司所訂之合約，內容較中文本果有若干修改之處，且有若干名詞為中文本譯得不倫不類難於了解而看過英文本一目了然者，此外則由此項合同磋商之經過文件獲知如何形成約內之各種條件，對於全案之了解亦有幫助也。下午未往，因臨時為劉允中主任填製一表，費去兩小時之時間，此因 Washington 總署派來之稽核向其詢問六個退除役官兵計劃中有無貸款，受主為何，還款情形如何，囑余一查，余見其所詢者為由 402 節剩餘農產品項下支助之退除役官兵安置計劃，經即在美援會每月送 Mission 之月報上核對，發覺全部為贈與（Grant）而無一筆為放款，彼所問者有類無的放矢，此為華盛頓所派人員之不通處，據云其在台數月來所詢者往往如此文不對題也。

娛樂

　　晚，由樓有鍾君贈中華日報同樂晚會電影票一張到中山堂看電影，片為「狂想曲」，原名為 "Rapsody"，由伊利沙白泰勒主演，描寫一女郎本對一學音樂之青年鍾情，後因青年太專心於音樂而決裂，後與比鄰另一青年相識，亦為一學音樂者，因有以往之錯失，而玉成其志，及二人均成名，三人晤面，不勝今昔之感，演技配樂均佳。

4月4日　星期四　晴

職務

　　今日將上月所查之 East West Highway Survey 查帳報告底稿加以修校簽字送核，蓋自前次余與胡家爵君將報告作好後即先送劉允中主任核閱，彼未加若何修改，又轉至 End-use Section 之 Chief 陶聲洋處核閱，現彼已閱完且根據原稿用打字打就，是為 Second draft，余以此項打就之底稿對照其所改之最初稿，觀其潤色處，殊見陶君之英文程度高出余等遠甚，但余在校對時發現有數字方面一兩處誤點，當加改正，亦有打字漏誤處，並加增補云。上下午續到退除役官兵就業輔導會查帳，仍繼續閱卷，在美援會卷內找尋有關 George Fry 公司使用台幣部分之預算根據，此為查帳之最有關係之依據云。在輔導會分訪該會秘書長趙聚鈺與趙才標，二人為陽明山同班之同學，故余作私人之訪問，其實與公務亦不無關係也。

師友

　　閻若珉夫婦昨曾來訪，余已到署辦公，德芳約其於今午來寓吃飯，至時全家均應約來，閻兄計有二女五子，除長子在中壢讀書外，其餘二女四子及閻太太之胞妹又李漵生兄之長子均來參加，極一時之盛，閻兄在台中農學院授課多年，因待遇菲薄，餘裕毫無，乃應新加坡南洋大學之聘前往任教，將於九日搭輪過香港前往，聞該大學待遇為最低叻幣月薪七百元，每元折台幣約十二元（港幣二元）。

4月5日　星期五　晴
職務

　　今日全日到國軍退除役官兵就業輔導委員會作查帳
準備工作，上午看完美援會調來之第一本卷，聞之美援
會沈熙亮君云，此項 George Fry & Associates 之卷共有
五本，故下午將第二本調來參考，初本以為查卷所用時
間太多，應早日開始看帳，暫先停止看卷，迨由此第二
本卷內得知Fry 公司顧問團中間有增加人數及另編預算
之舉，此與查帳為有直接關係之事，不能忽略，於是決
定全部文卷之應全部看過，惜乎將難免費時過多耳。
由閱覽美援會卷內對於核定Fry 公司華籍職員之旅費規
定經過，得知此間有關方面之旅費規定除安全分署每
日台北－台南、高雄為一百九十五元外，其餘各地為
一百二十五元，不分國籍與地位高低，農復會與懷特公
司為自七十元至一百元，視地位高低而異，至於美國人
之在美旅行則每日為日用費美金十元，而其薪給待遇，
有高達每年四萬餘美金，年薪一萬元以下者甚少，而旅
費則較為菲薄，不知其根據之事實為何，意者不過為一
種習慣或人為補貼而已乎。今日聞之劉允中主任云，因
余等三人到輔導會查帳，且將為常駐，該會代主任委員
蔣經國甚重視此事，將於日內約余等談話，交換意見，
下午其總務處長王堃和則交余等空白紙三張，囑將姓
名、年齡、籍貫、學歷、經歷，及現職填報，此雖與體
制不符，然亦只好照填也。

4月6日　星期六　晴

體質

左足神經痛疼，連日服用 Vitamin B1，尚未見有顯著之成效，因以前曾到省立醫院城南分院診療頗有成效，故今日上午再往就診，惟醫師已經調度，據云現在之病象與去年左足發麻之症候有連帶關係，而所開之藥亦與以前者相同，且亦注射 C. B. Complex 一支，因注射人手已換，大感疼痛，配藥水粉各一種，皆二日劑，飯前後分服之。

瑣記

上午到土地銀行公產代管部查詢年前所申請承購之現住羅斯福路二段八巷四號何以拖延至今尚無消息，據主辦方面云，因涉及土地分割，市政府工務局遲未照辦，以致迄今不能通知，類此情形者尚有張佛泉一戶，與余同為去年提高產價前之專案核准照舊價出售若干戶之一戶云。下午到中和鄉訪營昌營造材料行再託其代為售賣中和鄉之三萬火頭磚，據云市價為一角七分，余買時為二角九分，減去運費四分，亦尚高出市價八分，如此照市價出售，或尚可設法，否則甚難，又訪一家中原建材行，為豫籍唐君所設，據云如此出售太不上算，刻有友人託其買房，如余之磚與地均能合理出讓，彼當向其友人建議買地買磚自建，磚價如何余未明白講定，安樂村土地則開價每坪一百五十元，完全私產，彼允接洽後與余聯絡，余曾託其如前途須看土地所在時，請逕向公路村背後宋志先兄處洽詢領看云。

4 月 7 日　星期日　晴

交際

晚到悅賓樓與德芳參加尹合三兄之長女燕結婚典禮，余等到時已開始行禮，喜筵後始散，便道至大同旅社拜訪閻若珉兄夫婦，因彼等將於後日首途新加坡也。

閱讀

學生英語文摘載 Samuel Ullman 作 "Youth"，有兩段甚精闢，錄次以供省覽："Youth is not a time of life - it is a state of mind. It is not a matter of rife cheeks, red lips and supple knees. It is a temper of the will, a quality of the imagination and vigor of the emotions. It is a freshness of the deep spring of life. Youth means a temperamental predominance of courage over timidity, of the appetite of adventure over love of ease. This often exists in a man of fifty more than a boy of twenty. Nobody grows old by merely living a number of years. People grow old only by deserting their ideals. Years wrinkle the skin, but to give up enthusiasm wrinkles the soul. Worry, doubt, self-distrust, fear, and despair - these are the long years that bow the head and turn the growing spirit back to the dust. You are as young as your faith, self-confidence, and hope." 值得反復誦習。

4 月 8 日　星期一　晴

職務

今日全日仍在退除役官兵就業輔導會看 George Fry

and Associates 之文卷，此項工作已屆第六天，始查出其
一九五六會計年度所核定之經費預算，因此項預算曾經
由輔導會編好送美援會，又經美援會認為所據之人事費
等級不符而囑令改正，往返磋商，公文不只一件，故最
後定案之預算有若干須看其公文始能明白者，非如此之
詳查文卷，實無由得之也，此項工作最費時間而又不可
偏廢。上午將美援會有關本案文卷之第二冊看完，即訪
沈熙亮兄請改調第三、四冊，今日下午又將第三冊看完
並看第四冊之一部分，其中若干篇幅由檢定中心一案醞
釀期中之往返文件占去，余知檢定中心（Classification
Center）之用款後已另成 project，故對此部分均略去未
看，以節時間。

交際

同事樓有鍾君之岳母逝世，余今晨見報刊訃聞，其
時已至輔導會，乃以電話與同事徐正渭君商量如何表
示，因彼二人乃鹽廠老同事也，但不得要領，徐君後告
余謂不擬表示，乃於午飯後獨到市立殯儀館弔祭，並定
花圈一架為賻焉。吳崇泉兄來柬請於明日吃飯，余已知
為周傳聖兄赴日送行，下午通電話，乃主張加入作主
人，吳兄堅決不受，並云因另一客人徐自昌兄明日無
暇，決定改為後日舉行云。

4月9日　星期二　晴

職務

今日繼續到退除役官兵就業輔導會看有關福來公司
之文卷，實際所看者仍非輔導會之卷，而係一部分美援

會之卷，一部分安全分署在會計長辦公室保管之卷，若以美援會對此案文卷之多以觀，安全分署與輔導會決不致只有薄薄數頁，而安全分署之卷即連特別保管者加入亦非甚多，為大體上將 ADO 之 CEA File、會計處之 Report File、ADO 之個人專存 PPA File 及會計處特存之 File 四者集攏以觀，即已所差不多矣，然卷宗保存之紊亂，亦可以由此證明其大要矣。

集會

晚，出席小組會議，由組長朱懷林主席，討論事項為如何遵照中央提名支持黃啟瑞競選市長，與支持數名候選人競選省議員，當場每一黨員認定在所住之本鄰內認定二家作為爭取對象，余認定者為比鄰之鄭秀峯與巷口之張中和兩家，因投票日期為二十一日，故須於下週起著手云。

家事

本學期女師附小第一次小考已經完畢，今日紹寧、紹因帶回兒童手冊，紹寧考第三十名，大為退步，紹因考第二名，進步甚速，紹寧性情最為乖張，不知努力爭先，對於紹因獲得獎品一味怨怒，如此頭腦，與諸兒女無一相同云。

4 月 10 日　星期三　晴

職務

今日繼續看福來顧問公司之文卷，因文卷均自各方借調而來，續調未必隨時可得，為使查帳工作能順利進行，故均將要點加以抄錄，以備在查帳時遇有須查根據之事，立即可以翻檢而得云。

瑣記

今日在安全分署支薪後即支付所加入之標會會金，每人定額三百元，此為第七次，余將標單固封，寫利息二十二元，後知為由二十四元六角者所得，數次以來標會者由元位而有五角位，今又有六角位，分明均在存心超出他人之標額自五角至一角，亦可謂小氣矣。收音機損壞，送廣昌檢查，知為2526一真空管失靈而配件不易，余由電話中詢知東正堂有之，但須修理店憑購買證往買，乃託廣昌代辦，但彼須加收檢查費二十元，又收音機執照數年未換，亦須照規定換領始可憑以向該店修配此項真空管，於是即代為申請，所費甚多。

交際

晚，吳崇泉、鄒馨棣二人在大鴻樓邀宴，余與德芳而外為徐自昌夫婦、周傳聖夫婦，周君將於下週調赴東京招商局服務云。

職務（二）

下午國軍退除役就業輔導會代主任委員蔣經國約余與同往查帳之胡、徐二君談話，對於使用美援會之各項計劃用款情形交換初步而廣泛之意見，均甚抽象，余等三人均各略舉所見數點。

4月11日　星期四　晴

職務

今日對弗來公司經費案之閱卷工作已大體完竣，只有美援會尚餘最近一冊未能調到，由已閱各節已能大體了解其情形，進行查帳工作當較為迅速矣。下午，Johnson 約余與共同查帳之胡君談話，先詢弗來公司帳已查至何種程度，余告以須下週始能完成，彼即謂先行停止，另行安排充實查帳資料之程序，由此案作一實施張本，其安排方式為將所查事項分成門類，如帳務、採購、倉儲、收支等等，約其關係人員邊談邊寫，將其中概況逐一寫於紙上，疊為 working papers 一束，每束之上覆以封面，按要點寫成 report，全部完畢後即據此各部分之 report 作總報告，余允即行試辦，其實幸而實際查帳工作尚未開始，故不發生重新開始之必要。據知 Johnson 之所以出此，係因其上次率數人赴台中查橫貫公路建築歸後自行寫作報告，將原件送會計長 Baranson 核閱，打回補充，謂其中所述情形太過簡單，問其 working paper 如何對照，渠又因全部工作非其本人所作，一時無法作答，乃出此計謀以支持其報告不必太繁之宗旨云。

交際

　　林鳴九兄於昨晨八時因胃癌不治逝世，余今晨看報始知之，因須按時辦公，故未能參加協助治喪，晚同德芳到極樂殯儀館弔祭，今晚為大殮，友輩送奠儀已開始收受。

4月12日　星期五　晴

職務

　　今日開始查核弗來公司經費帳，先由一九五六會計年度開始，該年度已經查過者為一九五六年三月前之部

分，現在只須續查四月至六月者，經先核其年度決算報
告後，知此三月並無若何實際開支，不過將各科目數目
加以調整，使便於適用若干項目之受預算項目限制者得
以有比較之方便而已，此項調整可能將受嚴格限制之帳
移一部分於不受限制者之中，果有此事即為取巧，故須
善加分析始克有濟云。查帳工作由余與胡家爵君合作為
之，胡君點查器材事已完竣，自願助余查核帳目，余即
以一部分可以不須看帳而須用較長之時間加以計算之數
目交其代為核算，得助力不少云。

交際

晨九時為故林鳴九兄開弔之期，乃前往弔祭，但未
及待至十時其啟靈移台中安葬云。

娛樂

晚到中山堂看航界堂會戲，李金棠演失空斬，平
平，戴綺霞演孝義節，為其拿手戲，因為時太晚，故未
畢即歸，同往者為德芳與紹寧紹因紹彭。

參觀

在博物館參觀營養展覽會，於人體所需營養之資料
與知識多用圖片實物展出，甚有意義，其中特別強調者
為中國人動物蛋白質太過缺乏，故提倡食用脫脂奶粉
等，至其餘需由較貴之食物中攝取則乃一經濟問題，說
來容易做來難也。

4月13日　星期六　晴

體質

上午到省立醫院城南分院續看左足之風濕病，醫

師仍配如前之藥粉、藥水各一劑,並注射 C-Meta 兩c.c.,余詢以有無可以自行注射之藥,彼即開 Vitamin Bcomplex 10c.c.,擬先不注射。

集會

上午,到女師附小出席家長會,乃四孝紹寧之老師王碧元所召集,據報告本學期學生之功課分量已大為增加,而學生水準有逐漸提高之趨向,談及紹寧最近之退步原因,認為身體較弱,宜多予檢查並多鼓勵云。

旅行

下午二時到公賣局與實踐研究院同研究小組之同學九人聚齊,出發南投竹山旅行,召集人為高化臣,參加人除余外為陳寶麟、劉愷鍾、李東白、朱賢、張平君、卓君漢姓龔君、陳信麟、王一臨諸君,乘各方借用之車出發,循海線公路經新竹、彰化、員林、北斗、溪州而至西螺,看遠東第一長橋,過橋後東北行,經莿桐、斗六、林內,薄暮至竹山,由此再上山,凡二十二公里到達溪頭台灣大學實驗林之溪頭營林區招待所,高君已先通知預備晚餐,九時入座,菜餚中有為山上之特產者即竹筍、冬菰及野芹菜,均極鮮美,飯後在樓上開研究組本月之例會,討論報告事項均屬無多,蓋到達時已晚,各人須早早沐浴就寢,計有房間四個,每個睡二人至三人不等,余與朱賢、張平君睡榻榻米房間一間,甚靜雅幽美。

4月14日　星期日　晴

游覽

　　早飯後由高化臣兄與台大實驗林陳主任引導，在溪頭該營林區參觀，首先看其育苗之圃園，多為柳杉，供實驗用，一望無垠，極為壯觀，再上山看神木，此神木為紅檜，據下立木牌云，該地海拔一千三百五十公尺，此檜年齡有二千八百年，樹高四十六公尺，枝下高十五公尺，胸高直徑五‧三四公尺，胸高圓周十六‧八公尺，曾有學生參觀以兩手合圍，十三人始合為一圈，其粗壯可知也，再至大學池略事盤桓，即回至招待所登車作歸計。

旅行

　　十時由溪頭開車，一小時到竹山，其間經過鹿谷鄉，經介紹買特產凍頂烏龍茶半斤，到竹山又買特產小紅芋八斤，此種紅芋體質特小，云甚甘美，由竹山續行，一路之上經過名間、南投、草屯、霧峰，而至台中，在台中菸葉薰製廠由陳寶麟兄招待中飯，並在台中游覽，於下午四時起程，七時抵新竹，由劉愷鍾、陳信麟二兄服務之台灣合會儲蓄公司新竹分公司在月宮招待晚飯，九時始畢，續登車北行，於十一時到台北，並分別各返寓所。

參觀

　　在台中參觀菸廠並赴霧峰看故宮博物院之新屋古物展覽，入目者皆佳品，尤以散盤毛公鼎為最古之器，字畫則王右軍快雪帖、七月帖、都下帖，顏魯公祭姪文，唐玄宗鶺鴒頌，宋徽宗諫卷，清人合作清明上河圖，馬遠山水，曹知白、晁補之、文徵明、唐寅、董其昌、仇英、惲、王等畫。

4月15日　星期一　晴

職務

今日照常辦公，查弗來公司之台幣經費帳，首先對於該公司一九五六年度之經費自一九五六年三月底查過後之動態加以注意，觀察其決算時之重要項目有無以轉帳方式將預算項目內容加以變更之情事，並對於該帳之主辦人員沿革加以調查，據現在主管此案帳務之羅教政君云，此帳原由一王君主管，王君於三月底查帳後不久即辭職，而此時相對基金又遲未續撥款項，於是該會即由普通基金內先行墊支彌補，單據則雖有人保管，而登帳無人，於是造成畸形狀態，直至羅君於十月間到達，始將單據加以整理，並開傳票，陸續以五六年收回若干剔除款加以挹注，其無法再行容納者則移歸五七年度支用，故形式上雖有 56 與 57 年度之不同，而實際上恐無法按年度加以區分云。共同查弗來公司帳之胡君注重購買與成就之詳價，於現金收支則不甚有興趣，今日為余幫忙查傳票若干，半日即行中止云。派駐國軍退除役官兵就業輔導會之稽核尚有徐正渭君，彼今日主張按計劃屬性以為二人工作劃分之標準，彼擔任醫療類，余擔任就業類，余表示可行，但彼歸報劉允中主任，則認為言之過早，但原則可以照此辦理。

師友

晚，蘇景泉兄來閒談。比鄰張中和之二女美玉將由美回，請余為入境證保證人之一，允任之。

4月16日　星期二　晴
職務
　　上午開始查核 George Fry Associates 之經費帳，先將前一年度之結算情形加以綜合觀察，以斷定去年三月底已經查過之部分所包括者為何，然後將全部傳票中之一部分一一加以核對，以覘其有無不准支用之用途及帳與傳票是否不至無脫節之處，結果認為尚好，但由於此中傳票多用複寫而又不加分開，翻檢時多費若干時間，且見其帳內所記摘要亦甚詳盡，因決定放棄此項逐一看傳票之方式，而改為就帳冊所記加以審核，有特殊項目支出時再查傳票焉。下午未到輔導會，因安全分署方面有零星事待處理之故，其一為以前與 Johnson 往查之 East West Highway Construction 查帳報告 Johnson 已經據 Baranson 之批註加以修正，並重新打字清稿交余核對其內容，余為之核對完畢，並與胡家爵君均加核閱，即轉另一會同查帳人葉于鑫，並先報告 Johnson；二為所查 East West Highway Survey 經費與胡君將報告寫成後，亦經一再修改第二次打字清稿，由 Jack Liu 交余與胡君均加以校對，送還準備送 Baranson 交印；三為有臨時 George Fry 來函請將其計算機一架移轉至檢定中心使用，並將款轉帳，劉君囑余代查經過情形，經為之寫清交彼核轉。
師友
　　晚，汪焦桐兄來訪，閒談購日產房屋事。

4月17日　星期三　晴

職務

今日續查 George Fry and Associates 之經費帳，本欲就帳上摘要所記加以審核，遇有可疑之點再加檢查傳票，後見記帳情形每筆多包括若干張單據，其中有無須加剔除之事項，就帳上無法斷定，於是仍須恢復使用就傳票順序逐一檢查之法，為使同時能證明帳上所記之數是否均有傳票與單據，故在看單據之同時並在帳上相當之地位記載記號，以備查完後再看是否雙方一致。今已將一九五六年三月底以後屬於該年度之單據看過半數，此項單據雖歸之於一九五六年度，然其支用日期有甚早或甚遲者，而記帳日期則多在年度終了以後，據云係因自四月後即無人管帳亦無款可用，於是臨時指定人員將由政府機關墊用之款先行保管單據，直至十月以後始有人辦理，而其款項之支用則率由三月底查帳剔除款內支付，再不敷時即歸之一九五七年度，故在五七年度帳內之支出甚多為一九五六，乃至五六年度開始時期一九五五年秋冬季所實際支用者，前後套搭，莫此為甚也。

瑣記

上月份統一發票號碼經本月五日開獎，余又得二張，一張為尾數二字相同，經換到愛國獎券一張，另一張三字相同，可得半數，合作金庫以號碼單未到為由，上週不肯兌換，今日再行往洽，始經辦妥，其中填表蓋張貼印花種種手續極為繁瑣，歷時半小時始完竣。

4月18日　星期四　晴

職務

　　上午檢閱美援會所藏 George Fry & Associates 一案之第五本卷，此為最近之一本，所涉者為此項顧問團有關結束事項，如旅費及剩餘物品之處理等等，因尚無分量較重之文件，故半天即行閱竟。下午繼續查帳，一九五六年度之開支已經近於完全看完，此部分開支多為屬於一九五六年四至六月者，但據云尚有若干因限於預算未能在該年度結束前一一列帳，而竟歸之於一九五七年度帳內，即上述歸於一九五六年度之若干開支，亦僅就三月底查帳所剔除繳回款內另作支出，蓋三月底事實上照列支出業已接近一九五六年款之邊緣，設非有剔除繳回部分，即此一部分亦將移於次年度支出也。今日在 Fry 經費帳卷內發現一頗有趣之插曲，即在 Fry 公司人員未到前，退除役官兵就業輔導會已在牯嶺街為該公司人員租定辦公處，迨該公司人員到達，因牯嶺街與輔導會聯絡不便，又改用懷寧街之輔導會房屋，而租金則前者由相對基金支付每年八萬餘元，後者無租金而由輔導會支押租六十萬元，福來公司後又主張名實相符，於是與輔導會美援會乃至安全分署之間公文往返，展開磋商，歷時半年未有結論，其中最受重視之意見為安全分署，認為八萬餘元應由輔導會繼續負擔，而六十萬之款項則按使用時期由相對基金比例支付，蓋不知押租為何物也，於是換文多件而迄不得要領焉。

4 月 19 日　星期五　晴有陣雨

職務

　　上午，將 George Fry & Associates 之一九五六年度帳目查完，將所獲得之資料再加核閱以後即裝成一冊，下午開始查一九五七年度之帳，帳目內容與上年度相似，但進行不多即遭逢不易明瞭之難題，緣該福來公司去年三月查帳時曾由稽核人員建議公車私用須付代價，該公司即接受此項意見，規定私用公車之簽證卡片手續，其代價為每哩二十五元，停留時間每一刻鐘十五元，但實際支付有時為每哩十八元，據胡家爵云曾晤福來公司女秘書韋娜，謂該公司有自雇之司機一名，開車時即為十八元，以資區別，但余核對其簽字，亦有為公用司機駕駛公車所支付者，上項理由即屬不能解釋，又查安全分署所定之相對基金處理程序（即所謂 SOP），明文規定為公車私用每哩三十元，停留時間每刻鐘十元，此中為何不同及何去何從，亦尚有待於解釋也。下午詢之 ADI 之賴君以去年所查小本貸款未完部分繼續視察情形，據云已有數家可以歸之於已完部分撰擬報告，其資料將於下週移來云。

集會

　　晚，開小組會，商洽協助黨內競選市長與省議員情形，余事先活動之選票有隔壁鄭君及巷口張君兩家共有八票，即於開會時填送動員報告，連上次所報者共為十票。

4月20日　星期六　晴有陣雨
瑣記

　　路過衡陽路國民大會黨團幹事會，遇吳麟兄閒談，渠本與余同在中山堂前合作大樓事務所，後因與李洪嶽律師有隙，退出至隔壁聚豐泰作為聯絡處所，而掛牌仍在原處，現在自本月初又回至原處，但係與吳崇泉兄二人合用一個座位，共負擔一個單位經費，所謂一個單位即全部之四分之一，另四分之一為余讓之於劉伯含者，李洪嶽則仍有兩單位，其實此亦非其初衷，特恐無法將就者耳，可見人之相與，至不易易，余因業務清淡而退出，否則捲入此等漩渦不免難以自處也。天下事以讀書明理為最要而亦最難，但更難者尤為與人相處，余因數月來與安全分署中人士共事，頗見其中各色人等甚不單純，而較之中國機關又是一番景象，此中有對人最和藹可親者，亦有最為冷漠無情者，然有一共通之點即在作事上多係揣摩外籍人士之心理與作法，或以多知一事而自炫，而或竟於談吐間故意閃爍其辭，即如最接近之樓君，彼與陸君接近，蓋有舊交，陸君經辦美援會之稽核人員招考，事先余略有聞知，詢以詳情，竟不之知，或自謂此乃 top secret，實際並非如此，故余亦不再多問，其實余與樓君數月來大體上極為相得，而在正事上則反甚隔閡，余有時以為其為無意中之流露，果爾，則益見人之應對之不易，余亦應自省在不知不覺中有無此情也。

4 月 21 日　星期日　晴有陣雨

師友

　　晨，吳麟兄來訪，面贈胃病藥四片，昨日曾於見面時提及，謂病痛時立服主效，余本託其帶交同事務所之吳崇泉兄，託其公子帶交余處，乃於今晨親自送來，深為不安，該藥片上所印之字為 LV DOZAN，不知為藥名抑為藥廠名，吳兄云其瓶上有 South Africa 字樣，但不知究為何處所製，此藥係由香港友人寄贈，價格不詳云，又談現在合作大樓事務所之情形，彼與吳崇泉兄合擔四分之一，李洪嶽律師之二分之一中已分給另外友人，劉伯含擔四分之一，故每日人員進出雜沓，不若以前之單純矣，又談孫福海君之待遇每月三百元本由李律師負擔，現在與其另外新加入之友人共同負擔，此種情形亦近於匪夷所思矣云。

選舉

　　今日為台北市長及全省省議員改選之期，余之戶籍在城中區，於下午二時半到第一女子中學投票，計圈市長黃啟瑞，議員陳大拔，又在前日曾與鄰居張中和太太與鄭秀峯太太分別聯絡，託其投黃啟瑞之票，均已獲允，故余實際得票十張左右，其中兩張為德芳與紹南，另外數張皆張、鄭二寓之子女等云。

參觀

　　下午到新開幕之國立台灣美術館參觀鄭曼青書畫展，畫以花卉竹梅為多，山水次之，字有十餘幅，石鼓與張遷碑均較嫩，楷書正氣歌頗耐端詳，而不若行書之遒勁中有秀氣，字姿頗富張黑女意味。

4月22日　星期一　晴

職務

今日開始查核 George Fry and Associates 之一九五七年度經費帳，今日所查約相當於全年度五分之一之單據，因該項帳簿星期六為經辦人員取去利用不查帳之時間記載現在發生之帳項，今日仍未取回，故只就單據為查核對象，好在其單據每張之數字均在外面封套上以加以寫明，故待帳目取回時，根據封套上之數字補加核對即可，如此庶不至因等候帳簿而延誤時間也。由今日查帳情形，有以下各項問題值得注意：第一為各顧問宿舍所用煤油薪炭直至去年夏季仍有大量消耗，夏季既不取暖，自然用於熱水或炊事，此為外國人之 Quarter Allowance 內容所不許，第二為去年調回美國顧問三人，其回國舟車費均由美金部分 PIO/T 內在美支付，而回美三天日用費卻按每天美金十元照率折合新台幣支付，甚至有一人去年解約後至東海大學教書，預定今夏回國，曾洽定舟車延至今夏再行使用，而日用費亦照數去年支訖，此項習慣與我國大異，第三管帳之羅教政君對於列帳項目多未能嚴格分清，如房租一目乃指辦公室而言，宿舍房租應指在 Quarter Allowance 內列支，後者受嚴格的最高限額所控制，羅君有時將後者誤入前者，又有買入電扇不作器具帳而作修繕帳者，均將影響援款支用實況之報告也。

4 月 23 日　星期二　晴

職務

　　續查 George Fry & Associates 之一九五七年度經費帳，對於每月照例發生之費用照例看過即可，尤其自司帳之羅君將其所接之十月以前帳務整理完畢以後，所記多屬隨時發生無須將若干單據勉強合製一張傳票，於是就其傳票摘要即可知其內容，大可免除一一翻檢之煩，而查帳效率因之提高焉。

業務

　　中午，李崙高律師派人來約於午飯後一晤，談一場訟案之請求賠償損失計算事，余因須按時上班，故未往，後於晚間到其寓所約當事人國際建築廣告公司袁錦春君來談其案情，緣該公司奉市政府核准與市立體育場訂約在敦化路樹立廣告牌，交換條件為每五塊間為體育場無條件製教育標語一塊，預定可做四十塊，現在已做小部分，市府因有礙觀瞻，竟代為拆除，不知此一部分已成者該公司係每家每月受取廣告費八、九百元不等，於是該公司發生違約之損失，並先已請李律師遞刑事自訴狀，告訴市長高玉樹及該場員工某為繼續請求民事賠償，特約請余為之計算損失，余見其所開項目極不合理，經約定於後日先將其帳目情形加以檢討，然後認定提出請求如何始最合理云。

集會

　　晚，革命實踐研究院第一期聯戰班經濟組同學在電力公司聚餐，未有其他形式，到十餘人。

4月24日　星期三　晴

職務

　　劉允中主任告余，余到安全分署服務已到考績之時，余知為將滿半年，此半年乃在所謂 probationary basis 上者，現在已五月餘，自須由業務部分加具考語送之人事部分辦理手續，劉君云渠初核所用之等地為三等，此項等地共五等，一等為凡事均為特殊，二等為半特殊半滿意，三等為凡事皆為適度滿意，四、五等則有瑕疵，不足論矣，劉君云各人之考績多為三等，此次與余同時來供職之樓君亦為三等云。續查美國 George Fry and Associates 之帳，余對於較通常之款項動支或收入多採涉獵方式，但稍加注意竟亦發生疑點，例如該公司公車私用亦仿安全分署辦法收取代價，收款傳票之單據包括一切公私用車之 trip ticket 在內，余見其中有眷屬用車而註明公用者，顯有矇混之嫌，然因為數戔戔，故亦只得作為不知矣，又代價定為三元一哩，但該公司則照二元五角算收，亦有照一元八角算收者，不知有何特殊原因也。

瑣記

　　余參加安全分署同事孔君之標會，今日已為第七次，余用彌封標價二十六元，即每三百元利息此數，未標者以次尚有四人，故出息一百另四元，所以如此標用，目的在存放他處可得更多利息，分署同人之利率甚低，然保障則較為穩固云。

4 月 25 日　星期四　晴

職務

富瑞公司經費帳已查至本年三月底，此乃此項查帳預擬截止之期，故已告一段落，今日所遭遇之較繁瑣工作為數次申請港匯往購洋員所用打字機、計算機、煤油爐、電冰箱、餐具等等，因其價款內有中信局與台灣銀行之手續費，須根據單據一一核算，以便剔除，而結匯價格內容亦復十分複雜，平添許多計算工作，又此等物品有一部分為不許用相對基金購置，但許以二折五之代價讓售於使用人，亦使計算核對工作增加不少，故今日全日實未看若干傳票也，看完後再根據上星期查卷結果核對出賣後尚有餘存之保管情形，益使內容不甚簡單也。著手根據去年查帳報告之 recommendation 內容各點，在帳上核對其執行情形，大凡有數字者皆已有具體結果，其較為抽象之建議則尚須另用其他方式核對焉。

瑣記

昨日標會三千三百元，付出利息一百另四元，為免虧耗，今日託樓有鍾君代用其夫人名義存入綸祥紡織公司三千元，謂月息三分但須扣所得稅云。

集會（補昨日）

晚，出席小組會，檢討此次市長與省議員選舉成敗得失之故，余提兩點須改進之事項，一為贊助黃啟瑞打擊高玉樹，不必過分誇張重視，即郭國基罵內地人為「乞食趕廟公」團，報紙一罵破反得逞云。

4月26日　星期五　晴

職務

　　繼續查核 George Fry & Associates 之帳目，今日工作為整理一九五六與五七兩個年度之已得資料，將不夠詳細者加以補充，有前後對照關係者加以連貫，以為形成較凝鍊之 working paper 之依據，又為表示兩個年度之全部資金使用情形，依據預算比較之情形將一九五六年者加以比較，並得出其增減之數額，此兩年度間之關係甚為特殊，蓋一九五六年度之支用數額本核定為一百四十四萬元，復又修改CEA增加六十七萬元變成二百一十一萬元，但在年度終了前並未照撥，於是決算時照一百四十四萬元列帳支用，而預算數仍照二百一十一萬編訂，因而結餘數字甚大，迨一九五七年度之預算係照一百三十七萬元編列，而又將上年未領到之六十七萬元以總數加入，成為二百另四萬元，實際撥到亦為此數，三月底已近全數支完，因查帳時以三月底為限，故暫不作預算實支之比較，但至六月底勢須再作最終查帳，則報告時不能不提及此項比較情形，彼時六十七萬之明細結餘數將一一加入五七年度之一三七萬預算內，使成為二百另四萬之完整預算，然後據以實支比較云。上記一九五六年一四四萬在美援會已將 CEA 修改為一四三萬餘，原因為利息等款均行繳還，然美援會不知其性質，照例沖減 CEA，此等情形在帳上不能相符，欲加調整然甚費周章云。

4 月 27 日　星期六　晴

業務

　　晚，國際建築廣告公司袁錦春君與其代辦會計之馮君偕來商談整理帳目事，余本約其於星期四來，彼於星期五送一字條，謂馮君有病，改為星期六八時再來，然余候至九時半二人始到，並攜來其已經稅捐稽徵處用印之空白四十五年與四十六年帳本，其中四十五年除資本帳有所記載外，其餘全無數字，余詢其原因，據云係因去年所得稅全用逕行決定辦法，不強令有帳，故不加記載，至四十六年非記不可，然亦可從容整理，因至今尚未開始也，余當再詢其所採原則，據云今年開始，去年不補，重要者為開帳須有去年底結轉數字，此數字一須近情裡，二須近事實，惟單據不能齊全耳，余即為其酌定辦法為將今年開年時之資產負債細數加以核算，補入今年年初之帳，但事實應與帳列者相符，以備查帳者核對時不生疑問，蓋此次整理記帳之目的與其謂為備完稅作為根據，不若謂為將做起訴請求市政府賠償之張本也，至於實際上之做法則為先將今年元旦以後購入材料及支付人工等項加以計算，凡目前超出之廣告牌所用之工料自然為上年度所移轉，即按此項數字列入期初結轉之數字，於是再記入今年支付之數，如此則實際上為製造廣告牌而支出之數目即可與事實相近，而在興訟時亦作為充分之根據云，談竟即將由袁君提供資料，馮君代記。

4月28日　星期日　晴

娛樂

　　上午，率紹南、紹中、紹寧、紹因、紹彭到愛國戲院看卡通大會，此片為 Universal International 之出品，總名似為 Woody Woodpecker，包括短片十部，一為布穀鳥大集合，二為石頭打頭，三為生病的樹，四為欠租賴帳，五為查利酋長，六為鴕鳥蛋與我，七為森林遇險，八為曉舌的狗，九為鴿子巢，十為火星來的啄木鳥，作者為 Walter Lantz，新藝綜合體，特藝彩色，攝製可謂極佳，但畫工比之華爾狄士耐則似有不逮，余對於卡通之欣賞能力極低，若干表演余茫然其內容，幸事後有小孩相告，始略為知之。

參觀

　　到植物園國立藝術館參觀現代名書法家作品展覽，有作品展出者凡二、三十人，而堪以寓目者不過六、七幅，可謂最失敗之展覽，其中所謂堪以寓目者為宗孝忱之小篆、曾紹杰臨繹山碑、程滄波行書、彭醇士行書、于右任草書、王壯為篆刻等件而已，其中有不惡之作家而來展出頗佳之作品者，如許世英氏，如梁寒操氏等是，亦有十分不足觀者如闕漢騫，如朱玖瑩等，或在平時甚為自負，置於名家作品之林時，則相形見絀為不可免矣。

師友

　　晚，蘇景泉兄來訪，贈在台大所出版之海風月刊近期一份，其中刊有蘇兄作品一篇。

4 月 29 日　星期一　晴

職務

　　繼續整理有關 George Fry and Associates 之查帳資料，主要手續為期去蕪存菁，凡在查帳時認為需要列入報告或有列入報告之可能者，本皆錄於 working paper 上，但經過全部帳目查完後，有若干本以為可疑之點經證實無何問題，亦有若干支出不當之款經後發覺業已收回，自然全失其報告之價值，於是一一在 working paper 上註銷之，至於成問題之帳項經過反復推敲，確有必須糾正之點，則為慎重計，多將傳票再度翻出認定無誤，始下斷語焉，經過此項整理，大體逐漸澄清，但連帶的亦糾正工作中之不到的地方，例如該公司處理帳務本有缺點，余曾舉一筆分錄，作為分析的張本，其處理極為馬虎，大致有時十餘萬元五、六十張發票併一傳票，而涉及科目自三數個至六、七個不等，每科目為數若干係會計人員據發票計算而得，傳票後有時將每一科目之所屬單據逐一開明，有時只根據付款先後開列，故欲知某筆發票屬某科目，除屬性特別顯然者外，幾乎無從知之，於是余在查帳時常有在紀錄時誤將科目所屬登錯，今日用於此項核對工作之時間亦不在少，好在此於該款之真正的性質與其應否剔除不生關係，僅在引證時會發生提示之誤耳。

4 月 30 日　星期二　晴

職務

　　繼續整理 George Fry & Associates 之經費查帳所得

資料，今日處理之事項有以下數端：（一）退除役官兵
就業輔導委員會為該公司派來顧問所租用之房屋，有於
去年秋遣回顧問三人時退租者，有將於今年六月底以前
退租者，租金處理情形頗不一致，在去年遣回三人時，
有兩所房屋因租期甫滿，經即續付一、二個月之租金而
退租，另有一所房租早已付足一年，退租時只用十一個
月，依約定可以在一個月前通知退租，於是據以收回租
金一個月，然未入帳，至於現在尚在使用之房屋則據該
公司來信表示，因該顧問等六月底以前必須回國，故皆
準備於六月中騰屋，其日期皆遷就租約所定者，按整月
向房主退租，此項日期既已由該會決定，應退租若干即
可以預料，今日乃將以上各項事實逐一核明，並列出表
格；（二）每顧問所用汽車汽油凡石油公司供給者，皆
已免加每公升九角之防衛捐與五角之養路捐，但因配量
不足，有時尚須加購商油，稅金照納，自然相對基金不
可負擔，經於查帳後將未能收回者列成一表，以便剔
除；（三）顧問團到達以前輔導會已買用之家庭用品，
據安全分署規定有若干不得動支公款者如瓷器之類，但
允原使用人以二折五之代價買去，輔導會對此已經辦理
一部分，將若干用品歸之該等本人，且取有證明憑證，
然亦有少數之用品未見出售，而亦不在輔導會倉庫保管
者，自有偷漏發生之可能，經核對清楚後，容與原經手
人一一加以核對；（四）去年由葉于鑫君經手查帳後報
告應採行之糾正事項，所列極為明瞭簡要，余今年查
帳，最初尋不出重點，及後獲得該項報告詳加研究，知
葉君所查已夠精細，但仍難免小疵，一為列房租表將年

租金六萬六千元者列為月租五千元，又於列各美國顧問
之寓所時將雙城街一房屋漏列，足見精細之中仍難免有
所誤解也。劉允中主任語余與胡家爵、徐正渭二兄，
謂會計長 Baranson 之計劃為希望在對於輔導會 General
Survey 畢事後，即行開始一項較複雜案件之查帳工
作，所謂複雜案件最好為台幣與美金器材能皆有之，
且須為數較大者，希望在六月底有一適當之段落者，
余因尚未及參加 General Survey 工作，故對全部 Retired
Servicemen's 之美援用款不能立有一概念，於是託胡徐
二君加以檢討選定繳卷之。

師友（補昨日）

王慕堂兄晚間來訪，閒談，多為關於其所服務之交
通銀行內種種人事詐虞情形，王兄自云主管者不能剛
強，乃由於多慾之故，於是上下之間，全為應酬敷衍，
從無就事論事之風氣云。同事樓有鍾君於今日移居湖口
街二巷八號其台灣銀行一友人家，余今日陪其赴外購辦
日用品等。

5月1日　星期三　晴

職務

　　一月間所查之 East West Highway Construction 之報告，係由 Johnson 執筆，已一再改稿，但仍不稱會計長 Baranson 之意，今日再度退回，發生之問題甚多，主要者為其報告方式意見不一，具體事項一為各工程總隊與公路局訂約時其工費計算表中之百分之十七管理費問題，Baranson 認為須洞悉其支用情形，不知此事談何容易，因各總隊工程款所扣之百分之十七係由榮民工程總處統籌支配，不能斷定用於某工程者究為若干，二為前次查帳只對於所定工程契約作抽樣之分析，所謂第一標工款之來踪去迹，皆作一詳盡之分析，而 Baranson 認為不夠詳盡，須再度一一細查，於是將排入下月份起之工作進度中矣。Johnson 此事與 Baranson 之意見不同，於是百般挑剔，而余等查帳者苦矣。East West Highway Survey 之報告經 Baranson 核後發送修改數處，其中重要者為今後預算與實支數比較時須另加二欄，將 Auditor's Recommendation 列入比較表內之一欄，使實支數中分劃成 For Acceptance 與 For Non-acceptance 二欄，以觀剔除事項之綜合情形，余與胡家爵兄二人照此意見分別補正，黏貼於原表之上，不知此次是否能稱 Baranson 之意，Baranson 在此件原稿之 Router 上批註甚多，但 Johnson 則多不以為然也。

5月2日　星期四　晴

職務

　　續行整理 George Fry & Associates 之查帳所得資料，今日將應行在科目間調整之數字逐筆開列，加成每一科目之總數列入一張 work sheet，然後得出每一科目之應有餘額，其中最為增多者為顧問之宿舍費用（Quarter Allowance），蓋屬於宿舍費用之項目受最高限額之管制，其夾雜於其他科目尤其在 Furniture and Equipment 一科目內之帳項必須為之移列於宿舍費用項下，然後始知其支出之實際總數也。劉允中主任轉來 Baranson 核過之橫貫公路 Survey 之查帳報告，渠本已將應行調充改正之處一一註明，余與胡家爵君今晨最後定稿送回，正在劉主任與 Johnson 核閱間，Baranson 來云，此案應連同該公路之 Construction Project 一併重新做過云。

集會

　　晚，革命實踐研究院聯戰班一期同學在陽明山莊舉行聯誼會，余因到達較遲，六時始抵山，其時會已近尾聲，七時聚餐，餐前陳主任誠報告。

娛樂

　　晚在陽明山莊觀劇，凡有主要者兩齣，一為勞敬甫之追韓信，唱做均極有麒派意味，二為秦慧芬、曹曾禧之武家坡大登殿，聞秦不輕露演，余為初次聆聽，確屬不凡，尤其嗓音嘹亮，扮相俊秀，身段穩重，台步工整，均為青衣之上選也，觀眾無不讚嘆。

5月3日　星期五　晴
職務

　　劉允中主任相告，刻正排列五、六兩月之工作分配表，Baranson 與 Johnson 因意見不合，將其所主持查核之 East West Highway Construction 中之榮工總隊工程管理費17% 內容與每一工程契約均作進一步之細細查核，後又對此澈底推翻，謂重新換人重新往查，過去所作報告一切資料均不令新人接觸，以免受其暗示，一若 Johnson 所主持之查帳為充滿毒素者，由此原則乃重新支配黃鼎丞、徐正渭二人往查，余則往接軍事工程委員會員黃君之駐審工作云。East West Highway Survey 本為 Johnson 不相干者，而 Baranson 亦將其歸於重新來過之中，余與胡君均感詫異與憤懣，美國人之如此意氣，如此任性，即在中國官場中亦屬少見也。在 Survey 查帳報告上 Johnson 寫有一段原則性文字。"Under the new audit method, work papers should be complete and reports as a result should indicate more coverage & less statistics." 此或為今後之新方式，然如何運用，亦其道多端也。繼續整理 George Fry 之報告，今日將 Non-acceptance 之項目列入 work sheets 內之相當欄，又因計算 Quarter allowance 之實際支用數，經與胡君核對固定性資產項目之折舊數，從而得其總超過額焉。

5月4日　星期六　晴
集會

　　下午三時到台北賓館參加國際婦女會舉辦之兒童

遊園會（Taipei International Women's Club, Children's Carnival, Benefit of Taiwan Nursing Scholarships），由余與德芳率紹寧、紹因、紹彭一同參加，每券五元，參加者極多，其中有兒童飛機環行，有卡通電影，有傀儡戲，有各種游戲，均有微細之獎品，且須買票，此外則出賣冷熱飲與食品者亦多，價均較貴，有義賣衣服者，則余等到時已近尾聲，按門券號數碼抽獎每二十分鐘一次，余等在第三次時應在抽到之列，但聞報告只有二個得獎者，可見亦只點綴風景而已，盤桓至四時而返，其時尚有向園內進入之人眾焉。

瑣記

記憶力衰退現象未見好轉，三月來注射荷爾蒙似無甚效力，今日上午欲查一友人地點而遍尋記事冊不在，本憶在皮箱中，但初尋不著，再尋始在手邊獲之，又因將往國民大會秘書處支款，而私章不見，尋一小時餘始在月前所著之衣袋內得之，又因欲往郵局買一禮券為明日送友人婚禮之用，帶錢適足夠禮券票面之用，至則憶及尚須付一元之手續費，一元之差而不能照買，只得廢然而返，下午再往買矣，類此事項近年來可謂層出不窮，如此情形，有時自怨自責，有時又覺啞然好笑，真令人感慨萬千也。

5月5日　星期日　晴

師友

下午，同德芳到交通銀行訪王慕堂兄，代轉紐約來商業印件，據談其夫人在大陸情形尚佳云。上午，牟瑞亭君來訪，談因競選市長被黨部認為不合格憤而脫黨，原任里幹事因為從政黨員所擠而退職，刻已無法生活云。

家事

隋錦堂表妹婿來談其任職於人造纖維公司之情形，並託代為覓用下女。

交際

晚，魏壽永兄在實踐堂嫁女，余前往致賀後未參加喜宴。晚，王興西代表在豐澤樓約宴，由其夫人主持，渠赴韓國為其子完婚，在此宴客。

5 月 6 日　星期一　晴

職務

開始作 George Fry & Associates 之查帳工作底稿，此種 working papers 係根據查帳辦法新規定而作，目的在於使核閱查帳報告者得以按圖索驥，立即找到根據，乃更對於認為可以核銷之款項係採何方式而得到判斷，亦須能提供證明，前者為對於初步工作底稿之重複工作與整理工作，後者則為無中生有認為可能發生問題之揣摩工作，故做來極無興趣也。

體質

自昨日即感不適，今日漸趨明顯，終日頭暈，然能勉強工作，晚飯後即就寢，服用羚翹解毒丸一丸。

5月7日　星期二　晴

職務

　　續作 George Fry & Associates 查帳案之 work papers，預定今日本可完成，因中間發覺去年三外人回國係因工作不力，依合約不應支回國旅費，但帳上均照支，經將合同再三研究，未得結論，最後在一文卷內發現此旅費曾經美援會核准，一場功夫又屬白費，此次查帳浪費於此等處之功夫可謂最多也。又有一回國之美國人係將行李運法國 Nice，依合約係不得超過中美間之直達航程，乃到歐亞旅運社查詢比較，始知其並未超過，因赴 Nice 無直達航線，故計算甚費週章也。

師友

　　牟瑞亭君上午到余辦公室相訪，自謂脫離區公所已經失業，刻正圖賣茶葉蛋生意，須借本錢，余因未帶，約其晚間來取，至時付以五十元，此人借錢必待第二次拜訪始行開口，自謂難以啟齒，其實此次已非第一次，以往亦往往如此措詞也。

體質

　　昨晚雖睡眠尚佳，然多夢囈，今晨溫度為三十八度，較昨晚亦降低‧六度，精神略好，晨至安全分署聯合診察所診斷，林醫師認為係正流行中之流行性感冒，配藥三種，一為 Anahist，感冒特效藥，二為 APC 亦治感冒，三不知名，謂係用以遏止氣管發炎延至肺部者，余每二小時服一種，又二小時服二種，下午即覺頭已不痛，僅尚略有咳嗽、鼻腔流涕。

5月8日　星期三　晴

職務

今日仍為整理查得富來公司帳務資料工作，所作英文有系統之 work papers 二十餘頁，工作三天今日始告完成，由整理中不斷發現初查之粗略處，因而必須再度翻檢傳票，甚至有須變更數目者，亦有本甚清楚，複核時突然模糊，待尋憶良久始再知之，或竟一直不知，待重查時始恍然大悟者，此種記憶衰退與游移之現象，乃近一年餘以來所發現，不知精力何以如此不濟也。

師友

中午，裴鳴宇氏在會賓樓宴客，在座尚有周旋冠律師與許撼三同鄉，意在商量其所代表之黃海水產公司省黨部方面股份由於分領漁船經營，所認債務數目有所變動而發生糾紛一案，蓋當時所隨船領來之債務有六萬七千二百元為印花罰款，當時已繳保證金半數，其後訴訟勝利，不但六萬七千二百元免還，且將已繳之款收回，此款收回者為黃海董事會，收回後即由裴氏以外之各分營單位將款分劃，裴氏主張此款應歸彼所有，蓋當時係以債權之性質抵還黃海欠裴氏之款者，彼方則認為裴氏所得已有免還之債，此款自不應再行染指，於是主張起訴，周律師勸其向法院聲請調解云。

體質

今晨已退燒，惟鼻腔流涕，喉有微咳，由 ICA 診所取來 Anahist ＋APC 及另一種治咳嗽藥服用。

5 月 9 日　星期四　晴

職務

余此次查核 George Fry and Associates 之帳目費時太多，余本預定於本週內完成，不料工作分量有出於預料之外的繁重，連日所根據新規定草擬之 work papers 亦為求充分而不能不多，且為便於對照，亦難免於重複之失，例如帳目餘額之科目間調整，每一分錄必涉及兩科目，此兩科目均分見於記載各該科目之 work paper，抄寫工作即多出一倍，此項 work paper 乃在新定查帳程序中之第一個場合中試辦，為求證明其適用性，益不能不反復推敲，以免有不切實際之弊，余於日間工作未能將此項預定工作完畢，乃於晚間帶回寓所趕工，自九時後開始，至夜分二時，始將此項日間未完成之 work paper 趕寫完成，此為余多年來為公事加班之第一次，既無報酬，甚至亦無人知也。

集會

晚，到吳治同志家出席小組會議，余因尚未完全恢復健康，故於簽到後即行早退。

體質

傷風已將痊癒，但因尚有咳嗽，鼻腔流水，今晨仍在安全醫務室就診，林醫師為開方，仍用昨日相同之 Anahist，而無 APC，另加 Ilotycin，均為六片，又配咳嗽藥水一瓶，余並託加華德丸一盒，以上各藥余自服一部分，另一部分則兒女輩亦漸有感染，故移用一部分焉。

5月10日　星期五　晴

職務

今日開始寫 George Fry and Associates 經費之查帳報告，首先與同時工作之胡家爵君商定材料與佈局，大體上 Findings 中分為 Background、Performance、Fund Audit 及 Property 與 Corrective Action Taken 等四部分，余寫第三部分，胡君寫第一、二部分，第四部分則二人分寫，因去年查帳時所發之查帳報告中，建議事項有帳內事項亦有帳外事項也，余乃開始寫此項Findings，第一段為查帳時之 Financial Status，余初本以為只須將總收支加以羅列即可，及後考慮須與預算相互比較，且須將最近 Baranson 主張之加列 Auditor's Recommendation: For Acceptance、For Non-Acceptance 二欄，一一加列細數，自然又多加一種計算工作與 Cross footing 之核對工作焉，今日全日幾只寫成此項之一部分，足證本週已無法將此工作完成，乃於晚間回寓繼續工作，將 Fund Audit 中應行報告之六項完全寫完，計估去稿紙六頁，由於寫作此項 Findings 需根據各相當部分之 work paper，附帶的發現 work paper 有未臻至善不能與報告本文完全相合之處，乃又連帶的將 working papers 亦加以連帶的修正，故此項規定程序實等於寫作兩套報告也。

5月11日　星期六　晴

職務

今日在寓繼續寫作 George Fry and Associates 之經

費查帳報告，今日所寫為 Findings 之第五部分，上承胡
家爵君所寫部分而繼續將帳務部分之改正工作情形逐一
加以列舉，此段為照應去年查帳之情形，使去年查帳報
告中之 Recommendations 執行結果從帳上加以核對而予
以銷案，寫畢又將胡君所寫第四部分 Property 之內容與
余之查帳底稿相核對，發覺相符，至是此項 Findings 之
工作已全部完成。今日下午及晚間各工作四小時，至夜
分後二時始眠，實等於照例上班也。

瑣記

　　為寓所竹籬擬換磚牆，上週寫申請書送警察七分
局，今日到行政組查詢，據云將提前前來查核，並早作
答復，及午果率同管區警員前來，詢問是否私產，余示
以去年向公產代管部申請承購之收據向其將要點記去，
據云如非自有房屋不許有修造情形，請再照例加具切結
聲明房屋是屬自有，改築圍牆不妨礙市容及交通，即可
等候批示動工云。

師友

　　上午到國民大會黨團幹事會訪蕭新民兄，送交即將
舉行之陽明山莊二十一期同學聯誼會籌備人分擔之經費
五十元，此會本定於今日舉行，因實踐堂地點不空，改
為下星期一舉行。

5月12日　星期日　晴晚雨

職務

　　下午及晚間仍用於撰寫 George Fry and Associates
之經費查帳報告，至夜分而告成，所餘者為與胡家

爵君商洽如何剪裁之問題。今天所寫者為最後之一段 Recommendations，即對於去年查帳報告建議事項之改正情形，及本於 Findings 而作之本報告所為之 recommendations，此外並將報告格式中所用之封面應填的 Project Detail 與其中有一頁 Auditor's work sheet 中之 questionnaire 亦加以填註備用焉。以上寫作告成後，乃將所得全部資料加以整理，對於全部隨附於 Report 之 work papers 更細加檢閱，開出分類方法，使之納入若干小分類之中以便據以加具首頁及全部之封面作為 Report 之附件送閱云。

交際

陽明山莊同學何適君之封翁病逝南美，今日上午在此間善導寺追薦，事先接召集人樂幹通知前往參加公祭，因到時已晚，個人行禮而退。

家事

余之流行性感冒大致已愈，只餘咳嗽尚未完全退清，但諸兒女相繼染患，紹南與余同時，紹中為昨今兩日，紹因亦為此三天，均漸漸服藥告痊，紹彭則昨今熱度亦高，今日入晚稍好，均服藥數次，現未患者只德芳與紹寧而已。

5月13日　星期一　晴有陣雨

職務

今日將上星期完成之 George Fry and Associates 之全部 working papers 加以排比，編列次序，並加註頁數，裝訂於卷殼之內，與胡家爵君所集者適在兩個封面之理面，余按照最近所定之working paper 蒐集整理辦法之要點，將此部分 working paper 總稱為 "Accounts"，以下分為一般、一九五六年度支出、一九五七年度支出、第一一六四號查帳報告建議事項之執行，及案卷摘錄等五部分，每部分黏一標籤，並有一份目錄，置於首頁，全部之首頁則寫明全部之目錄，此項工作雖為使核閱查帳報告者易於檢索，然所寫內容等於另一份更為瑣碎之報告，故費時甚久始集成如此內容也。整理完畢之後，並與胡家爵君再度將內容加以審核，以免有誤，完成後即依新規定附加 work paper 連報告稿送之劉允中主任。

集會

晚，革命實踐研究院第二十一期同學在實踐堂舉行聯誼會，到會不過五、六十人，占全部之十分之二，此次召集人凡十人，余擔任一份，其實此十人並不完全依順序排列，只好各自承認以便攤款也，開會時余為紀錄，由聯絡人顧汝勳等報告各種動態，九時開始遊藝，由省黨部文化工作四隊表演舞蹈及歌唱，大致尚佳云。

5 月 14 日 星期二 雨

職務

余所經手未了事項為去年十一月間所查之小工業貸款（Small Industry Loan），係由 ADI 與工業委員會會同前往視察者，迨 ADI 將所備之資料送來時已至十二月間，余將初稿報告草成時已經年底，而又經 Johnson 認為過去之格式不妥，另出辦法，其時已經在本年年初，報告文內有認為希望於十二月或一月間完成者，時

間已過，豈非滑稽，於是又通知 ADI 再度前往視察其
情形，ADI 又數度遷延，直至最近始又將含有此種問
題者二家再往察看，均果然於十二月至一月間完成計
劃，於是根據此項進度情形，將以前原歸於 Incomplete
一類者改而歸入 Satisfactory 一類，變成前者二家，後
者九家，此九家中又參加一家為陸慧禪君所查不欲單獨
寫報告者，成為十家矣。今日開始寫成兩家 Incomplete
之一份，完全採用 Johnson 在余初稿上所改之文字，且
用印成之格式填入之。

瑣記

余與樓有鍾君合雇一三輪車用於上下班每天四次，
最近自三日起沈姓者不肯繼續，薦一馬姓者接班，馬只
來一星期，不告而別，又覓一何姓者，只幹兩天，亦有
不通知而誤事之情形，而其本人又似別有希望，表示不
幹，於是今日即將帳結清遣去，數日來該項車伕始終不
上軌道，亦一苦事也。

5月15日　星期三　雨

職務

續寫 Small Industry Loan 之第二件查帳報告，此為
十家應歸入 Satisfactory 之一類者，但內有利源化工廠一
家，余已寫進，而 End-use Section 之 A. Li 君來表示彼
將在其另一報告內包括此家，余表示無所不可，乃將此
段刪除，並改為九家，其實依過去成例，此項報告向來
由 End-use Section 執筆，此次因彼等未參加同往視察，
乃將寫報告之責任推之於余，余誠所謂有苦說不出也。

今日此項報告只完成一半有餘，明日當繼續完成之。

體質

　　上午到本署醫務室將左腿麻木症重新看過，林醫師云，由痛變為麻木，應屬有進步之現象，認為只須服用維他命 B1 即可，如用針藥似尚非必要也，余又買 Oreton 四次份量，今日先打一次。

瑣記

　　余所居之羅斯福路二段八巷，自馬路放寬後，因下水道水流不暢，雨後即有家宅水滿之患，而巷面亦被洪水所奪，余中午雇車回家時，見巷內一片寂寞，前無他車，水沒處不見路眼，車伕滑下而入溝內，余亦有二尺左右之腿部在水內浸透，乃亟奪車而出，踏水返寓，此種經驗為余來台寓此七年來所無，此則拜市政工程之所賜也。因臨時雇車太多意外，下午又至金華街另雇，只談一人尚無所決定。

5 月 16 日　星期四　陰

職務

　　今日將 Small Industry Loan 十二家完全寫成報告，並將以前所作之每家的 work papers 均由已歸卷之卷內分別取下，另附於報告之後，送之劉允中主任核閱，此次所寫完全依照 Johnson 所定之款式與文字，不知事隔稍久而後，彼之主意是否又有變化耳。所查 George Fry and Associates 之經費帳，在報告寫成時本欲與會計主辦人羅教政交換意見，但匆忙中未能相晤，渠來電話云，希望能預知有若干款項被剔除者，俾作準備，余對

其說明後，彼認為有關汽油稅款部分似無如許之多，迨
余向其說明若干汽油支出誤入他帳或為不能對攏之原
因，彼不認為有此事，余告以確有之，彼始不爭，余為
慎重起見，今日為抄一明細表，寫明日期與傳票號數送
致羅君，請其再行檢查一遍，以便作糾正處理云。

瑣記

余與樓有鍾君合用之三輪車自星期二日又無人接
替後又已兩天，皆臨時雇車或有時搭乘公共汽車，今
晨到公時在余寓之巷口見有一曾姓車伕，詢之願否長
期承包，彼於獲悉條件後即欣然應允，除余與樓君各
一百二十元外，在暑假前紹彭亦搭乘半天，言定每月加
六十元，包括星期六專送其一次，因星期六紹彭上學而
余等則不上班也。

5月17日　星期五　晴

職務

上午，為數月來空前未有之空閒時間，因以前所支
配之退除役官兵輔導會有關工作業已告終，而將來參加
之軍事工程委員會工作則尚未開始也，遂利用此項時間
將過去處理與保存之文件等加以整理裝訂，關於以前所
處理之文件即為數件查帳報告之打印本，經連同其原文
本與數度修改之草稿均訂入一卷殼之內，關於所保管之
文件即分署所發之各項章則等印本，均有隨時參考之必
要，亦按其發出時間先後而加以裝訂，以期便於檢查，
目前不多，尚無編列總頁數之必要，俟將來增多時，應
再加總頁數且有索引以便查核也。下午，開始查核國防

部第二廳楊凌九少校主管之城市地圖計劃經費，此項計劃為利用大陸來台人士之記憶以畫出該所知城市之街道情形，以便利用其作為軍事上參考之需，為供給接洽人員之川旅費、日用費及辦事人員之文具費等，而須由美援會內支給一部分款項，支用之時多得美國軍事顧問團派駐人員之同意。余下午先將其送來之單據及經費表加以核算，總數雖屬相符，而內容性質劃分則頗有出入，未解其原因為何也。

交際

盛禮約同學登報為其嗣子結婚，乃余下午六時前往靜心樂園道賀並留喜宴，聞新郎為其妻之姊妹之子，出繼彼夫婦者云。

5 月 18 日　星期六　晴有陣雨

師友

上午，到台大醫院五〇一號病室探視武英亭兄之病狀，至則見臥床正入睡未醒，乃留片而辭去，武兄年已近六十，而髮黑體壯若四十許人，平時靜坐有素，又頗得道家秘奧者，聞病倒之經過為寓於友人家晨不見起床，破戶視之，則見其不能言亦不能動，送醫診斷為急性之半身不遂，其平時血壓似不高，故友人多認為其內功或於夜間發生反作用，積年累月之蘊藏，一發而不可收拾云。晚，蘇景泉兄來訪，談明日為母校開始三十年校慶活動之日，惟其中有一項為校友會之新會所開幕，不知係指何處，余亦不知，昨日曾遇吳建華科長，亦以此相詢，足見不知者實多云。上午，訪王慕堂兄，代轉紐約來商情刊物，因時已近午，未至其辦公室相晤。

家事

下午率紹因、紹彭到姑母家，告以上週隋錦堂妹婿曾來託函台中女工阿錢來北幫工，昨日接信謂不能來，據姑母云找人太難，主要為無休息之地點，故來者多不能長久云。談頃，隋錦堂君由新竹返台北，據云其所服務之人造纖維廠員工患流行性感冒者在三分之一以上，渠未患病，故臨時加工數次，由於數夕未眠，頭脹目眩，亦有欲病之感，遂請假回家休息數日。

體質

感冒已癒，而咳嗽則始終未斷根，含食華德丸有時可鎮止之，而胃又不能納甜食，甚以為苦。

5月19日　星期日　晴

集會

母校三十週年紀念將於明日屆臨，校中為便於校友返校，定於今日下午在木柵校內舉行酒會招待校友，余於下午二時到火車站前搭乘校友會所備交通車返校，半小時到達，入校門後首先到簽名處，簽名並自寫名條，領取紀念書刊，此項書刊除學校概況等小冊外，即為紀念論文集一厚冊，較有份量，由此至兩展覽室，一為校友作品，一為救國團生活照片，校友作品余本亦接函徵求，因無成本之書籍，而所作論文雖亦有數十萬字，但未經剪貼，十分凌亂，亦無法送往，故未應徵也，由此再至大禮堂參加酒會，陳校長大齊在門前握手為禮，入內後晤及若干來聚之同學，互道契闊，甚慰生平，移時復出，游圖書館等處，然後搭乘交通車回台北市云。

娛樂

母校晚間在國際學舍演京戲慶祝三十週年，由大鵬劇團演出，第一齣為徐露之宇宙鋒，尚佳，第二齣為全班合演之群英會，殊鮮精彩，余早退。

師友

上午，王慕堂兄來訪，談其不久將由美調回美金數百元，託余俟信到代轉云。

瑣記

上午到市上買長袖香港衫，殊不易得較好之質料者，勉強買一件，歸試不佳，下午又與紹南往換他物，並另買一件，又定做西褲一條。

5 月 20 日　星期一　晴

職務

今日處理兩項零星事務，其一為劉允中主任交余代閱之 End-use Section 之 Albert Li 君所草之 Small Industry Loan 報告一篇，內容包括十三家，此本為早期一項報告二十五家中之一部分，當時有十二家為 Satisfactory closed，七家 Incomplete，六家 Unsatisfactory，此種 Unsatisfactory 之件本不能再改為 Satisfactory，而以另三家加入其餘七家均作為 Satisfactory closed，至於所以致此，則又由於五家曾經查過，八家則不過為根據 Desk-review，此中詳細情形余除知其一家外，其餘完全不知，此一家即為利源純鹼公司，本為余所往查，但李君以前亦曾去過且寫有報告，故曾臨時與余商量將該家

移往云；其二為國軍退除役官兵就業輔導委員會辦理
George Fry & Associates 之羅教政君來談此次所經查帳
剔除之款共八萬餘元之處理，彼主張汽油稅由該公司公
車私用所收補償金加以彌補，余認為此二事無相關，似
不相宜，彼將另行計劃彌補之方。上週所作二件 Small
Industry Loan 查帳報告，經劉允中主任再度刪改，今日
再度謄清，即仍送交轉 Johnson 核閱。

5月21日　星期二　晴有陣雨

職務

　　安全分署查帳報告之難於定稿，往往有出於意料
之外者，如余在十一月間所查之十一家 Small Industry
Loan 借款戶，自去年終即寫報告，初次經劉允中主任
潤改、抄寫，又送 Johnson 又改又抄，輾轉至今年二
月，因其中有預料某家之生產可於一月底或十二月底完
成等情形，於是主張再往勘查，以求知其現情，然完全
為工程方面之情形，須等候 ADI 方面派人為之，於是
至上月中，余正忙於他事，延至本星期始將報告按現行
格式重新寫過，劉允中主任修改一次，經過重繕，今日
送之 Johnson，認為有兩家情形有問題，須再斟酌，劉
允中主任謂此乃 loose ends，不易事先作得絲絲入扣，
此二家一為建華塑膠廠，此家之 rating 為 Incomplete，
原因為其開掘自流井尚有水塔未裝好，Johnson 發生疑
問為相對基金全部用完，此水塔將用何款添建，余乃往
問 ADI 賴君，彼亦似甚模糊，乃檢查卷宗，見該廠原
申請書所附之預算為三十二萬七千餘元，其中自流井為

二萬五千元，全部貸款為三十萬元，於是賴君將計就計即謂其工程費超過貸款總額部分之自備款不妨認為其自流井之用款，則全部貸款總不用於自流井亦仍屬核實，余即將此情形歸告劉允中君，渠立即斷定為以自備款築井，將報告文字加以補訂。其實此完全為應付 Johnson 之意見，在事實上初不十分相符，在道理上固亦無必要也，事後余詳閱該廠預算，後已改為三十萬元，自備資金在事實上雖仍存在，在預算上則無由判斷，況此項報告之 Rating 本為 Incomplete，不問其所用係何款項，仍然為 Incomplete，此項補訂實為蛇足也；另一家為協進造紙廠，在余初稿之時只將其工程按裝情形加以說明，後送 End-use Section Albert Li 加具意見，彼又補充一段，引證以前曾經發生乾燥機爆炸之事故，現已由該廠自行購買新機按裝，此段本亦無甚相干，因該廠之機器已照申請內容買進，損毀後亦另行換新開工，此與援款不得變更使用或遲不使用者自然有別，不料 Johnson 核過此段，亦認為以前爆炸之案未能了結，此處如須結案則不夠詳細，余往 ADI 方面洽詢，彼等意思亦只謂不必以此為結案之先決條件，但劉允中主任已決定將此段刪去，容以後再行處理矣，於是本可結案之單位，又將不知拖延至何時矣。由此二事可見安全分署內之事務處理往往無一定之準則，若干事務均係臨時處理，過後又往往不能保持一貫之作風，此實值得大加改善者也。

娛樂

晚同紹南到政大校慶紀念演出話劇之中山堂參觀，劇名「多難興邦」，太長，看一幕即返，

5月22日　星期三　晴有陣雨

職務

　　所作兩件 Small Industry Loan 查帳報告已經由 Johnson 簽字，但在習慣上此種報告係由 End-use 與 Audit 兩個 Section 共同擬稿，而主稿者向為 End-use Section，此次因彼方未參加查核，故不主稿，乃由余為之，昨日定稿後，劉允中主任與 End-use Section 之主辦此類事務者李君商量會簽，李君只簽其一，另一謂或胡家爵君曾去看過，余乃於今日商之胡君，彼云亦未看過，詢之何人看過，竟似無人，此件乃單獨由余出面，今日又根據李君建議將封面上所開之所查金額一欄，另行加註五四、五五兩年度 Small Industry Loan 總金額與總家數與此次所查之金額與家數，以示概括，全部完成後始行送之 Controller Baranson 核閱。余本以為此次報告格式完全出於 Johnson 之意見，與一向所用之格式不同，到之 Baranson 處定當凶多吉少，不料送去後不過一小時，原件文字略有潤色後即行送還，且在 Router 上寫明立即交付打印，並在九家 Satisfactory 報告上之 router 上加寫 "Good Report" 字樣，不但出於余之意料，亦大出李君之預料，余由此且知此項報告格式不同本為李君等簽署勉強之原因也，溯此兩件報告自余到安全分署一週後出發查帳，中間波折重重，業已半年，今日始告一段落，其有關文卷本已在余處久存，現亦開始送還焉。

5 月 23 日　星期四　晴有陣雨

職務

前所作 George Fry and Associates 之經費查帳報告，本包含有二項內容，一為自去年四月一日至今年三月底之經費之用情形，二為去年所查至去年三月底之帳目糾正與剔除事項執行情形，在起草報告時由胡家爵君先行執筆，其所採之方式為繼續使用去年之報告號數作為一種 Follow-up 案件，其所屬之 End-use Section Chief 陶君亦如此主張，而劉允中主任則認為既已開拓新的領域，應另立號數作為單獨的報告，事隔數日，劉君又將原件交余，謂報告文字太長，可將 Follow-up 部分提出另作一件，用去年號碼以示可以 Satisfactory Closed，其餘屬於去年四月一日以後之事項，則屬於新號碼之報告，余乃依其原則加以剪裁，於下午繳卷，其實提出部分並不算多，原報告減短有限也。

集會

晚，黨校同學之十餘人在內政部集議救助武文同學事，討論兩小時，決定既已在台大住院，應發動力量請該院最好之醫師作最善之努力，如仍無效始計擬如何遷出醫院及改請中醫，又討論如何以經濟力量予以支援，經當場自認，共得四千元，每人由一百元至三百元不等，最特殊者有張今建兄為五百元，乃屬例外情形，普通以二百元居多，余亦認捐二百元。

5月24日　星期五　晴

職務

　　今日從事一項臨時調查工作，緣華南銀行有一公文副本致安全分署，謂經過訴訟以後，新泰製紙工廠之小工業貸款本息及逾期罰息均已收清，此一文件Baranson 批云是否有未還之款？余乃分頭查詢美援會及分署內之 ADI 部分，大致情形已有了解，但為澈底計，根據劉允中主任之指示，於下午到該行晤營業部簡經理陳副理及主辦美援貸款之陳君，據云本息收清，但依借約另有一種使用不當（Misuse）之罰金，此項罰金與逾期罰息不同，罰金係照銀行本身之抵押放款利息加倍計算，逾期罰息則照安全分署所定利率另加三倍計算，所據基礎有異，現新泰已將本息及逾期罰息繳清，而罰金則正緩緩交涉之中，據云恐無力清繳，銀行堅主豁免，而美援會方面則未變初衷，銀行方面將另行通知借款人備文說明苦況以作請求，余詢以此項罰金為數若干，據云係照借款時之銀行放款利率加倍計算，累計至其還清本息時為止，數達三十萬有餘，此在事實上亦難以追收也。今日因防空演習，交通斷絕，晨十時始到辦公室，下午因今日有美國大使館被群眾搗毀以抗議劉自然被美兵槍殺案，外人存有戒心，故提前一小時下班，故今日實未能從事若何之工作也。

5月25日　星期六　晴

家事

　　紹彭兒之門齒中間兩枚將褪乳牙，而恆齒已先生出甚高，兩相衝撞，致恆齒有擠向內偏之勢，其情形與以前紹因女者相同，下午率其到賴牙科治療，當即拔除乳齒兩枚，當時本欲先注射麻藥，因紹彭不願，改用塗擦之麻藥，故拔除時亦不覺痛，移時即畢。

交際

晚，國際建築廣告公司袁君在廈門街其寓所隔壁之中央警校校友會宴客，余初以為其為委託業務，後知乃為其生日宴客，所到律師會計師尚有王逸民、李崙高、居思宜等人，至九時餘始散。

師友（補昨日）

余在信用合作大樓事務所時期之李洪嶽律師事務員孫福海君來談其近況，因事務所情形日見複雜，彼已辭去職務，現在該處扔按四分分攤房租，一份為李洪嶽律師，二份為劉伯含及其友人所組織之工業公司使用，尚有一份則由吳崇泉與吳麟二人共同使用，一人上午，一人下午，但吳麟律師又再度發生一次付租抑按月付租之問題，至全部房租至今未能付清，問題至今不決云，孫君現在推銷樟腦廠之蒸餾水，用戶以外國人為主，乃託余將其卡片與訂貨單之式樣譯成英文，余即交紹南代為譯成，並酌加修改，據云此水每五加侖售價八元，由孫君付給樟腦廠，彼對外則每桶十二元云。

5 月 26 日　星期日　晴

家事

今日休假，在寓協助德芳照料修理房屋事宜，此次修理房屋動工已有四、五天，前數日余未過問，今日木瓦工齊來，故須協同照料，按修理對象有二方面，一為廚房，昔為石綿瓦頂木造，現改為磚造，鋁瓦頂，另加蔗板天花板，此項修造為舊屋翻新，故不須向警察局呈報，二為竹籬改換磚牆，依規定須報告警察局，聲明自有產業而無礙市容交通，此項手續均已照辦且接到第七警察分局之答復。今日已開始砌造，因余屋後之三輪車夫多人進出均須經余牆外，故今日有數起前來表示希望留較寬之路者，余等即告以絕不會比原有者為窄，然作此表示者已有數起，已不勝解說之煩矣，今日亦有警局人員前來查詢，經告以有七分局公文，始無異議而去，目前本巷修理工作殷繁，且有正式添蓋房屋者，以致巷內滿堆砂石磚料之類，交通大為不便也。今日另有之事即為買菜與燙衣，買菜因數月來未經手，故市價甚感模糊，燙衣則除余之衣褲自燙外，尚為兒女輩為之，以便上學云。

體質

今日之體力自忖遠不如昔，自注射 Oreton 每星期一針以來，業已數月，不感其他，只覺頭髮一反數年來之情形，竟不脫落，左足跟則仍略感麻木，連日仍服用維他命 B1，情形不再惡化，顯然為藥生效力云。

5月27日　星期一　晴有陣雨

職務

為羅東新泰製紙工廠之小型工業貸款使用不合規定案作進一步之研究，但仍不能獲得十分準確之結論，其一為關於訴訟費用及印花稅支出者，余詢之本會計處對於此案最清楚之陸慧禪君，初以為彼對此事之見解可以立即作明確之表達，孰知彼對於貸款使用不當之違約金與還款逾期之罰息尚不知係屬兩事，而將此事推之於向美援會負責人詢問，至於訴訟費用可否由收回本息內支用，陸君亦不知前例如何，仍謂最好問美援會，其二為關於違約金之是否必須追索一節，余詢之有關工業貸款之工業組賴、林二君，本會計處視察部門 Albert Li，本稽核部門之陸君，幾乎無一知其淵源，只謂大致係由美援會所定者，其實此為二事，實至簡單，蓋美援會規定逾期息為正常利息之三倍，而使用不當罰金則為銀行普通放款息之二倍，局外人固往往混為一談，局中人固不應如是也。為明瞭此案本息已經收回之情形，以電話通知華南商業銀行，請將此款放出收回與算收利息之帳上收付經過開來，下午即行送來，但仍有不能完全明瞭之處。上週所作小型工業貸款查帳報告，其中九家之一件誤將一九五五年之一家歸入五四年度，經工業組發覺，今日取回更正，後當再加小心。

5 月 28 日　星期二　晴

職務

開始作 Town Plan Project 之查帳報告，今日只完成一半，其中最浪費時間者為查閱文卷，蓋此為機密性之用款，余在寫報告前須查出原案之 Project Purpose 及原核定之預算內容，前者在 CEA 上本應知之，而此案之 CEA 上則作 "For the purpose indicated on the fund application"，CEA 上又寫出，在 application 上之事項如為 CEA 所未列而不與 CEA 之要點抵觸者，亦作為 CEA 之一部分，又云，Application 上之預算項目不得超過或流用，云云，由此種種，余乃亟有查出此項 Application 之必要，先在 ADO 之卷內查無此項，謂已退還美軍顧問團（MAAG），又往詢美援會財務處，則無此卷可查，又詢該會技術處，亦屬同樣，於是除顧問團及原申請機關外，即無法可以查到矣，為直接了當，乃電話通知經辦支用單位之負責人楊凌九少校送來，然亦只解決算項目之問題，所謂 purpose indicated in the application，根本即未曾寫明於 Application 上，或係在前一年之申請書上有之亦未可知，因余細閱時，楊君已去，好在此點可以參考前一年度之查帳報告，不必尋根究底矣。

交際

晚，應公路局主計長張沛然之請到梅龍鎮吃飯，在座半為安全分署同人，半為省府主計人員。

集會

晚到台大出席小組會議，到時即散。

5月29日　星期三　雨

職務

寫完 Town Plan Unit 經費之查帳報告，所查為一九五六年度用款，不久以前劉允中主任查核該項一九五五年度用款之報告，但格式與現行者編排不同，而可以參考之處仍多，如所寫 Background 一段即全用其原文，又有支用性質相同而又發生相同之問題者，則亦多採用

原報告所用語句，此項帳務為最簡單者，故處理甚易，
與上月所查至本月始作成報告之富來公司經費案繁簡相
異有如天淵。今日以電話處理兩小事項，一為退除役官
兵就業輔導委員會主辦富來公司經費之羅君電話查詢所
剔除逾期房租六千一百二十五元之計算方法，余告以帳
上雖記為適至年度終了，然總務處王堃如處長則謂實尚
超出若干日數，經查去年帳目確有如此情形，請查對證
明，二為華南銀行經放羅東新泰製紙工廠之貸款，前該
行送來之帳單所開利息及放款支用日期甚有疑竇，經詢
該項之陳賓國君，經對照後，知所寫之十月應為十一
月，而以前陳君所算之違約金起算日期與實際亦不相
符，余由此知華南銀行之放款科人事實不夠健全也。
家事

為紹南填送 Atlanta University 之獎學金申請書送工
業會潘鋕甲教授一閱，余下午代為往訪，不遇，但移時
潘氏即改好著人送來。

5 月 30 日　星期四　陰
師友

上午，到中台旅社訪楊孝先氏，據云今晨已回頭
城，余因前晚與楊氏在街頭相值，其時另有他事，約於
昨晚往訪，昨晚大雨不止，巷口水深及膝，乃改於今晨
前往，不料不能相值，回寓後乃去函申述歉忱。上午，
到合作金庫訪隋玠夫兄，託代匯款至屏東高注東兄，還
其所墊致送潘維芳兄為子完婚之喜儀。晚，李祥麟兄夫
婦來訪，談故友張敏之兄之子彬在台大讀書，最近曾往

李兄處請代為謀暑假中之工作，經詢之工學院方面教授
云，該生成績不佳，不能代為謀職，其情形應利用暑假
補習，較為適合，應如何辦理，煞費斟酌云。余又詢李
兄向台大法學院圖書館借書遺失如何補救，彼云不知，
緣以前李兄不在辦公室余曾託助教俞君代為在圖書館借
芝加哥大學出版經濟學雙月刊一冊，將近一年，為友人
胡祥麟兄所失，如能照原價賠償，余願負擔此項價款，
李兄意暫先掛欠以後再說云。

瑣記

上午到鼎豐貿易公司持Daily 奶粉鐵帶五條為紹彭
換汗衫一件，此為推銷方法，每五條可以換取此項贈
品，余詢以如果由該公司買整箱奶粉是否價格較低，據
云比零售為低，且可以電話通知送到取款云。

5月31日　星期五　雨

職務

今日將所辦未完事務全部理清，其中之一為上週交
辦關於羅東新泰製紙工廠訴訟問題之核簽，緣有經放該
工廠小型工業貸款之華南銀行致函美援會說明該廠貸款
之本息及延期送款息均已收清解交，中文副本抄送安全
分署，譯文甚簡，此文經會計長（Controller）Baranson
核閱，即批註："Does this leave a balance due the special
account?" 經數日來向華南銀行及美援會查詢之結果，
乃寫一 router 將此事原委敘明，一為本息及逾期息均已
收清，No balance left for the special acct，另附規定格式
之 Schedule of Loan Repayment，二為依照貸款合約尚

須加罰違約金約三十餘萬元，其間美援會曾通知華南以法律手段為之，華南則主張豁免，至今尚無結果，但美援會正準備處理此事云，此 router 經請陸慧禪君代為潤色後即打清按程序送出矣。

娛樂

軍事工程委員會晏君贈來空軍新生社平劇票兩張，晚乃與德芳往觀，第一齣為徐露之宇宙鋒，雖進步甚速，而終嫌功夫不到，第二齣為孫元彬等之戰馬超，尚佳，最後為廉錦楓，主演者姓名不詳，未知是否趙原或程景祥，身段台步唱白均極工穩，甚有可觀，會場秩序亦佳。

6月1日　星期六　陰雨

瑣記

上午，同德芳到肆上選購衣料送友人，往時乘三路公共汽車，初來一部，過站揚長而去，其實內中並不擁擠，又候多時，來一部居然停靠，乃只開前門，不開後門，顯然又為車掌之慣技，只下不上，其實車內甚空，候車七、八人根本不成問題，此時在前者一步登先，由前門上車，踵之者皆入，守後門之車掌見其黔驢技窮，始開後門容後到者上車，同時要求先由前門上車者下車改由後門上車，余則不理，謂其誠信不孚，極可利用已下未上之時間將車開走，是時車上有類似軍人年不過二十之乘客亦表示意見，謂不應不守秩序由前門上車，余謂事非得已，乃其不開門何，彼謂何不等下班，余謂你亦非未等過車子，車內甚空而不肯容他人上車，未免太不講理，望多多發揮同情心，彼謂什麼同情心，後口出不遜，余見不可理喻，即未再發言，彼乃向另一乘客口角，且不堪入耳，余只覺為軍人羞，為今日之青年羞耳，且此等人完全發揮一種自私任性之心理，彼等只知在站時車上人之時間浪費，而不知候車者之時間亦同樣寶貴，且彼或許正遭遇同樣之命運於瞬間之前，何以竟如此缺乏同類愛，同病愛，真不可解，無以名之，只好謂之為變態心理耳。余夙昔只見公共汽車之病態現象引起乘客公憤之事，尚未見由於自私心理作祟而居然表現於迴讓此等怪現象者，今日實出於意料之外也。

6月2日　星期日　陰雨
夏節

今日為舊曆端午節，雖無榴花照眼明，然戶外有不知名之木本十字花科卉木，繡球朵朵，硃紅色酷似榴花，雖僻處海隅，亦略解相思之苦也。今日適逢休沐，只因修理廚房工程未竣，一切只得因陋就簡，德芳昨日先將角黍製好，今晨已第三次食，昨日曾到公園路龔太太家贈送衣料，今日龔太太來回禮送糕餅食品等，中午故友張敏之之子張彬來，留午飯，下午食水餃，請七弟瑤祥及其女友黃珠姬來過節，余下午為免諸兒女在寓太過嘈雜，乃率紹寧、紹因、紹彭到南昌路閒游並為諸兒女修理鋼筆，一日之間即匆匆度過矣。蒲節可用艾葉煮水洗澡，余家如法炮製，下午為諸兒女洗澡，別有風味。

體質

自左足有麻木之感以來，每日服用維他命 B1 藥丸100mg 者二片，未見有顯著之效果，然亦未見有不良之發展，今日出外散步，覺左足踝與皮鞋相撞，有極顯著之異感，不知是否惡化之現象，但右足始終未有波及，此症或往往如此乎？

師友

趙榮瑞君上午來訪，談在外匯貿易審議委員會服務本為由菸酒公賣局借調而去者，現在外貿會有固定編制，已奉派為會內之正式職員，因須填保證書，特來託余為其擔任保證人之一。

6月3日　星期一　雨

職務

　　以前所作之 Small Industry Loan 兩件查帳報告，今日打字員已將打字印紙送來簽字，此案醞釀經年，直至最近始加以解決，諒不致再有變化矣。上月查 Geo. Fry and Associates 之經費帳時，其中有一去年終到職之顧問 Milton，未帶眷屬，在未移入正式宿舍以前報銷旅費四十天，其中有三十九天為每日二百元，余依據去年查帳報告之成例，對於獨身之長期顧問宿舍費用每年不得超過美金二千七百元，按現行匯率二十四元七角八分折合，每日只應為一百八十一元餘之計算，應剔除其用費五百餘云，當時共同查帳之胡家爵君來電話云，Milton 曾到國軍退除役官兵就業輔導委員會相訪，表示係按每日一百九十五元計算，乃美援會所規定，胡君因非原剔除之經手人，答以須問余，渠即辭去，謂將問會計長 Baranson 云，余將此事向劉允中住任說明，備若 Baranson 以此相問時不致茫然，不料 Milton 逕問 Baranson 後，經 Baranson 批註文字一段，彼即認為已經勾銷，原批謂 ICA 習慣新來人員有不逾三月之 Temporary Lodging Allowance，似不致低於 Milton 所報之數（美金九元），余詢去年查帳之葉于鑫君，彼亦不知三個月報銷九元之事，而以規定前後不一致為苦云。

6月4日　星期二　晴

職務

　　昨日所記 Geo. Fry and Associates 顧問人員 Milton

之超支臨時住宿費用事，Baranson 原批謂不妨與主管
旅費人員再行核對，而葉于鑫君亦為其去年剔除之數已
經繳回未生問題而納悶，彼即往會計部分詢張秀棠君，
歸云安全分署人員係規定在固定宿舍未供給前得每日報
支九元美金之 Temporary Lodging Allowance，以三個月
為限，然則 Milt 之超支部分不但未有超支，且照九元
美金官價二百二十餘元相較，彼所支者尚有結餘，於是
商之劉允中主任，將已經起草之查帳報告初稿抽回，對
於 Milton 之旅費剔除一節加以刪除，由於刪除時須在
Findings 與 Recommendations 內分別說明，又須在所附
work paper 內亦加以相符之修改，以免前後兩歧，以致
費去半天有餘始行核改完畢，只餘關於宿舍之最高限度
每年美元二千七百元一節與實支宿舍費用加以比較，
二數字未加修改，此蓋因 Milton 之旅費既准以旅費列
支，則其自來台至返美中間之所計宿舍費用，即應不予
自到台之日即行起算限度，實際應自正式移入宿舍之日
算起，此點因如嚴格算去報告內須加改正之處太多，且
無甚意義可言，故一仍舊貫，兩者皆由到台之日算起，
均在此項 Allowance 內計算，出入甚微云。

6月5日　星期三　雨
職務

　　閱以前黃、繆、曹三稽核在軍事工程總處
（MCC）所作之 General Survey Report 底稿，此項報
告為向來查帳報告中之最長者，計打字後為四十餘頁，
余以一日餘之時間始得讀完，對於 MCC 之業務得有一

眈括之了解，較之往 MCC 逐漸加以了解者，實省卻若
干時間也。

家事

　　所住羅斯福路二段八巷四號房屋已近八年未加粉刷
油漆，自日前鳩工先行重建廚房，繼將竹籬改為磚牆，
兩日來又開始室內粉刷，因凡近牆之器具與物件均須移
動，而工人又預算工料有誤，以致包工後拖延兩天始行
表示，乃為之加出工資一天，而從事第二次之粉刷，然
終因未刷已久，刷後變白者有之，白黑不勻者亦有之，
殊為不佳也。因粉牆而將壁櫥內之衣物完全取下，余數
年累積之書又不在少數，經亦一一搬下，乘便將無時間
性之雜誌小冊等整理保存，而將有時間性現已無用者加
以整理準備變賣焉。為使存書之壁櫥更為合用起見，今
日至羅斯福路定製柳安擱板木一塊，另製支柱木一塊，
據云後天可有，規格為厚一寸，長六尺，寬一尺，照每
方寸一丈長為一才計，此塊為六才，支柱板為三尺半
長，即照算三才半云。

6月6日　星期四　晴有急雨

職務

　　以前所寫 Geo. Fry and Associates 查帳報告自分成
二件後，劉允中主任與陶聲洋主任二人分別核閱，其
一為去年查帳報告之 Follow-up 報告，因去年係陶君
與葉君所往查，故此件即歸陶君核閱，余所用格式本
為新近所頒之簡化式的 Follow-up Report，陶君不以為
然，意似以為此種以技術合同為對象之查帳應一律用

Performance Audit 之名稱，故此項報告仍須襲用去年之格式，談頃彼即大加剪裁修改，不一小時即成，交余再度核對後，即送之打字員處作 Second Draft 而打清，陶君筆下之快，而且行文之暢，殊可驚人，惜余由其去年之 working file 內察看其 work paper 時，凡用英文寫者，皆極明白曉暢，偶見有用中文之處，則文義多不能十分清楚，聞其係留德學機械者，而獨擅長英文，亦不易明白其底蘊云。日來無新工作交辦，即利用時間再度閱覽 Standard Operation Procedure，其中多為余去年冬到職時所閱讀，但已印象甚淺，亦有當時了解不澈底者，今固可溫故知新也。

師友

孫福海君來談正積極進行推銷蒸餾水業務，余為其所譯之訂貨單與宣傳空白今日亦印出交余再作核對，印製尚佳。

6 月 7 日　星期五　晴

職務

上午受樓有鍾君之託到軍事工程總處作一次 Follow-up 之訪問，緣有去年該處請得美援修建三隻渡船之案，其後又不需要，乃洽妥由郵政管理局完全承受，而承造之台灣造船公司即將全部工程改為由郵管局託辦，經多方開會同意，然至今不見退回此項援款，余今日往詢供應組吳組長，據云自元月間多機關開會獲得結論後，因郵管局對於契約內容有修改之處，將意見送出至造船公司，該公司尚未作最後之表示，希望數日內

能有眉目，彼時即將此項所借之美援款加以註銷，而另
由郵管局承受一切云。臨時受分配查核中國生產力中心
之帳目，此係根據本署 ADI 部分參加該中心顧問工作
者之申請而為，今日下午起開始閱覽其 PPA 等，以明
其貸款之背景云，據申請之意係著眼於該中心之會計管
理狀態，請往查帳一次，以覘其中有無較大之問題云。

家事

庭園之修理等事，十餘日來因工人之效率太差，且
往往雨天停工，晴天不來，直至今日始能將刷牆後之正
屋與做地後之廚房整理使用，為使菜飯免於遞上遞下，
乃開始在擴大若干之廚房內用飯，此廚房將來尚須在近
門處洗澡，此一室實兼廚房餐廳與浴室之三種用途云。

6月8日　星期六　晴

師友

上午，到交通銀行訪王慕堂兄，據談陳舜畊兄託售
外匯係屬其出口茶葉所得，乃出口結匯之免結外匯部
分，係由台灣銀行開在美支付之匯票，彼係經常用之，
而又不願存在美國，故須在台出售云。

瑣記

為向國民大會購買配售大同牌電扇事，曾於四日前
去函大同，謂送貨前來係屬去年舊式，而該公司向安全
分署推銷新貨只取價七百元，較配價不過高六元，請其
擇一見復，一為改配新貨，二為改用安全分署名義往
購，補其差價，信去後至今未復，今晨到中山北路該公
司面洽，據其鍾君云，該案經手人不在，但彼亦明瞭

此事，俟查明當於下午照送新貨，至於依照定價需補
二十四元，當開發票，余告以不能照補二十四元，原因
為余不欲出高價買一可另用低價買進之貨，彼云如不照
付亦無關係，其營業上當另作安排，但發票必須照開，
談妥後余在寓候至下午亦未見其送來，該公司之辦事效
率實甚不高也。

家事

今日在寓繼續整理物件，除余之書籍前已作初步整
理外，今日為在網籃內尋出兒輩之教科書作業簿等，均
將作為廢物加以處理，前數日整理出之舊廢雜誌等三十
餘斤，今晨全部出售，每台斤一元，報紙則每台斤一元
三角。

6月9日　星期日　晴

師友

上午，佟志伸兄來訪，閒談，佟兄現任職於銓敘
部，去年曾一度在財務學校兼課，今年未聘，故不復兼
云。上午，李德民君來訪，現服務於基隆之殷格斯台灣
造船公司，即係根據契約租賃台灣造船公司之設備而成
立之新公司，此項新機構由美國人主持，並留用甚多之
前造船公司同人，李君即係其一，現在待遇比之以前造
船公司時代提高甚多，李君已可支薪三千元，據云數年
來因其夫人患病，不能做事，全恃其一人收入，不足以
供支應，債臺高築，現在每月已可還一千元，大約兩三
年後即可還清，言下對於數年來為生活所迫，幾達不能
忍受地步不勝其欷噓，而在此過程中為奮鬥掙扎而支付

之精神代價尤覺難於計算云，李君提及欠余若干亦準備
償還，余早已忘卻，並勸其不必再行提及云。下午，蘇
景泉兄來訪，持贈越南僑生刊物一本，其中刊有蘇兄所
撰詩並序一章。

瑣記

定做為壁櫥擱板用之柳安木板二片今日送來，其中
較短之一塊頗有缺陷，較長之一塊則厚只九分五而寬則
只九寸八，比原訂之一尺寬與一寸厚者略有降低，但折
合時亦差價無多，故亦聽之，余託其另製窗櫺用之橫板
條二根，彼云不復取償，以表優待。下午，同德芳偕紹
寧、紹因、紹彭到衡陽路購物。

6 月 10 日　星期一　晴

職務

今日全日皆為處理已查之帳而料理若干特殊之問
題，其皆為屬於 George Fry 之經費帳者，其中之一為
退除役官兵就業輔導會曾向安全分署買車三輛，計價七
萬餘元，在所查 Geo. Fry 經費帳上係一收一付，而作為
借用輔導會款買進者，此事查帳報告上本未提明，只因
有欠輔導會墊款七萬餘元，於是核稿之劉允中主任提出
詢問此項買車之經過，余查 work paper 中只將安全分
署之允讓函號記下，因認為無甚問題，故未記日期，亦
未將傳票之日期號數記下，至是乃將此二事作進一步之
查明，首至總務部分查該號發函之日期，云一九五五年
之文卷已經銷毀，無已再向美援會查閱，該會壽君又不
允借出，但代為打一拷貝，持回作為參考，一面設法向

輔導會聯絡，請主辦之羅教政君將該項付款之日期與傳
票號數加以檢查，直至傍晚羅君始來電話相告。其中之
又一為報告內預算與實支之比較問題，余之查帳包括兩
年度，就預算言，一九五六年為二百十一萬，而五七年
為二百另四萬，其中有上年之款六十七萬至下年始行撥
付，於是預算比較時由此項差額而不易處理，劉允中君
初未知其中問題，及至恍然大悟，又感無術以應付，乃
約輔導會主辦人明日洽商。

6 月 11 日　　星期二　　晴

職務

　　所作 Geo. Fry & Associates 之查帳報告為一不易料
理之問題，因其中不上軌道之處太多，在報告上無論加
以糾正或加以說明，均難免費力不討好，此次所查之
帳，一部分為注重去年查帳報告之執行，另一部分為檢
查自去年查後一年來經費之支用情形，本用一個報告，
劉允中主任因文字太多，主張分成兩個，余乃照辦，前
者因去年查帳係由 End-use Section Chief 陶聲洋主任主
持，故核稿亦由陶君任之，前日渠即將余所作初稿加以
刪削，半小時即成，繼之由會計長 Baranson 核定，正
在打印，後者由劉允中主任核閱，今已兩天，對於其中
發生若干問題，有為資料不足無法再作深入敘述者，有
為文字已多，不能太過浪費筆墨者，彼聞余解釋，亦感
覺困難重重，即如該項兩年度套搭六十七萬之問題（見
昨），今日約會計主管羅君來談，能否查出與實撥款相
副而行之預算以便比較，彼歸後查閱至晚仍屬絕望，類

此等事本出乎意料之外者，然事實上竟然有之，美援款之凡事不上軌道，往往類此，睹同人中某君謂此項查帳工作並不以查帳為主，實係賣弄一種寫作報告之技術，如廚師之做菜，不在菜之本身是否美味，而在揣摩食客之胃口，以謀所以迎合，可謂一針見血。

6月12日　星期三　晴

職務

余所作之 Town Plan 查帳報告，第二次清稿後，因係機密文件，不能頃刻無人看視，故親送會計長 Baranson 之女事務員，不旋踵即核閱送還，囑送美軍顧問團會稿，此為昨日之事，余即已電話約該項用款單位之主持人楊凌九少校於今日陪同至總統府內國防部所在之顧問團（MAAG）第二處（G-2）訪 Milkovich 少校，此項經費事前事後皆經其核定，彼於其中情形十分了解，亦深知余之來意，但以為須 through regular channel，意指由主管財務之 G-4 轉送至 G-2 始可，繼又問如果今年之 Town Plan 經費無所用之時，應如何處理，余答以款乃由相對基金撥來，自應繳還相對基金，彼又謂既係指定此項用途，又何以應該繳還，余見於所問乃屬一種循環邏輯，即不再表示意見，只謂此與今日之來此任務無關，隨即告辭，歸後由同事曹君偕同到顧問團 G-4 訪 Brown 中校，彼見係問此事，乃即以電話與 Milkovich 接洽，決定仍由 Milkovich 先簽，但其時已將近散值，且國防部門禁森嚴，無法進入，乃函楊君於明晨再行前來一同前往，余由今日之事亦知西洋人辦事

亦不上軌道，安全分署固如此，即其軍事方面人員亦大
致相似也。

6月13日　星期四　晴
職務

　　上午，楊凌九君來約同至國防部再度往訪美國軍
援顧問團第二處之 Milkovich，先問其日昨與 Brown 中
校通電話否，彼答云然，余乃將查帳報告之稿交其會
簽（clearance），彼略一展視，立即照簽，余乃辭出，
回後由曹君詢 Brown 中校是否在其辦公室，良久使
到，其時余適至洗手間，曹君即將稿取去代為簽訖，
於是送之至打字員處加以打印。上月所作之 Geo. Fry &
Associates 之查帳報告，其中有關去年報告之 Follow-up
報告今日已將打字油印送來校對，竟發覺錯打之字有
五、六處，另一為繼續查帳之報告，此件內容比較複
雜，劉允中主任核稿時首對預算實支之比較一點由於基
礎不同，前後套搭，認為須另找一合用之預算，然決不
可得，彼即將此兩段取消，不作預算比較，其餘亦大加
刪改，幾乎等於重作，然內容除上述一點外，完全保
留，余之寫作足見尚不夠凝鍊也。安全分署會計處今年
新修正之 Standard Operating Procedures（SOP）於日昨
分發每人一份，其中附表部分大小不一而又種類繁多，
全係散頁，余見其多數大小可以用普通尺寸之卷殼加以
裝訂，乃加以排列裝訂，甚小或 margin 太窄者則用另
紙黏貼其一端，然後加入焉。

6月14日　星期五　晴

職務

今日繼續從事生產力中心之查帳準備工作，該中心用款以年度言已有一九五六與一九五七兩個年度，以用款來源言，有美援款亦有自備款，以援款言又有美金部分與相對基金部分，更以美金款而言，又有 PPA/T、PPA/CS、PPA/C 等，即物資、技術協助等等，凡此皆係由兩年度之 PPA 內摘閱而知者，為明瞭美金部分之查帳情形，又檢閱以前查帳報告之有關此類事項，惜乎無何資料，只發覺其中有一部分相對基金用於技術協助（TA）者係由安全分署之 USATAC 主管，包括一切援款之含有此部門者，余因一向查帳尚只限於相對基金部分，而稽核之正規任務依規定亦只以相對基金為主，故對於美金部分殊為生澀，而在 SOP 內亦只規定用款者之相對基金處裡程序與應設製之帳表，對於美金部分竟未有涉及，於是查帳之中心問題為何者應記帳與何者不應記帳一點即有茫無頭緒之感，乃以此問題求教於陸慧禪君，據云凡所經手皆應有帳記載，至於如何記法，余未見有規定，自然可以由用款者加以伸縮矣，安全分署之事往往半有成規半無準據，新到者暗中摸索，引為苦事，所謂 SOP 雖又修訂分發，而若干特殊問題仍然難以全部顧到也。

6月15日　星期六　晴

閱讀

由安全分署借來一英國新聞記者所作之中國大陸記

行之專書，George S. Gale: *No Flies in China* 全書共分十一章，今日已讀其半，第一章記其由倫敦啟程與行程終了自廣州至香港之經過，標題為 Exodus and Genesis，第二章 Caviar and Complications，記在蘇聯所見所聞，第三章記北平之風物，第四章記在北平所見之人物，著重於普通人對於共產政權之反應，第五章記述兩次訪問，一次為國家工業計劃局，該局主管人之冗長報告詞全部均集入書內，無以卒讀，並皆宣傳文字也，另一次為訪問全國總工會，其中有關於罷工怠工等問題之詢問，答案自然是一套八股，且以數字證明其工人生活確已提高，第六章標題為 Lovely Smoke，乃記述其在瀋陽所見工業發展與工人宿舍等情態，認為其工業制度大足重視，第七章為 A Village, A Mine, A University, A Jail，在描述其訪問一處農村、一家礦場、一家大學，與一所監獄之情形，作者又引錄一冗長之農民談話，以寫述農村生活確有進步，對礦場亦認為工人福利與安全已大為注意，大學則以清華為例，謂該校已成工業專科大學，現有學生六千餘人，一九五八年希望有一萬三千人，對於監獄亦描寫犯人生活有顯著之改進，總之似乎對一切均褒多於貶也。

6 月 16 日　星期日　晴下午雨
家事

下午三時，台灣大學在中山堂舉行本屆畢業典禮，因紹南為今年畢業，故余與德芳同往參加，到時已將近四點，為教育部長張其昀之演說，不免一番勉勵之辭，最後由畢業生代表呈獻紀念品而禮成，中山堂前本準備照相，因雨而罷。

交際

龔舜衡兄之女中午在悅賓樓出嫁，事先登報，未知有無請柬，乃屆時前往觀禮，在座者甚多為旅台之同學同鄉，有機相晤，其餘事也。

閱讀

讀竟 Gale: *No Flies in China*，第八章為 Peaceful Co-existence，第九章 New China Town，第十章 Reflections on the Water，第十一章 Onward-land, Max-land, Mao's land，末章 Epilogue。作者對共產黨之真正性質並不盲目，如云："I have nothing much against Communism in its economic and social aspects. But Communists nowadays are incomplete men, for their minds are not their own. They have leased them to Communist Governments and for ground rent they get a job." 但彼認為其存在之根據決不在此等處，彼之統制思想，政治獨裁，並不受人民之厭惡，而其將來之不易墮敗，固別有原因，在結論中作者竟云："So if I am asked: how powerful is the Chinese Government of Chairman Mao and the Communist Party, I would say: 'very powerful, and not likely to become less so'; and if I am asked how powerful is China, I would answer 'very powerful and likely to become more so'. In five years, in ten, or twenty there will be steel flowing through China, enough to give it industrial strength and to reinforce its nationalized ambitions. There will come a time when

China will want to expand, and the least gloomy aspect of this very gloomy is that the emptiest lands are westwards, in Tibet and Outer-Mongolia and beyond where the sun was strong still after it had set behind the hill to the west of the West Lake at Hangchow, where the frontiers are defended because the distant lands are Russian." 綜合觀察作者之見地並非十分精確，但以第三者之立場作精細之分析，大體上固無甚歧異也。

6月17日　星期一　晴有陣雨
職務

　　兩日來所作 George Fry & Associates 之經費查帳報告上週始由劉允中主任開始核閱，因頭緒紛繁，彼將過去冗長之處如預算與實支之比較等加以刪削而將所餘各部分文字亦大加修正，幾乎等於重寫，寫好後未交余閱，即交打字員打成 second draft 交余略看，彼即送之會計長 Baranson，今晨 Baranson 將稿送回，劉君轉交於余，見批有 "To be done over and resubmitted to me." "Jack（指劉君，上週Johnson 在假，本 Section 等於劉君負責）：I have not approved the attached report although I spent more than 6 hours of my weekend in reviewing it. This is one of the poorest examples of staff work I have seen in a long time, your review leaves much to be desired! I have indicated in red where additional work is required. Put someone on this right away and resubmit to me personally before the end of this week. I want very

careful analysis and going over of all facts." (6/16/57) 故今
日之工作即為準備此項重寫之任務。

6月18日　星期二　雨

職務

　　重寫 George Fry and Associates 經費查帳報告，
Baranson 所核改各點，完全技術問題者有之，獨出心裁
者有之，前者如將兩年度之洋人 Quarters Allowance 限
度分開計算，實際無何區別，後者如將美金台幣折合率
自本年二月起改用優惠匯率（Preferential bank rate），
期使 Quarter Allowance 按定數每年美金三千二百元或
二千七百元折成台幣得以放寬其限度，實則按 SOP 規
定明明須照 Bank official rate 計算，亦即余所採用之始
終照 1：24.78 計算之折合率也，此非獨出心裁而何，
余依據此項原則將 George Fry 之各美籍人員自本年二月
至本年三月部分 Quarters Allowance 按優惠匯率改算記
帳，又 Baranson 認為 Quarters Allowance 之計算由於契
約只兩年不滿，其中固定資產性質之支出可以不予算入
限度內比較數，亦大大減低超過之限度，此亦在 SOP
上難以找到根據。此外則文字修改之處，意思無所出
入，余不解何以竟成為最 poor 之 staff work，所能忖度
者則彼耗費六小時之週末，自覺太不上算，遷怒於此
報告，且以最不佳之字眼表示其感想，未見其有良好風
度也。

6月19日　星期三　雨

職務

上午將重寫之富來公司經費查帳報告最後加以核閱後立即交之劉允中主任，彼將 Baranson 所改原稿與余修正稿核對，發現有一處為余變更，其原文為所剔除之中信局與台灣銀行手續費如屬 Out of pocket 性質可提出證明，余因此點已十分查明無何疑義，故順其文氣改為其餘費用屬於 out of pocket 者則允予核銷，如傳票所附之憑證所表示者然，劉君認為事實雖屬如此，仍因其原文為宜，以免再生枝節，言下並云此人賦性倔強，只求過去，不必認真，此安全分署會計處內之中國人之一種作風，只在揣摩應付，不辨真理何在也，此外則又有兩點為 Baranson 所批應加補充者，一為廢棄毀損之固定資產內容何似？有未經過核銷？二為售之西洋人之資產係何根據？得款是否收帳？劉君認為余所補充解釋者太過簡單，於是由彼重寫，由余根據 working paper 加以說明，此二事乃胡家爵君所從事，彼出差在外，余乃代為補充云。

集會

下午到實踐堂出席研究院各財經研究組聯席會，余到時已遲，陳主任誠之訓話已近尾聲，而李錫勛君報告美國農業政策與農業合作亦已開始，旋即散會。晚與德芳往看餘興話劇「灰塵」，大鵬團常楓、張慧、張冰玉、李近等八人所演，四幕五場，極佳。

6月20日　星期四　晴下午雨

職務

　　昨記富來公司查帳報告中有毀損物品須補述底蘊，其中占大數者為腳踏車一部，劉允中主任印象已經美援會核准註銷，曾以電話託該會查卷，以明其文號日期，俾寫入報告內，但該會何時回話，不敢預料，余為求近功，乃於今晨到退除役官兵輔導會向主管財產之朱君查詢，原希望其能一索即得，不料輾轉於總務處管卷室以及編譯科皆不能查到此一件公文，中間費時二小時，只得去年八月福來公司以英文函致該會之抄本，大意謂車係被盜，聽憑該會如何註銷云，總務處歐陽君進一步查明係於今年二月由主計室主移報請美援會核銷，而主計室之原主辦人又不在，該文本已歸檔，而卷又被其調去，余至此知在該會續查無益，乃歸向美援會一查，僅數分鐘即已分曉，可謂得來全不費功夫，而數小時之欲速不達，殊令人懊喪，及歸報命，劉允中主任又謂該會已向其回話矣，至此更覺時間浪費之可惜也。下午到中國生產力中心訪兼辦會計之陳彬秘書，安排自明日開始查帳。

師友

　　下午，王慕堂兄來訪，談台北紡織公司正會計人員出缺，望余為紹南進行，余亟道謝其關垂，並將圖之。下午訪吳先培兄詢有無收買陳舜畊之出口外匯匯票者，不遇，留字，旋接吳兄電話云，不問多少皆有受主，其價錢較之黑市匯率約下百分之二、三云。

6 月 21 日　星期五　晴

職務

上午，開始到中國生產力中心查帳，先由一九五六會計年度開始，主管人員陳彬告余該中心在草創時期因未知 PPA 之內容及預算項目，故只向外間借款略為支應籌備工作，會計方面只就支用情形任意記載，及半年有餘始見 PPA 核定，而撥款亦到，於是在三月間（去年）將已經支用之款除去依照 SOP 不能支用者外，按預算項目加以開列分析，分別月份項目，得一清單，據此清單作成傳票，而單據則另外按月裝訂成冊，順序排列，於是至三月以後始得於支用之時即行製票登帳，此期間之凌亂乃非得已云。余於下午開始看傳票，見雖不合常態規定，然尚非完全失序者，今已將該年度七至九月份看完。在看傳票以前，上午係核閱其帳簿記載相對基金收支情形，發覺結束程序只完成其半，另一半繳還餘款清還應付款等帳項完全未記，且數目上亦有出入，未按事實發生作適時之記載。上午與該中心之執行秘書高禩瑾君談話，高君談其事業計劃極詳，此事在中國為草創，全無成規可循，目標為在五年內以服務報酬自給，不需繼續使用美援云，又與常駐該中心之首席顧問Stark 晤面，告以彼所申請之查帳工作於今日開始云。

6 月 22 日　星期六　晴

師友

上午，到交通銀行訪王慕堂兄，閒談，今日係應前日王兄來訪之意，特欲來訪與趙葆全兄或侯銘恩兄一談，王兄接近電話交換室，詢知趙兄不在，侯兄則外出方返，余乃往訪，首為樓有鍾兄所查政治大學建築包工案託向校方總務長項昌權解釋，緣樓兄本週曾奉命至政治大學查案，案係校內建築工程以美援相對基金承造，未按公開投標手續辦理，只通知三家公營營造機構比價，於是安全分署接到告發信，謂歧視民營廠商，樓兄往查結果，認為依法可以如此辦理，而政大過去歷經公開招標建築，因民營者有時信用不足，故此次未如此辦理，報告稿寫成後送之會計長 Baranson，認為此舉 against democracy，須推翻重新來過，此報告之署名者仍為樓兄，恐滋誤會，故託人向當局者說明，以明底蘊，余將原委與侯兄說明，彼允即與項總務長轉洽云。次談紹南已在台大畢業，須謀工作，託其設法，雖未明言其台北紡織廠或有缺額，然暗示余或已知此事，彼未表示拒絕，然亦無肯定答復，經即告辭，云將補送履歷片云。下午，張中寧兄來訪，余時因整理書籍爬上壁櫥失足坐一空洋鐵箱上，右臂被劃破，張兄談話頃刻即去，晚著其幼子送來三七兩顆，余已服用參湯，未用三七，盛情可感也。

6月23日　星期日　晴

瑣記

　　自前晚起即整理書籍，加附於新近按裝之高擱板上，因分門別類，且須斟酌去取，將無用之書報全部剔出準備售之收買報紙者，故極費時間，今日全日仍用於此事，且進一步將若干單頁之參考資料及印刷品等一一

加以核閱，凡不必再留者即另外剔出，又得二十餘斤，
現在存餘者已大為減少，亦比前易於查閱保存矣。

師友

上午，逢化文兄來告將於下午舉行枋寮建華新村共
同買地案五人小組會，決定如何結束此案，余下午前
往，只到四人，除余及逢兄外即為王立哉與李鴻超，乃
約略交換意見，因尚有一人童秀明未到，即決定兩週後
仍先開一次小組會，今日李鴻超君所表示之意見完全站
在個人立場，彼所拈鬮而得之地在路邊，且因地形關係
劃出巷路，彼所劃出之地為多，於是主張十人中之地積
應除去路占後按淨額分擔地價，換言之，即現在之路應
屬平均共出，余謂此項原則極可稱讚，但技術上甚難處
理，余表示態度謂此案歷時三年，現在亟應早有結束之
道，土地上之問題因人因地而異，欲使結束易辦，最好
多談共同之問題，少談個人之問題，否則將有無法解決
之苦，余為此言乃針對李君而發，彼只唯唯，無反駁理
由可言也。

6月24日　星期一　晴

職務

續到生產力中心查帳，今日上午查核其去年一月以
前之費用，下午查核其去年一月至四月之費用，均甚能
牢守預算之範圍，甚且遠不及所許之限度，惟人事費用
方面似乎辦法太過紛歧，包括薪津、各種津貼、實物代
金，而又似乎不盡照 SOP 與 PPA 之預算規定，有按總
數計發者，亦有分成若干細數兜成總數發給者，頗有莫

衷一是之感。

集會

晚，出席小組會議，討論事項無多，有本組同志夏鐵肩參加今冬舉行之市議員選舉及兩月後之黨內提名競選，請全體予以協助，預計在此期間內共能吸收五十餘票。

參觀（補昨日）

到植物園中國歷史文物館參觀明代書畫特展，計共四十餘件，頗多佳品，余認為中意者有唐伯虎行書卷、張瑞圖（二水，長公）字卷與字軸、王伯穀（穉登）字軸、詹景鳳草書屏、沈石田山水卷與軸、傅青主字軸、張復山水軸、董其昌大中堂、王守仁字軸、王寵字軸、文徵明文彭文嘉山水及字、魯治花卉卷、陳道復草書卷、王式西園雅集圖、倪元璐家書冊、冒辟疆秋溪晚照卷等，其中有為余向所不知者，足見見聞之寡陋矣，余所習知者如董其昌之長軸，行書每字大可一尺見方，氣派不凡，不易多見。

6月25日　星期二　風雨

職務

繼續到生產力中心查帳，已將一九五六年度之帳務查完，並準備與會計人員各項必須面談之問題一一記下，備明日詳細商談，此項問題多為人事用費方面，例如該中心用人在該年度雖不甚多，然待遇辦法甚多歧異，有按總數發薪，每半月若干者，有發給津貼者，有發給車馬費者，亦有因徵服兵役按四分之一發給家屬補助費者，此外則旅費方面亦有不同之規定，與今年一月開始實行之表有所不同，而年終獎金之計劃尤為複雜，該中心自一九五五年七月一日始行之用相對基金援款，而在計算時則有從五月起即作為發給年終獎金之基本數者，其原因無非為在其他機關調來，如不調來亦應在其他機關得到獎金，此中理由介乎充分與不充分之間，斟酌去取，良不易也。

瑣記

氣象廳報告有颱風來襲，昨夜風雨交作，然報載今日尚未登陸，須明日始可知其是否不致轉向吹向本島，乃今日下午安全分署對每一職員發出通告，為廿四小時颱風來襲，今晚九時將有風暴，事實上全不如此，亦可怪也。

集會

今晚在台大醫院開研究院小組會，由組長高化臣招待晚飯，並改選杜春英為下屆召集人。

6 月 26 日　星期三　晴

職務

繼續至生產力中心查帳，本欲開始查一九五七年之帳務，因對於方始查完之一九五六年帳所發生之問題須一一向經辦人員查詢，費去時間太多，故上午未及開始，上項問題即昨日所記者，今日其經手人陳彬一一查卷為余解釋，下午本欲開始一九五七年之傳票（帳簿正在登帳使用，故擬俟對傳票發生疑問時始行核對），又因向徐克仁會計查詢一九五六年度之美金援款部分內之 PIO/T、PIO/C 等使用到達情形費去若干時間，以致不果，余又因一九五六年度內有一千六百九十元之存出保證金始終掛在帳上不予結束，且結轉至一九五七年度，處理方式有問題而向徐君說明改記之方式而費去甚多時間。蓋一九五六年度之存出保證金已經在結束報告時作為支出，並未解繳美援會而再由五七年度援款內列支，此項方式亦自可用，但須作為財產性質之支出而記入財產帳內，此項財產非至全案最後結束即繼續存在使用，此乃政府會計中之特殊問題，不可以結轉方式混入次年度作為期初之財產也，但該中心已經仿照商業會計方式處理，且帳列解釋美援會一九五六年度餘款數亦與實際不符，余乃將如何轉帳使其兩年度不相套搭之方式加以說明，彼連連首肯而去云。

6月27日　星期四　晴

職務

　　續到生產力中心查帳，開始看一九五七年傳票，已將七、八兩個月份者看過，該中心自換新年度以後即逐漸增加人員擴大開支，而支用最多者厥為廣告印刷等，而尚有於八月間舉行之高級企業管理計劃之 Hansen 與 Falls 兩哈佛大學教授過此演講一天，亦為支用較多之項目。最近修正之 George Fry and Associates 經費查帳報告附表一件核算各顧問 Quarters Allowance 限度曾根據劉允中主任之資料，將本年二月份之美金折合率改為一比三十四元，三月份則改三十五元，並將全表與報告文內引證數字方面均已照改，今日全文已經打字完畢，傍晚下班時劉主任突問是否已經打好，謂二月份之優惠匯率三十四元彼係由本處會計主管張秀棠處得來，現在美援會發出通函謂此項限度自二月份起改照優惠匯率計算 Quarters Allowance 之限度，其比例自二月份起為一比三十五，六月份為一比三十四云云，彼憶及上項報告第一次送 Baranson 批註改用優惠匯率本已寫明二月起為三十五元，今均已照二月份三十四元算，三月份三十五元算，顯然張君所供給之數字有再加證明之必要，於是二人同往訪 Baranson 查詢，竟證明為二月份起已為三十五元，劉君意本應充分設法修改，余告以已經打好，彼又主作罷，蓋蠟紙打字雖可修改，然太多是否可行，大成問題，迨下班後，稽核方面資深人員陸慧禪君語余，既已知有修改之必要，總以能及時加以修改為妥，否則時過境遷，將來有人發現此項錯誤而加以追詢時，負直接責任者仍為起草報告之人，彼供給錯誤資料者無與也，余深韙其說，決定盡最大之可能明晨開始修改之。（此日記乃事後所寫，至次晨上班時立即與主管打字印刷之歐陽瑞麗相商，彼因此件報告為時已久，George Fry 之人員月底約滿即行，故希望今晚發出，表示恐甚不易，及以電話詢問印製方面人員，則謂已經印成，只待訂本，乃將初議作罷，此事延誤之原因，第一次在余見 Baranson 批註時詢劉允中主任二月份究採何率，彼堅主三十四元，余即未再詢其他方面（如台銀之類），第二次余早見美援會通函，然對於匯率只當時略有疑問，且詢之劉君無何反響後即未再深究，設彼時再加注意，或已有補救亦未可知，足見做事細心而外，尚

須多用思索，由懷疑中防止僨事之發生，乃極為重要之
一著也。）

娛樂

晚，率紹寧到愛國戲院看電影（鹿苑長春，原名
Yearling），由格列格列皮克與珍蕙曼及另一童星主
演，故事與小說中者相同，片長二小時半，刻劃人情味
十分感人，實佳構也。

6月28日　星期五　晴有陣雨

職務

上半年今日已為最後之工作日，今日劉允中主任語
余，刻已排定七月份之 work schedule，仍照上半年之安
排，余到軍事工程委員會（MCC）長駐，故希望與另
外所派之曹、繆二人準備先行著手辦理有關軍事工程之
Follow-up，傍晚渠又告余，此表送至 Johnson 處有所改
動，仍將余改回退除役官兵就業輔導委員會，與固有之
胡、徐二君合作，余又聞之胡君云，Johnson 之意，余
兩月來與黃君對調，完全在更換新人往查東西橫貫公路
之工程，今此事已經完畢，自當恢復原狀，其實以前調
動乃 Baranson 對彼之一種成見，今彼又主恢復，實為
一種恢復心理上之缺憾之道也，至於 Baranson 有無再
改之可能，固尚在不可知之數也。退除役官兵輔導委員
會函美援會希望在 Fry 公司人員宿舍離去退租時，對於
所增設備按一年七折、二年五折之標準洽由房東收購，
中文副本送之本處，譯文甚簡，會計長 Baranson 批註
詢問是否指房屋設備改良而言，有何意見，劉允中主任

原交余與胡家爵君同核，余寫兩句認為可以同意，胡君加一句認為應責成其在收購前將品名價格報核，劉君又加一句，謂須俟核定後（指美援會與安全分署二方）始可照辦，router 寫成後送之 Johnson 核轉，彼將二人所加，全部刪去，可見凡事見仁見智，未能強同也。續到生產力中心查帳，已將一九五七年度上半年、一九五六七至十二月查完。

6月29日　星期六　晴下午雨
瑣記

今日休假，照料雜事，上午因日昨紹寧將玻璃糖罐打破，乃到肆上重購一隻，並至空軍福利社買砂糖，又因上月之統一發票有一張末尾號碼二字得獎，曾到其他合作金庫代理處換獎均不肯給，乃於今日至該總庫換到，惟依過去經驗，等於又付之東流矣。下午，將月來所整理之書報中有需更加處理者取出，其一為本月份報紙先行開始剪存，只餘明日一天至明晚再行補辦即可，其二為去年全年之國語日報所附古今文選，照以往習慣每年裝訂一本，乃亦裝訂成冊，以便省覽，最困難者為陽明山莊之實踐週刊數百冊，既不能廢棄，存之亦無用處。

6月30日　星期日　晴
師友

下午，廖毅宏兄夫婦來訪，閒談。下午，黃海水產公司王馨山會計來訪，係為商談其最近向台灣水產公司

買進漁船一對之手續問題：（1）據云此一對船之買價
為七十一萬元，買之於水產公司部分股東代表已經先向
公司分得者，賣方為避免印花稅，認為可用出讓水產公
司股票方式訂約，余認為既未必能逃印花稅，且約內情
形與事實不符，將多不便；（2）此船曾與水產公司由
農林公司移轉民營時連同他船押款，長期、息低，兩船
為二十一萬元，為向台銀繼續欠借，問余以何手續往洽
最妥，余告以須看原來承借及賣方取得船權時間台銀如
何聲明而定。

7月1日 星期一 晴

職務

整日到生產力中心繼續查帳，已由一九五七年度開始，亦即自一九五六年七月一日開始，今日因工作時間較長，意在趕工，故全日看完一、二、三月份，該中心之傳票日見增加，此三個月者幾乎比上年度之半年者尚多，惟業務增加尚不足語於同等之速度，所增者不過因人員日多而旅費、醫藥費等成比例的增加而已，又該中心忽然由英文傳票改印為中文傳票，而製票之時仍用英文，傳票上又加設庫存現金與銀行現金等說明欄，更將支付傳票上加印有領款人與領款年月日等字樣，事實上又不一定記載，不知其用意何在也。今日又補核若干購置之木器、打字機、油印機比價文件之未附入傳票者，因保管甚為凌亂，故審核頗費時間焉。

師友

昨晚朱興良兄來訪，係由台中來此，贈大甲席一張，余約於今晚來寓吃飯，傍晚到所住愛國西路三十號再行面邀，留字，回寓後移時即來，據談此來為活動大學教授證件，準備至台中農學院授課，設教育生涯有興趣時，即將設法脫離彰化銀行云，又談所住房屋仍為安徽農產公司移交於裕台公司所有，裕台不斷納租，最近市政府有限期出售之說，究應如何承購，以及由誰承購，必須與此間之裕台公司接洽。

師友（補昨）

晚，丁暄曾君來訪，談已辭去國防部職務，將任職土地銀行云。

7月2日　星期二　晴

職務

　　續將生產力中心之一九五七年度傳票審核至本年五月底，同時應該中心之請，稍緩數日再行審核六月份之傳票，因六月三十日之帳至今未完全理清，且有未完結之帳須待七月初繼續支付也，余允其請，但囑從速將帳簿交余審核，並將一九五七年未能及時記載完善之財產帳亦早日補齊，以憑早日續查云。秋季之工作預定表於今日發出，已將余調回退除役官兵就業輔導會共同進行查帳，今日又舉行 Staff Meeting，劉允中主任散會後發牢騷，謂會計長 Baranson 發言，將明查暗訪，若有稽核員出外查帳有惰怠工作或接受招待情事，決不寬貸，言下視華籍人員如盜賊，而不知接受招待或兒戲其事者皆美籍人員也云。

體質

　　安全分署醫務室通知作預防注射，余於今日下午前往，首先注射破傷風疫苗半 cc，謂須一個月後再注射第二次，又種牛痘一顆，並試驗血型為 □ 型，此數者余只有破傷風疫苗向未注射，外間作此注射之衛生機關並不多云。今日特感左足踵麻木痛疼，為一兩月來所無，下午亟請林碧娥助產士為注射維他命 Complex 1cc。

師友

　　丁暄曾君來訪，託為其出具證明在台北市第七倉庫利用合作社服務之證件，俾向土地銀行敘俸。

7月3日　星期三　晴
職務

　　續查中國生產力中心帳務，已查至本年五月底止，因據該中心會計主管人云，六月份帳目尚須數日始得結清，希望稍緩再行續查，故先告一段落，數日來所查五七年度之帳係完全為傳票及單據之審核，今日乃將其所記序時帳與分類帳補助帳亦加以審核，發覺總帳與補助帳有不甚相符之處，其原因何在尚待續查云。截至今日為止，所查之生產力中心帳乃全係關於使用相對基金之部分，另有關於美金器材、美金技術（PIO/C、PIO/T、PIO/P 等）之援款在普通為本處 End-use Section 部分之事，因此次只余一人擔任，故 PIO 有若干，及號碼為何，據此再行向會計處會計部分查詢華盛頓方面實際撥支若干，此等數字須寫入報告以供參考云。東西橫貫公路測量報告，前經余與胡家爵君二人撰寫後，被 Baranson 核改後又作廢，派三人重查，二度報告今日被 Baranson 核定，認為極佳，將來且垂為定式云云，當時被陷入極度難堪之境之 Audit Section Chief Johnson 報以冷笑，他人亦引為笑談，因內容與前次所報告者大同小異也，西洋人之任性一至於此。

師友

　　晚，同德芳到羅斯福路張中寧兄家訪問，探詢其子女就學情形，便中訪鄒馨棣會計師不遇。

7月4日　星期四　晴下午陣雨

師友

　　上午，到交通銀行訪王慕堂兄，託轉告陳舜畊兄，余已向吳先培兄處詢明其出口茶葉免結外匯部分所得之美金匯票頗有人願買，其價格較之市面美鈔黑市略低百分之一、二，王兄允即轉達。

瑣記

　　今日為美國獨立紀念日，安全分署休假一日，余在寓無事，將到署服務以前所得之美援會出版「中美合作經援概要」與在光復大陸設計研究委員會所得之美援會秘書長王蓬報告文件加以複閱，頗有溫故知新之效，蓋此二項文件行文極其簡單，如在明晰其內容前閱讀，只有極膚淺之似是而非之概念，如在參加若干實務工作再行披覽，又知其文內若干引述者確實有所指陳，而將實務工作中所得之雜亂而無系統的事實化為有系統有章法，如此殊可有相互發明之效也。

閱讀

　　本月份學生英語文摘有引述 M. Cram 云："Being happy, once it is realized as a duty and established as a habit, opens doors into unimaginable gardens thronged with grateful friends." 又 R. L. Stevenson 云："There is no duty we underrate so much as the duty of being happy." 此二語皆指出快樂之重要及如何入快樂之門，可深加體驗也。

7月5日 星期五 晴下午雨

職務

　　續到生產力中心查帳，今日暫時將審核帳面之工作停止，全日用於點查其財產，大概情形如下：（1）財產之登記與會計部門之財產帳之記載有時戶不相謀，至若干非財產項目在管理財產人員有時認為財產，結果雙方餘額非經年度終了核對調整，不能得知全部情形及是否正確，（2）財產之一為器具，均訂有名牌號碼，惜點查數次，始實際相符，（3）另一為用品及什項設備，因同類者較少，故只根據帳列一望而知，（4）另一為書籍，總收號係按中、日、英三類分別編排，購買與贈與混同，欲知何者為美援款所買竟須一一分析始可，無已只好抽查了事，（5）另一為美金 PIO 項下之器材書籍，所列不多，乃一一點查，俱屬相符。

集會

　　晚，到女師附小幼稚園出席家長會，由園主任李錦廉報告此次畢業生均由學校交涉准予直升小學，只有十餘名因年齡不足六歲無法升入小學，附小校長允予俟學區內學生有不報到者，必通知不足年齡之幼稚園學生遞補云，繼討論畢業生紀念品問題，決定每生基本數四十元，共一百五十名，除買電唱機一架外，其餘買禮券向十一位老師表示敬意。

瑣記

　　下午同樓有鍾兄同到中本公司訪其友人周唐專員，託買花呢西裝料，並立即定做。

7月6日　星期六　晴

瑣記

　　幼稚園即將畢業之紹彭兒，據昨晚其教師表示，在懇親會表演會中須著白衫、白褲與白鞋襪，現已備妥，只餘白褲一種，校中認為其已有之腰紮皮帶方式者不合規定，須用腰中為鬆緊帶方式者，余於今晨到衡陽路、博愛路等店購買，多數皆無白布製成，只有一家有之，而尺碼較大者則須後日始有，於是只買白襯褲一件以備萬不得已時用，歸時適紹南同學楊秀卿女士在余家，聞知此事，謂其弟去年曾在幼稚園做過此種白褲，乃回家取來借用，一試果然合適，所謂踏破鐵鞋無覓處，得來全不費功夫也。今日到國民大會秘書處支取本月份待遇，本在上月接通知凡去年建屋貸款只領第一、二期而未續領者，統自七月份起每月扣回六百元本息，旋接三代表通知開會，認為只用第一、二期貸款者，皆係因建築材料帳價不敷應用，而委託國民住宅興建委員會代建又一直不得要領，今遽然扣款，殊不合理，爰定期集議對抗辦法，余因時間衝突，且建屋雖亦因委託代建未能洽妥而中途停止，然不能全部責任推之國民住宅興建委員會，故未往開會，今日往領款時並未代扣，可見必係前次會議採取行動之結果，政府處事毫無準則，亦難怪有此不肯就範之民意代表也。為紹南到青年救國團報名參加英語會話班，係高級，由外籍教師擔任。

7月7日　星期日　晴

集會

　　上午，到女子師範大禮堂參加附小幼稚園畢業典禮與懇親會，預定九時開始，余先率紹彭前往，以免紹彭以畢業生資格有遲到之事，然後德芳亦率紹寧、紹因兩女至，典禮開始時由附小校長柳子德主席，報告後有家長會代表致詞，幼稚園教職員代表致詞，小朋友致歡送詞，畢業班代表致答詞，全體畢業生唱畢業歌等，然後懇親會開始，由各班小朋友表演游藝十八、九項，紹彭擔任其中最講公德者一劇中分子之一，全部游藝直至十二時始散。下午，到逄化文兄家參加枋寮買地各人之小組會，出席者為王立哉、童秀明、逄兄及余，缺席者李鴻超，討論事項為應早日召集全體會議，至於結束事項一致決定所有費用應照各人所有權狀之實際面積按比例負擔，對於李鴻超之主張謂各段土地所出公巷因地大小不一，應除出後始為各人淨得面積一節，認為不必考慮，因此項問題乃拈鬮分配以前所應考慮之問題，如現在重提，對於以前所有決定無異全部推翻，為公眾計，此非顧全大體之道也，又提及各人買地之初，係各按二百坪出資，共計二千坪，但測丈面積實得1971坪，而將來各人因面積有所出入須按市價找算差額，其基本面積應為 197.1 坪，其中每人少得二坪九分之地，須先找回原價，然後始照基本面積按市價找算云。

7月8日　星期一　晴下午大雨
職務

今日續到生產力中心查帳，所查其所謂捐款帳（contribution account），其實包括捐助收入與業務收入及一切較為特殊之支出，換言之即包括相對基金以外之一切收支也，此等帳目本無細查之必要，只因相對基金帳內有兩筆為數不少之支出，一在出版費用帳內，一在訓練費用帳內，俱無單據，所以然之故，乃因原在 B 類款項帳（contribution account）內動支，後化散為整，按總數轉入相對基金帳，故欲知其內容有無浮濫，必須追查 B 類款項帳也。結果頗有少數不得動支之費用因而發現，故查帳乃劍及履及之事，絲毫不應有何疏漏也。生產力中心乃一極特殊之機構，誕生時全靠美援，而謂五年內須能自立，一九五七年度乃第二年，費用全得自相對基金，但亦有少數收入得自工業界之諮詢或刊物之發售等，五七年預算此等收入有十萬元左右，而支出則用於相對基金不許支用之項目如酒食等類，余分析其收支，知凡可用相對基金負擔者，皆已儘量移歸相對基金，結果如訓練員及出版費皆由相對基金負擔成本，而刊物售價與訓練收益則皆收入 B 帳內以供種種富於奢侈性之開支，結果該中心何項業務可以自供，何項不能自給，在混淆狀態殊不能一望而知，未免欠妥也。

7月9日　星期二　晴
職務

上午，承辦臨時指定之查帳工作，有自稱 E. C. Wong

者以英文信向 Baranson 會計長告發謂國立政治大學之
承建美援工程新中國工程打撈公司有訂約後轉包牟利之
事，Baranson 批交 Johnson 派員調查，余因先悉此案已
經接到密告一次，謂該校對美援工程不公開招標，只約
三家公營營造廠比價，有違機會平等之旨，經樓有鍾兄
往查認為並無不合規定之處，而 Baranson 改為廢棄比
價重新招標，但公文發出後尚無反響，余先到美援會訪
馮君，只告余已將此公文轉政大，尚未獲復，又到新中
國打撈公司，營建部無人接談，乃訪蔣會計處長，據云
此項美援工程尚未訂約，但事實上營建部已在著手，在
會計方面既未收到工款，亦未支付工款，或有支付則在
營建部備用金內為之，容再查詢，繼乃長談工程方面比
價投標等經緯，余以旁敲側擊方式，欲獲悉有無其他營
造廠受託亦做此工程，由其所述平素施工等情形觀之，
並未有以工程轉包他人之事。下午到政治大學先後訪會
計主任葉叢新兄、總務長項昌權等，詢接美援會函後如
何對象，據云契約已延緩簽訂，一面趕復請再加考慮以
免誤事，至於工程方面則尚有二契約為出之國家預算
者，早於六月二十日一齊動工，至其是否轉包，照目前
觀察尚無跡象云。

7月10日　星期三　晴晚雷雨

職務

　　上午續到新中國工程打撈公司營建部訪問其負責
人，俾由談話中對其承包政治大學美援工程之實際狀況
與有無轉包有所明瞭，余始終未明言告發者為告發轉

包，只謂仍係前次告發比價不公開，此來係調查該契約當事人之近情。今日談話者為營建部課長駱君，據云彼承辦此工程實無利可圖，但如重起爐灶，無論彼是否得標均將因價格再變而貽美國人以不良印象，余詢其實際施工情形，據云任何工程簽訂合約，即須從事雇用工人，買進材料，政大工程所用工人已經覓定，此等工人將由工頭率領而由公司監工監督，其報酬支付方式或以工頭為對象或以全體工人為對象點工付款，初無一成不變之理，但亦有必須轉包者即水電工程，雖材料仍係自買，只向水電行包用人工而已云云，此種情形根本與所謂轉包之定義有關，如謂將木工責之木工頭，磚工鋼筋工責之磚工鋼筋工頭，亦必謂為轉包，則任何工程皆難免有轉包之事實，又打撈公司方面表示決不願轉包民營廠商，因公營民營水火不相容納，實無勾結合作之理也，此語亦可作參考。

瑣記

所用 Minerva Tropic Master 收音機之長短度轉換柄不靈，常常不能聽打，報載有出門修理者，今日約來換新，但似收費稍貴耳。

7月11日　星期四　晴
職務

新中國打撈工程公司被密告轉包工程一案，昨日下午即將報告寫成，送之劉允中主任，彼移時送還，謂另編一號，不必作為前次樓君所查一案之 Follow-up Audit 也，其實余本不欲作 Follow-up，只因前日劉君告余須用 Follow-up 之格式，余今日即照該項格式寫成，不料劉君昨日將近下班時略一審視即行送還，謂此案情形與前一報告所含者似同實異，不必以之作 Follow-up 也，余乃於今晨正式照普通查帳格式重新寫報告一件，尚不知能否不被修改也。兩天半來以全副時間用於此項專案之調查，至今日下午始行告一段落，乃到生產力中心繼續兩週來未了之工作，首先與秘書陳彬討論此次查帳能否包括至六月底，據云未付之款雖已甚少，但原則上須等至月底始可將 Final Report 作出，余因不欲多所等候，當決定此次查帳即以五月底為截止日期焉。在生產力中心又查核其自有之捐款帳的收支情形，並囑其經手人將餘額抄出以備查考。此外有總帳餘額與補助帳不相符者，亦有財產帳所列數目為六月而財務帳則只計及五月，以致發生差額者，均經一一加以核對改正，至此帳上之誤點均獲改正矣。該中心未做之工作只餘財產登記，中文書籍未能隨時與帳上付款相對照矣。

7月12日　星期五　晴
職務

三日來所查國立政治大學與中國工程打撈公司之合同轉包問題，將查帳報告重寫為一獨立的交之於劉允中主任，今日彼將稿核閱一過後，又細審會計長 Baranson 之原批，有提及前次查帳報告之字樣，於是詢余昨日所作之初稿用 Follow-up Report 格式者是否尚在，余因日昨未於重寫後將固有者毀棄，於是亦尋出交其竝閱，彼乃決定仍用第一次稿，而昨日重寫之時間化於虛擲矣，安全分署內之事務，至少會計處內往往如此，至於第一次稿內所述該項合約尚未簽訂，工地只有準備工作，是否有轉包情事尚言之過早，余所用文字為 "It seems too early to find out whether the constructor will sub-contract the work to others." 稍嫌累贅，劉君改為 "It seems too early to look into the sub-contract phase." 比較簡練，此稿送 Johnson 後，彼又向余略有詢問並加潤色，未言其他，諒已照轉矣。到生產力中心將剔除事項之傳票號碼等重加核對以免有誤，並面囑其中曾發覺一次咖啡及宴席捐數十元自動收回，查帳報告中不復提及。

瑣記

晚，到信義路三段志行補習班訪王景歧君，將半年前溢交學費索回三十元，並表示如續開此班，仍願參加並再繳費。

7月13日　星期六　晴下午大雨

瑣記

今日休假，上午出門購買用物並到國大黨團幹事會翻閱雜誌報章，歸，德芳告余，張中寧兄之子緒心曾來辭行，云於四、五日內赴美，手續已經辦好，計劃赴米蘇里新聞學院讀碩士，然後再轉他校讀政治。此子好活動，有偏才，極似乃父，在校時曾由其父母向余與德芳表示對紹南有愛慕之忱，余等因紹南對此等事不欲早談致廢學業，自此形跡漸疏，然未以此而使固有之友誼受甚大之影響也。上午，到交通銀行訪王慕堂兄，因未見其在辦公室及宿舍，乃將其紐約來託轉信一件由門下遞進而辭出。

娛樂

　　晚，古亭區之第七區黨部以民眾服務站名義辦游藝晚會於三軍球場，事先由區分部小組轉發來入場券三張，乃於晚七時由余及德芳率紹中、紹寧、紹因、紹彭同往觀賞，該場正門上為一區，下為五區，對面為二、六區，兩側三、四區，余等持一區票，因太高遠，故改坐於四區向內接近五區之處，會由八時開始，大部分為歌女所唱之流行歌曲，其中間以各舞蹈研究所兒童之舞蹈，有芭蕾舞但尚不甚純熟，最佳之一節為某小姐著中裝衣褲演出之芭蕾舞，幾乎終場以足尖運動，而進退疾徐，無不自如，身段表情，俱稱敏活，此外則穿插一兩段口技滑稽等，無足稱焉，十時半散。

7月14日　星期日　晴
閱讀

　　數日來乘暇閱方丁平作小說「紫雲傳」，共上下二冊，每冊約十二章，共二百五十頁，此書以孔紫雲為線索寫出若干在抗戰期間發生之事故，並穿插若干采風見聞，僅就下冊而論，寫抗戰中河內、海防之戰時景色，又寫巴黎之色情市場，甚至某種女性某種價格均一一說明，如數家珍，又寫日本利用使領館與女性從事情報工作，又寫羅馬可用現金買真正的博士文憑，而最不堪者則為薛金壽一再騙女性之財色，結果在作漢奸任務中由同船之兩女性輪流玩弄，到達香港時為孔紫雲偵知上船迎接，薛上前一見之即投海而亡，又寫孔紫雲負中國政府使命在港買軍火，以賣弄風情而獲得廉價之合同，又寫勝利前夕重慶之景色，人心之不死，頗具歷史性，而最別開生面者則為末章「掌上有明珠可續餘韻風流」，假定為孔紫雲之女由美國來台北與作者相晤，其描寫對象則為飛機場達官貴人迎接洋人之形形色色，字裡行間盡挖苦諷刺之能事，此章前段幾乎與其全書情調大不相同，蓋其全書穿插男女社會瑣事，與前寫金樓韻事之布局與手法無甚大之區別，獨有此段滑稽突梯，頗似當年老舍之作品，作者如能由此方向發展，其創作庶可有新的路向可資發展也。

7月15日　星期一　晴

職務

今日本已準備起草生產力中心之查帳報告，乃又有臨時工作處理，故又延緩。今日之臨時工作為因建設廳承辦之台北、高雄兩市區道路改善工程，相對基金允撥二千五百萬元，現在年度已經告終，而 AD/O 部分查得尚未用款，乃函美援會請轉該廳，速將年底一九五七年度 deadline 以前之實際數目查明，以便確知 obligation 數與可以 de-obligation 數目，此文之副本送會計處參考，Baranson 批云請向對方查明詳數具報彼本人核辦，劉允中主任見到此批之後，先問 AD/O 款已用過若干，答謂完全未用，於是交余先到美援會查詢，知第一批款已付五百萬元，又到建設廳工程總隊訪會計主任韓君與美援工程處副處長莫君，以該項問題見詢，據云原計劃需三千萬元，因其中有基隆河橋工程費四百萬

餘元須待冬後枯水始能動工，故請美援會發 CEA 二千
五百萬元，余乃囑其草擬一項說明，知此項需要之根
據，送本處核辦云。

瑣記

　　廁所間之門上開關損毀，數日來夜間無燈，日間又
無時間修理，今日頗有颱風波及，恐晚間不便，乃取下
開關修理，但仍不明，於是到市上買新開關換裝，仍然
不明，是知燈泡已壞，開關或已修好亦未可知，然只好
任現狀為準矣，無經驗之事，往往如此。

7 月 16 日　星期二　晴

職務

　　全日從事於生產力中心查帳報告之資料整理工作，
緣余在查帳時所記之事項多供參考之用，多半不必列
入報告，依照規定報告內所列事項須能在 work papers
內找到詳細之根據，而 work papers 須依序詳細作成，
為使報告有充分之根據，乃於今日先將 work papers 寫
好。今日有一細事，然為之不愉快者良久，緣陸慧禪君
查核歷年 Small Industry Loan 之查帳經過，發覺余去年
查過之厚生橡膠廠一九五五年度帳已經滿意結束，而
五四年度之貸款帳反懸置未理，謂余有所遺漏，余查閱
原有資料，知當時同往之 AD/O 人員力言五四年度已
由沐松濤稽核查過且已 close，問之沐君，沐君將其所
查之 work paper 交余一併處理，余見只有五五年度之援
款查過一半，余乃接其未查部分繼續工作，洎草擬報告
時則根據 AD/I 之初稿，其中亦寫五四年度早已結束，

余乃以此為範圍撰寫報告，陸君云不可輕聽人言，且不
可此疆彼界，不用他人已查之成果加入報告，余聞其言
殆全屬無的放矢，況余承辦此案之時，在到達安全分署
工作後一星期，除彼等告余如何從事者外，其餘一概不
知，果須如陸君所云之無限制的叮嚀照顧，彼又何不在
當時亦告余此點乎？

師友

　　張中寧兄之長子即將赴美留學，前日曾來辭行，今
晚與德芳出外買繡花、領帶、拖鞋各一為贈。

7月17日　星期三　晴晚陣雨

職務

　　查核生產力中心帳目之 work papers 已經寫作就
緒，其中有一問題不能解決，即該中心支付職員醫務費
之問題，該中心仿照工業委員會例支出醫藥費，而不問
何病、何醫、何藥，只係職員或其配偶直系親屬，皆可
照付，如此浮濫，殊為不妥，但其預算內列有此一項
目，又似名正言順，余乃詢之他人，以明各機關此類醫
藥費之現情，又往詢美援會關係人員，結果知美援會及
經濟安定委員會均從去年十一月份起奉令停支醫藥費，
最近安全分署又函知美援會轉知工業委員會按上項日期
停支，是支用援款之經費者已無支領醫藥費之根據，該
中心自不應獨異，然在未奉令明文停支以前，該中心依
據成規已支者又不便遽行剔除，去取之間殊難斟酌至
當，無已，決定建議通知其立即停支云。水資源統一規
劃委員會因請將美援聘六專家來任顧問，對於編定預算

與準備外人之飲食起居等事大費周章，特來請詢有關事項，余因查過 Geo. Fry 之帳，情形相近，乃為之大體解說，然亦不能詳盡，最後建議其一切事項多與美援會連繫合作，庶不致誤。

家事

兒女輩今年離校者有紹南畢業於台大商學系，紹彭畢業於女師附小幼稚園，後者直升小學，前者則醞釀多日之留校任助教事甫於今日確定云。

7 月 18 日　星期四　晴下午雨

職務

全日用於起草生產力中心之查帳報告，全文分為四部分（指主要部分 Findings），今日寫成其中之三段，第一段為 Accounting system，敘述該中心將三種基金 Counterpart fund, business revenue fund, and trust fund 之收支處理如何分別記帳及記帳之程序，此部在本報告內較為重要，因查帳除例行意義外，尚有根據該中心美籍顧問之請求注意其會計制度亦為重要原因也，第二段為 Project fund status，除將一九五六、一九五七兩會計年度之收支結存情形列出外，並寫出與預算科目相比較之結果，第三段為 Disacceptance items，又分旅費內航空建設捐，薪俸內年終獎金溢支，及醫藥費今後應不再支等三項，第三項因該中心支用醫藥費太過浮濫，但未超過預算，亦未溢出該中心所定補助辦法範圍之外，然其學步之美援會與工業委員會則已停支，該中心不能獨外也，余對此點不願激烈追溯已往，故主停支。

師友

　　同事葉于鑫與其自有房屋之地主因加租發生糾紛，
託余為其介紹律師代理調解與訴訟，余為之介紹李崟高
律師，下午偕同往訪，關於公費一節余問李律師數次，
彼均云稍待，余乃與葉君約訂待下星期再問。晚，張中
寧約宴，在座尚有巴壺天夫婦、朱耀祖夫婦等。

7月19日　星期五　晴

職務

　　上午，將生產力中心查帳報告於午前寫完，今日
所寫為 Findings 第四段關於財產物品之管理，認為器具
設備與物品之管理皆極充分，獨圖書一項則因與自購
及贈送而來之書籍混合登記，認為不夠充分，應另有
單獨設置之登記簿，以便查考，此段寫完後即依據所
有 Findings 之內容寫 Recommendations，共有三項，一
為追繳航空建設捐及超支之年終獎金，二為即日廢支醫
藥費，三為設置圖書特別登記簿，記載相對基金所購出
版物。此次查帳報告本擬將該中心所獲美金援助部分亦
一併列入，但經過若干日之核對追查，美金支用部分
之 PIO 開出數目已知，而華盛頓支用數目報來者則太
過落後，且甚多物品已到而尚未見帳單者，即已到物品
亦多有不明原價，在美援會與生產力中心均無法查明
者，適又見該中心以前曾初次申請查帳函內謂只須查台
幣部分，於是美金部分即未在報告內提及矣。星期一
臨時承辦之建設廳工程總隊查詢該隊承辦之都市道路
改良美援用款，截至年底為止究應有若干之 obligations

屬於一九五七年度預算內開支，今日該隊主計室韓主
任已將所製之估計表送來，分析甚詳，因係急件，乃
於下午寫 router 一件，將接洽經過報明，送 Johnson 轉
Baranson。

7 月 20 日　星期六　晴
業務
　　日昨接林產管理局新任陳主任秘書電話，請對於林
業員工互助協會之清理事宜有面談機會，余乃允於今日
上午面晤，今日如時前往，余將以前訂約承辦此案之經
過與辦理進度及停頓逾年之癥結所在加以說明，彼謂現
在接共濟組合員來文謂已向法院起訴，陳君意此案所以
遷延不結，只是技術問題，並非立場不同，大可不必採
此行動，余告以或只是一種姿態，俾局方易於請作梗之
財政廳早日解決而已，但陳君則云此案財廳已不堅持，
現在只是向內政部請求解釋即將改組互助協會為職工福
利社，是否仍能取得法人資格承繼財產，且已再三催內
政部早辦，故目前絕非可以爭訟方式解決者云，談半小
時辭出，彼對案情大體了解，而對於目前狀態比余所知
者為更多，不知何以須約余多此一談，若疑心各組合員
延請律師乃由余策動者，則更不切近事實，意者在明瞭
以前訂約委辦之經過，以驗經辦員林慶華君所報告者是
否實在歟？
師友
　　晚，同事胡重仁君之內弟羅君來訪，謂胡君病臥十
餘日，中心診所治療似不甚得要領，但現以斷定為肋膜

炎，甚為纏綿，有意赴台大醫院住院，而恐無病房，請余轉託該院會計主任許華振兄設法云。

7月21日　星期日　晴

師友

　　昨日胡重仁兄之內弟羅君來託轉託台大醫院會計主任許華振兄為其設法住院治療，今晨即赴溫州街訪許兄，據云此項病房問題為該院最嚴重之問題，台大校長曾因送院問題將主管醫師調換，最近美援會之趙既昌副處長亦送病人住院，因係急症，無法住院亦無法等待，最後改送他院動手術，余乃託其明晨辦公時與胡兄家屬接觸後再行盡力設法云。到胡重仁兄家探視其病情，並面告以與許華振兄洽談住院問題之情形，請其明晨先行掛號就診，如醫師認為有住院必要而無病房時，即持余留好之介紹片到會計室訪許兄為之設法，據許兄云可不必限於二等，因不易有空缺可得也，胡兄云其病症下午即劇，且始終不能退燒，中心診所不肯表示是否需要住院，似不甚負責。晚，楊孝先氏來訪，云由宜蘭頭城來此已三天，行前將重要物件加以整理集中於一皮箱及一皮包內，入夜竟被雙雙竊去，損失二萬餘元，雖已報警，未必有何結果，至楊氏本人出處問題，據談此事最費周章，其外孫車君本勸其不必再至頭城教書，楊氏本人則不能有所決定，自云在頭城中學功課甚輕，而地僻便於休養，結果恐仍須先回云。

娛樂

　　上午到第一劇場看電影，片為聯美出品露露貝吉黛主演空中飛人，場面驚險，攝影逼真。

7月22日　星期一　晴
職務

　　今日將中國生產力中心之查帳報告加以最後潤色，即送劉允中主任核轉，移時送回，謂須按 PPA Basis 加以補充，所謂 PPA Basis，謂凡屬此一 PPA 範圍之援款不問為實物、現金，現金內不問台幣或美金，皆在查帳範圍之內，此點並非獨創，凡查帳例由 Audit Section 與 End-use Section 兩方派人會同辦理，前者所查為相對基金用款，後者所查為實物與美金等之物資狀態，此為載在 SOP（Standard Operating Procedure）列舉甚明者，現在查帳則往往不會同 End-use Section 行之，於是包攬全部而名之曰 PPA Basis，余初次為之，遭遇之困難太多，最重要者為美金部分之已知情形不能互相對照加以敘述，例如已發出 PIO 之數目固可由主管部分查出，而已經支用之數則不能在會計部分獲得完全記錄，至於物資之已到達者則又只能查出其品名數量，而價格則又不能獲知，故為免由不完全之敘述而更滋生疑問，經根本加以刪除，且當初申請查帳之 Chief Advisor Stark 函內亦寫明只要求對相對基金為之，竟不知不能由此道而行也。

師友

　　晚，徐嘉禾兄來閒談，謂其服務之國軍退除役官兵就業輔導委員會用人太多，立法院、行政院對於預算編制均不通過，正預備裁減人員云。

7月23日　星期二　晴

職務

　　按照查帳之 on PPA basis 原則，重新將所得之生產力中心美金部分資料加以整理，不問有用無用，均一一看過，亦不管有用無用，重新將未訪問之部分加以訪問，對象之一為美援技術合作委員會，所謂 USATAC，即在 Mission 樓下，乃係與美援會合作之機關，往與接洽之目的為核對其所經管之出國考察經費支用情形，按生產力中心在一九五六年度選送赴美考察人員三人，美金用費在美支用，此間不之知，台幣部分由援款與選送單位各負擔半數二萬另五百元，此每人四萬一千元之數即係由 USATAC 所管者，據查已經結束，一九五七年度則有選送二起，各五人，其中五人為照去年辦法，五人為生產力中心自送，全由援款開支，款已撥到而尚未動用，又三人當時尚須由選送機關就美金費用半數提繳相對基金，此款已否照繳則 USATAC 又不之知矣，尚須另作核對，對象之二為美援會物資處，前已與其中管卡片者核對所到之 PIO/C 物資已到者價格何若而不得要領，今日再向其管理文件部分續行追查有無遺珠可尋，結果仍一無所獲，由是斷定只可就已有之資料勉強撰作報告矣。為充實資料計，以電話向生產力中心查詢出國考察人員之姓名及其他要點。

師友

　　晚到中台旅社訪楊孝先氏，已回宜蘭矣。

7 月 24 日　星期三　晴

職務

　　根據已有之資料著手寫生產力中心使用美援美金部分之查帳報告，及該中心自備台幣業務基金與信託基金部分之查帳報告，此二部分比相對基金部分事實均較簡單，而因蒐集資料之範圍比較廣闊，故不易就已知之資料敘述賅括而無遺漏，尤以美金部分為然，關於此部分余先列一總表，首欄為 PIO/C、PIO/P、PIO/T 等之號碼，次欄為簽出 PIO 之美金金額，本應另有第三欄寫出已到貨物之價值，但因已到各品既無 packing list，亦無 invoice，在美援會及該中心根本無法查出價值，遂不立此第三欄，而將到達品名件數與日期另立一表，以免不能對照，至於 PIO/P 則將已派之三批人員，用款若干，受訓人攤認若干（如有），及美金部分須向美援會繳納相對基金者是否已繳，則均一一加以說明，並將其姓名另列一表附後，PIO/T 則為洋顧問五人，其美金用款由華盛頓管理，台幣用款由安全分署統籌支配，均未發 PIO 與 CEA，亦加以說明，另製附表焉，最後寫營業與信託基金，亦略加敘述而製附表。

師友

　　晚，丁暄曾君來辭行，明赴金門土地銀行。晚，逢化文兄來託為其次女保證申請出境赴韓任教。

集會

　　晚，舉行小組會，無議案，只閒談。

7月25日　星期四　晴

職務

　　改寫之生產力中心報告於今日完成，其中所增之美金援款部分與營業及信託基金部分之敘述文字係於昨日寫成，前者冠於相對基金已寫部分之前，後者殿於相對基金大段之後，共成三大段，今日又將相對基金部分之預算與實支比較表刪去，而將大略支出內容加以說明，將表併入附錄之內，此附錄全部為七，一為 PIO/T 項下五顧問之姓名、到達日期、任務表，二為十三出國考察人員之姓名、任務、使命職銜表，三為一九五六年相對基金支用與預算比較表，四為一九五七年度相對基金支用與預算比較表，五為營業基金一九五六年度收支情形表，六為一九五七年度之同表，七為信託基金來源與運用情形表。如此全部報告雖較初稿增加一倍，而本文部分則較初稿增加不多，所以如此，乃根據劉允中主任所告者辦理，彼意有兩點，一為 On PPA Basis 之查帳必須將 PPA 內所載之美援不問其為美金台幣，須兼籌並舉，二為報告內在一般原則上雖必須有預算與實支之比較，但如無十分特殊之情形或無重大刪除事項時，此項比較表可以作一附錄，或逕在卷內存查，只在報告內聲明一句已足，對此二者，余第一點已做到鉅細無遺，連其自有資金亦未漏述，第二點則以為列入附錄隨報告為妥也。

7 月 26 日　星期五　晴

職務

　　上午，將最後定稿之中國生產力中心查帳報告送交劉允中主任，此項報告較預定時間為久，係因美金援款部分雖費甚多之時間，而仍不能得到充分之資料，只得因陋就簡，而行文時乃大費周章也。下午開始閱退除役官兵計劃援款中之臨時醫療計劃，蓋本年第三季之工作余又被支配於退除役官兵就業輔導會也，此計劃為退除役官兵計劃中之用款最多者，預算在一九五六年度即達九千餘萬，目的在使國軍內之不能服役人員計官兵一九八三七員均能退出兵額，使精壯可以補入，就余已看過之文卷觀察，此項用款牽涉較多者為國防部，蓋計劃中之醫藥用款多已由國防部先行供藥，此項藥品聞有若干為無償供給者，於是美方認為移歸退除役計劃內之相當部分，應將原列台幣部分刪去始符實際。以下未閱，不知如何演變。又第一次預算為三個月之用款，其中醫藥部分總數比細數多列二十餘萬元，第二次預算擴充為半年，照原數加倍計列，第三次擴充為一年，更照四倍計列，直至甚久以後始發覺計算之錯誤而加以改正，此等處適見辦理其事者之粗疏也。安全分署會計處之副會計長戈登調離後已有數月，今日新任者 John Vicedomini 到任，在辦公室一一巡迴介紹晤面。

7 月 27 日　星期六　晴

瑣記

　　上午，撰一復函致國民住宅興建委員會，聲明貸款請緩予扣還，緣前年冬向該會貸款建屋，第一次款收到後即買磚，後因自備款接濟不上，建屋事無期延緩至今，兩月前該會通知國民大會秘書處自七月份起每月扣還六百元，但同樣情形者多人開會集議，請予緩扣，於是七月份即未果扣，上週接該會來信，謂如無特別原因仍將照原議扣還，限七月底來函表示，余乃於今日去函說明遲遲不成之原因，一為貸款收到時尚未實施都市計劃，不需建築執照，而因買磚後等候配給水泥，遲遲不能興建，二為其後又逢木材漲價，地方當局要求申請建築執照，而申請改為代建又因磚不易變賣無力繳還第一期款，致至今無法善後，此項理由實際俱不能對抗該會，但其他代表所提理由似乎亦不能更為充分，故函即照發。下午，到合作大樓訪吳崇泉、李洪嶽諸君，商談景美所買放領地之申請繳價事，據經手之孫福海君云已經託一代書向縣府辦理申請，據云甚有把握，但須每坪付給活動費一元，此地共一千二百餘坪，即須應酬一千二百餘元，此事奉准後再辦土地分割與移轉，大約值費須繳公二百元，每筆又須負擔代書費二百元，二百坪應付二百餘元，再繳地價尚欠部分約一千八百元，共尚須二千四百元，可將地權取得。

7月28日　星期日　晴
家事

自數月前修理房屋及大門後，新換之門久久未加油漆，原因為油漆雖已買到，而常因下雨不敢操作，又如非遇星期六或星期日亦不能著手，於是荏苒至今，連日亢旱不雨，乃決定於今日油漆，先將門之內外灰塵洗淨，門上有玻璃橫窗，亦加以洗搽，然後將油漆打開，因買來放置過久，攪和良久，始得調和均勻，先到潮州街買漆刷一把，因一向對此項工作並無經驗，買來漆刷之毛甚窄，木柄為四楞形，稍用即覺磨痛手指，而製作不堅，刷毛易脫，初尚一根根脫掉，繼則整束脫掉，於是到另一油漆店看其有無較好之刷，見有製作較精者，索價十元，余因並非天天從事於此，故擇一稍次而比第一次所買較好者買來使用，初尚合用，後亦有脫毛之病，率此時工作已近完成，乃勉強使用以至終了。今日從事此工作者為余與紹南二人，所油之處為大門兩扇及圍牆門一扇，又扁窗一個，皆油漆兩次，第一次務求其薄，第二次則略使厚濃，而光澤即大為煥發，惜顏色為遷就固有之狀態，買長城牌二十九號赭色，用後觀察，並不見佳，今日用漆共一磅，最後餘少許，乃將前度瓦工在此磨損之圓凳一隻用此漆加塗更新，然亦因色彩關係，並不甚佳云。

7月29日　星期一　晴

職務

　　繼續查閱國軍退除役官兵臨時醫療計劃之 PPA，關於一九五六年度部分，已在年度終了時根據官兵就業輔導會之資料，將各科目數目按實用狀態發出最後之 CEA，雖未見其會計報表，以理度之，必須與此最後修改之 PPA 相同也。繼看一九五七年度之 PPA，此項 PPA 本只有半年期間之用款，意在表示此項臨時醫療可與固定之醫療或就業計劃相銜接，其後又因事實上不能銜接，乃照總人數一九八三七人繼續修改 PPA 至次年四月底，並將人數減至六千人為基礎，而將今年五、六兩個月之用費亦加入計算，於是一九五七年度之實際支出又達六千萬元以上，比一九五六年度之七千餘萬元相去不遠，又此項 PPA 在第一次簽發時有計算之錯誤，每三個月達二十餘萬元，全年則達八十餘萬元，經發覺改正後始照實數簽發 CEA，今年情形又相似，雖所差不多，然計算時有尾數之異，亦殊大為費解，同時亦為待至 CEA 之最後修正始將差數改正，因尾差不涉大數，故亦不加深究矣。

瑣記

報載元老李石曾最近與山東之田寶田女士結婚，一年近八十，一只四十餘，前考試院長賈景德賀聯云：「李下早成蹊，老尚多情呼寶寶，石人亦刮目，曾無一葉不田田」，嵌字極見巧妙之處焉。

7月30日　星期二　晴

職務

今日仍將全部時間用於閱覽退除役官兵醫療計劃（Retired Servicemen's Hospitalization, Interim）之文卷，蓋前兩日所閱者為大概情形，今日更注意於其重點，就第一年度即一九五六年度而言，其中有數項需在查帳時注意之要點，一為就安全分署與美援會往來文件觀之，頗注意此項計劃之為歸還國防部已為此案墊支之經費，且一再提及國防部已經提出帳目與否，而事實上究竟如何，則卷內又不見其詳，二為此項醫療計劃中規定半年內之藥品費為一千另五十萬元，但前半年又發覺國防部用於此藥案之藥乃屬美援無償取得者，自然不能由退除役官兵計劃內撥回價款，於是國防部乃將此款繳還半年之數，三為其中又有一部分服裝費包括蚊帳與被褥二項，安全分署方面認為與國防部已經發給者有重複現象，故 CEA 雖已照預算核定，而撥款時則按兩項之預算照數扣發，孰知在全部經費用畢，申請墊繳還餘款時，輔導會造送一張實支表，裝備費實用數較之原預算全部包括被褥蚊帳尚有超過，而 CEA 即照此決算數予以修正，無形中又有承認之意，諸如此類處於兩可之間的事項，不一而足，在查帳之時最怕遭遇此種是否核准解釋不清的問題，而以退除役官兵計劃中為獨多也。

7 月 31 日　星期三　晴

職務

　　月前所查生產力中心之帳，自從第二度修正加入美金部分再次繳回劉允中主任以來，又已三天，至昨晚又經送回，並云是日有一台肥六廠之查帳報告印竣，分發各稽核每人一份，此報告乃經過 Audit Division Chief A. O. Johnson 之大加刪改，又經過會計長 Baranson 之核可然後發出，謂此乃定式，此後查帳報告如不用此式即得拒絕核閱，囑余以此式為樣本而重新加以修改，余詳閱此項定式，雖分欄方式仍與以前大同小異，而內容敘述之重點則改變極多，例如經費支用之稽核本甚注重與預算之比較，甚且依照 Baranson 以前指示，在預算實支二欄之後尚須再加 Auditor's recommendation 分成 For Acceptance 與 For Non-acceptance 兩欄，曾幾何時，在新定式中，只須寫出用款若干，根本無預算項目，更不必言比較矣，況以前所印之報告格式發出亦只三數月，使用之者亦不過數個報告，今又有改變，真令人莫衷一是矣。今日開始依照新定式將生產力中心之查帳報告重新排比，化繁為簡，並依照PPA 中之要點於首段加 Background 一段，繼之即為美金部分，按 PIO/T、PIO/P 及 PIO/C 之順序一一列舉，以下為相對基金部分留待明日接寫。

8月1日　星期四　晴

職務

繼續寫完重新排列之中國生產力中心查帳報告，完全採用Johnson所核定之台肥六廠定式，余因嫌其數字方面不夠詳盡，使欲加深入了解者根據不足，於是將全部原作之附表予以保留，設彼不以為然，欲刪去亦無不可也，如此重新回鍋之結果，自然又是一番風光，實際則換湯不換藥也，人云在安全分署擔任查帳工作只是如廚師之配合口味，是否有益於滋養全不必問，只求可口即為上乘，而此項目的即非易於達到者也。辦公室內各人存置文件之高櫥，午晚下班上鎖，本視為最要之著，今日忽有主管方面來將全部鑰匙收回，認為此後不必上鎖，不知保密之理由何以放鬆云。

閱讀

看林適存作「紅朝魔影」，全書五百頁，在描寫大陸變色後種種光怪陸離之現象，將若干見聞勉強穿插起來，甚多不能連貫與不能照應之處，而全部結構之鬆，則又為作者寫小說之通病也。

師友

晚，逢化文兄來訪，託為其二女赴韓國護照申請書上擔任保證人之一，當即照辦。

見聞

元老李石曾與田寶田女士最近結婚，報載賈景德贈聯，甚見風趣：「李下早成蹊，老尚多情呼寶寶，石人亦刮目，曾無一葉不田田」。

8月2日　星期五　晴晚陣雨

職務

　　上午，辦一小案，緣中國生產力中心移至中山北路辦公，舊有懷寧街辦公處讓於美援會使用，該處雖係租來，然生產力中心曾將記帳作為財產之裝修一萬八千餘元，及帳上作為修理費用之一部分支出七千餘元讓之美援會，實際二者情形不同，裝修是財產固可移轉，其在費用中者則無疑為一種頂費，生產力中心初意在由美援會獲得一筆裝修費用於新址，美援會答復則認為依照安全分署會計處之 SOP 應無償轉移，該中心如需另支開辦費可在一九五八年度預算內增列，生產力中心復函美援會照辦並抄副本於安全分署會計長，Baranson 批須由美援會出錢並收回生產力中心之援款帳，因前情不知，余乃奉派到美援會查詢，始知前度往來函件情形，此次乃是生產力中心表示已將帳面調整，歸報劉允中主任，因前度美援會致生產力中心函係用中文，余乃草擬一簡單之 Router 稿，說明經過，未置可否，即送劉君轉核。以電話洽詢生產力中心陳彬秘書時，曾對於其致美援會函內所寫即將在 Repairs 科目與在 Furniture & Equipment 科目內將二數 Written off 一節，注意事實上只能對後者之財產帳而言，至於雙方之現金帳絕不受影響也。下午開始又到退除役官兵輔導會駐會查帳，今日只與胡、徐二君談醫療臨時計劃如何調查。

8月3日　星期六　晴下午陣雨
師友

上午，到杭州南路訪胡重仁君探視其所患肋膜炎，據云上星期託余詢問台大病院情形後，次日竟先已退燒，又思病床如此缺乏，於是即未往就診，一星期來，情形良好，已無痛苦，僅昨晚又有發燒現象，但今晨已輕減云。上午，到交通銀行訪王慕堂兄，閒談，渠最關心紹南畢業後之就業問題，余告以已決定留校擔任助教，王兄云自余與台北紡織公司侯銘恩兄接洽後，王兄亦曾與侯兄談起，彼似認為用人事不甚簡單，致當時不得要領，此固在余預料之中也。上午，到武昌街訪問鄒馨棣會計師，賀其新移事務所，只其橐砧楊君在所，據云同事務所尚有王述先、張玉麟、劉兆勳三律師，此地雖在中心區，而巷口偪窄，交通大有問題，今日並與王述先君相晤，乃陽明山受訓同學。

瑣記

今日世界半月刊每期有猜字遊戲，其方法有類 cross word puzzle，本月一日出一二九期，余與紹南已作好，而有李白詩一句未能填入，且詩不見於三百首，亦不見於古唐詩合解，余乃往省立圖書館，以一小時之力查四部叢刊李太白詩始得之，詩云：「吾憐宛溪好，久照心益明（又作百尺照心明），可謝新安水，千尋見底清，白沙留月色，綠竹助秋聲，卻笑嚴湍上，于今獨擅名」此遊戲乃採第二句，與盧綸詩「萬里歸心對月明」相交叉。

8月4日　星期日　晴晚雨
集會

　　下午，到逢化文兄家出席枋寮買地結束會議，此事至今已經三年有餘，因種種問題而未能結束，今日開會之重要問題為決定同人間分配面積不同而須補償之價格，緣以前曾經決定照市價補償，於具體數目則遲遲未決，今日開會無人肯提議此價如何規定，最後由劉馥齋兄提出意見，謂其今年欲將地轉讓索價一百三十元一坪而未售出，故認為可照一百二十元一坪決定，當經全體通過，此時有李鴻超君提一問題，謂最初買地為假定全部二千坪，十分均攤，每人二百坪，出資二十五元一坪，迨後已知只有一千九百七十一坪，故每人應找回二點九坪之價款，此後分割成為十段，每段多於一百九十七坪一分或少於此數，其差價始應照一百二十元一坪找算，但經劉桂兄認為如果此時重提當時未辦之事而將二十五元一坪找回，殊不近人情，於是他人未有他言，即未再提，余對此意見認為並不影響今日之找算地積尾差，因彼時每人找回二坪九之原價等於其本人已繳之款抽回，並不影響他人也，惟當時似有一種大不相同之意見，余亦覺其中似有區別，事後思之，不禁啞然也，最後又決定推逢化文、李鴻音及余審查全部帳目並開列每人收支存欠清單請其多退少補，直至結束為止，今日之會雖略有枝節，然比之預料之可能性實相差甚多，總算順利完成也。

8月5日　星期一　晴晚雨

職務

今日起辦公室又有改變，416 號原歸 End-use Section 使用，現在分成三間，由正副會計長各用一間，其直屬辦事人三人合用一間，余等之 Audit Section 仍在原地，但規定固定辦事人員在沿窗一排座位，而余等原有近門之一排四位則定為公共使用，由派往外間駐審之七人合用。余今日起仍到國軍退除役官兵就業輔導會駐審，照規定程序本年第三季之查帳對象為兩個專案，一為臨時醫療計劃，二為農墾計劃，現在先開始醫療計劃。今日全日用於安排查帳程序，此次查帳係與胡家爵、徐正渭二兄合作，徐兄則與余為一事，渠閱讀案卷較早，故主張極多，余皆不作意見表示，渠本主全部帳項應俟該會經手人將按月按戶之統計表製好後再行著手，復又主張其統計表不妨先作一科目，余等查帳則從其他科目著手，且因一九五六年度之支出分成前後兩本帳簿記載，適可由余二人分別開始，余皆唯唯，後彼又發覺全部須待統計表完成後始可查核，又主催其趕作統計表，不知此非三數日事，乃又主張先從一九五七年度衛生處主管部分開始，余亦唯唯，但認為不妨先往訪問，俟知其詳情後然後再決定如何下手之為愈也，余與徐君初次共事，未嘗知其如此好作主張而又善變也。與樓有鍾兄合用之三輪車，因車伕明晨回花蓮，今日告終。

8月6日　星期二　晴

職務

　　進行中之退除役官兵臨時醫療計劃因須等候主辦會計人員之整理數字，致退除役官兵輔導會所管之一九五六年度經費部分不能不暫時擱置，今日與胡家爵、徐正渭兩兄往衛生處續查改由該處主管之一九五七年度經費。該處所記帳目較為清楚，由其發付經費均按科目月份及單位列表附於傳票之後，欲加統計分析極為容易，惜因以下諸問題，今日仍決定等候半月至本月二十一日再來續查：（1）帳目方面七月份尚未登完，（2）各單位支領經費係按預計之人數發放，實際若干須待其逐月報銷到達，始可作正式之記載與調整，現在各單位未到之報銷尚多，正在加緊催辦，或且須前往坐催，（3）該處名義上為自一九五七年度開始時舉辦，然事實上一九五七年七、八、九，三個月係由退除役官兵輔導會直接發給各單位，衛生處只居間補轉帳項，全部帳項原應存欠一致，但輔導會與各單位之間有不能對壘之帳項尚待清理，由此數因，今日只將帳目加以鳥瞰，並查閱文卷蒐集資料，未進行正式工作。

師友

　　下午，到公園路訪龔英松太太，取回戶口名簿，將為紹彭至女師附小辦理入學手續。市黨部書記余學海兄來訪，謂古亭區黨部因內部尖銳無法調和，已令停止活動，改派整理委員，擬以余居其一，余謙讓，但未固辭。

8月7日　星期三　晴

職務

秋季之分配工作為臨時醫療與農墾二計劃之查帳工作，醫療計劃須待輔導會與衛生處雙方將各主管年度之統計數字算就製表後，始能開始工作，農墾計劃則等待同時工作之徐正渭君先行看卷，故今日余無事可為，乃將平時無瑕閱覽之 SOP（Standard Operating Procedure）加以瀏覽，尤其各項 flow chart，藉以知曉若干會計方面之處事程序焉。

瑣記

學生英語文摘載 "Tip" 一字之來歷甚為有趣，文云："In the coffee houses of eighteenth century, England customers who expected service were encouraged to drop a coin into a box, in plain sight of the waiter. The legend on the box was 'To insure promptness'. The waiter was prompt to serve first and best those customers who were intended in their own welfare sufficiently to think of the welfare of the waiter. The use of the first letter from these three words gave in the new term 'tip'".（David T. Armstrong）在昔大陸時期提倡廢止小帳，或謂西方無此陋習，實際西洋亦屬古已有之也。

8月8日　星期四　晴

職務

開始看農墾計劃援款卷，此計劃為退除役官兵輔導會已經安置退除役官兵三六九〇名於十所農場，此十所農場繼由省府合作事業管理處接辦，故所付之援款亦為一部分歸還墊款，一部分支用新款，余今日所閱者尚只為一九五六年之一部分，內容相當複雜。

集會

晚，到財政部出席陽明山財經小組，此為召集人杜春英接任後之第一次會，按研究院通知下期研究專題分甲、乙二種，甲種全體一律，為「革命實踐運動如何可以有效實施」，於七、八兩月份研究，乙種分類規定，財經類為「如何簡化財經機構」或「如何改進外匯及開展對外貿易」，任擇其一，經全體議決，均由預定工作分配表上之專題報告擔任人擔任，但又修改為甲種如此，乙種先推徐澤予同學一人起草細目後再議，今日開會由余任主席，甲種題由工作分配表內之人擔任一節，辯論極久始獲決定云。

師友

今日接市黨部公文，指定為古亭區委員會委員，並定於明日上午開座談會，余因屆時不能分身，乃於下午五時半往市黨部訪余學海書記並介紹訪羅恆主委說明一切。晚，魏盛村君來訪，談電話是否尚可按裝事，並託余為其夫人另謀職業，余則勸其就固有之聯勤收支組請求調動為佳。

8月9日　星期五　晴

職務

多日前所作中國生產力中心查帳報告，昨今兩日始由劉允中主任核閱，略有刪改，交余於今日以半天之時

間重加排比，於今日下午交打字員清打 Second draft，
其中重要改刪之處為其中涉及該中心本身基金者復經儘
量簡化，且將附表一部分改歸 working file 之內。今日
有一事極費週折者，即關於美金部分之各 PIO 收支情
形，原由林悟生君為余查得六月底數字，後因只須作至
五月底，乃請林君重查，一周無消息，往催問時謂已交
曾君轉交，詢之曾君則不知失落何方，無已，今日託林
君再度查閱始得列入報告焉。

閱讀

　　擇讀美國國會今年三月出版一三九號報告書：
"Technical Assistance"，其中值得注意之資料有 Staff
Study: Economic development in India and Communist
China，其中採用大陸之農工交通建設數字甚多，又有
Senator T. F. Green 在遠東及他處之考察報告，其中有警
句云："We have not yet reached agreement as to whether
our objective is to make the island a viable economic entity
in itself, or to generate the military strength for a return of
the Chinese Nationalist Government of the Mainland."

8月 10 日　星期六　晴

師友

　　上午，孫福海君來訪，談與吳崇泉、李洪嶽合買景
美之地申請提早繳清放領地價事，已由當地一代書向縣
政府交涉妥當允予照辦，現在第一步需要之費用為代書
費每筆二百元，包括申請核准後之分割過戶申請等事在
內，又應酬費每坪一元，二百坪即為二百元，此款用途

微妙，由代書致送經手之官吏，因有代書居間，於是不
法之痕跡完全無從顯露矣，將來須續繳之費用為放領地
一次繳清之地價，及辦理土地登記一切之費用，前者可
以收買土地債券抵繳，後者則暫時尚無確數云，余當將
余應負擔之第一步費用四百元交孫君代為彙辦。

參觀

下午率紹中、紹彭、紹因到中山堂看台灣詩壇舉行
之六周年書畫展，書法部分有于右任之草書詩五立軸，
又行書對聯一付，此對聯似非現在之作品，宗孝忱篆書
兩條幅、高拜石篆隸各一、程法望隸書、譚元徵隸書
等，較為出色，以次有三數十件，則不足觀矣，國畫方
面則有季康仕女、傅狷夫山水、曾后希橫牓、溥心畬山
水、蕭一葦山水等，余因所知不多，不及細覽。

瑣記

昨記 Green 對台灣觀感，尚有一語可供深思云：
"This would seem to be one area in which the U. S.
could well adopt a considerably tougher attitude in the
administration of its aid program."

8 月 11 日　星期日　晴

師友

前日逢化文兄之子來轉交王興西代表由南韓轉來之
食品等，云其父因患角膜血管破裂，原定會同結算枋寮
買地帳款事只好俟諸異日等語，余於今晨前往探視逢兄
之病狀，見已輕減，據云不日可痊云。

瑣記

　　下午率紹中、紹寧、紹因、紹彭到植物園內國立藝術館擬參觀電視示範展覽，至則問該館之收門票人如何買票，據云候一小時後可以開始，但又云可能尚有，另有等候者云，不知尚有幾張，漫無把握，余再詢收票人，謂團體買去甚多，弦外之音為如果開售後只有少數，亦不必為怪，余以如此漫無把握，只好知難而退。於是率諸兒女往觀盛開之荷花，此在台北不易多見，只植物園有之，極盛時因無人可以摧殘，較之濟南大明湖為尤美觀也。看完後出後門循博愛路至鬧市買藥品及手絹等，九時餘始返。

感想

　　余行年四十有九，記憶力衰退之速十分可驚，雖半年來不斷注射荷爾蒙製劑與維他命 B complex，但仍不能有何顯著之改善，此外則以下諸現象亦常使人思之悚然：（1）全部牙齒中之臼齒無蛀無斷，但食物時只有左下方可用，左上方勉強應付，（2）食量由每飯兩饅頭或兩碗飯而減為一饅頭或一碗飯，甜食除牛奶外幾不可食，尤其晚間。

8 月 12 日　星期一　晴

職務

　　上午，在國軍退除役官兵輔導會繼續核閱農墾計劃中之一九五七年度部分，與前一年度大同小異，惟支領經費者由輔導會改為合作事業管理處耳。作改月餘之中國生產力中心查帳報告，上星期五本已經劉允中主任核

閱定稿，預料 Johnson 處不知有甚多意見，而此中文事
之變化多端，正如辦公室之常常搬動屬於同一風格，劉
君所謂此間 There is always something new 者是也，緣此
次報告中之美金部分本完全採用 Johnson 最近所創之格
式，但彼又將同樣事務之處理排列方式加以變動，反不
云其本身無一定主張，而謂作報告者不能領略其原則，
又此報告做好本已一月，初由完全國幣改為美金、國幣
兼容，後又改用 Johnson 之格式，屬稿三次，自然費時
甚久，彼又云報告太遲，慮失時效，此等西洋人之任性
作風，完全出於一種頤指氣使之下意識，就極言之，淺
薄之至也。

師友

　　同在退除役官兵輔導會共同駐辦查帳工作之胡家爵
兄於前日由基隆移居中和鄉，傍晚下班時與徐正渭兄一
共往訪，其房係租用，月租壹仟貳佰元，占其收入之四
分之一，其實亦非十分宏敞，如此情形，縱待遇高如安
全分署者，究其實際待遇仍屬甚薄也。

8月13日　星期二　晴

職務

　　全日從事於生產力中心工作報告美金部分之重新編
排，由於 Johnson 所指示者，須將支用情形按 Obligated、
Sub-obligated、Un-obligated，以及 Un-sub-obligated 等欄以
數字表明之，乃先向本會計處特別助理人員 W. S. 張君
請其加以說明，彼乃取出六月底之年度終了所謂 1311
號表示余，一面說明，一面參閱，已有粗略之概念，雖

其中道理甚簡，然因向所未見，亦自有新奇之感也，大體言之，美金援款之支撥方式有技術、貨物、訓練等項，皆於 PPA 簽發後，分別就其範圍發出 PIO/T、PIO/C 及 PIO/P 等，其中 PIO/P 及純粹之 PIO/T 皆係不獨立之 project，無立 project agreement 之必要，故只有 obligation，而 PIO/C 及契約性之 PIO/T 則因有 ProAg，此時即為 Obligation，據此以發出 PIO，即為 Sub-Obligation，此等數字皆由 1311 表內檢索即得，張君說明清楚，而又不略不支，態度之佳，為入 ICA 辦事已來所未之前見，據悉此項美金支用之查帳法，因向來各稽核之職務皆為相對基金之台幣，知其內容者甚少，即劉允中主任亦不例外，今日 Staff meeting 並提出須大家均加研習，可見雖極簡易之事，非親自歷練，輒不知底蘊也。

師友

下午，馬忠良兄來訪，據談在台南師範奉調來師大開講習會，余約明晚來寓晚飯。

8月14日　星期三　晴

師友

晚，約馬忠良兄來寓便餐，本約佟志伸兄來陪，因考試院正辦普通考試，於是乃只馬兄一人前來，席間談其在台南師範任教務主任同時辦有成功補習班以作為私人之事業，下學期並將辦一初中，約同道數人投資，據其計算絕無賠錢之虞，但恐立案困難，或即先將補習班擴充為補習學校，則因畢業生具備與中學同等資格，將使招生更為容易云。

集會

晚，古亭區第七區黨部開第一次新成立之委員會議，委員共九人，實到八人，今日所討論者為如何確定預算，如何接收前任，如何推定黨政綜合小組之參加人，及如何產生區內市議員參加綜合小組之人選，蓋依照規定，除常委與書記當然參加外，尚須推一委員參加，即席推定一人，又市議員共有五人，須出兩人參加小組，決定依過去先例通知五人互選報至區黨部，又討論九委員之工作支配，大體上從各自所認定之工作，但亦有由大家推選者，此會由八時起直開至十一時始完，散會後余因上星期未到市黨部參加宣誓就職，遂於今日在誓詞上補行簽字云。

體質

一月來因注射維他命 B，左腿之麻木症有漸見輕減之勢，此乃就診於安全分署醫務室之結果，但未知能否除根。

8月15日　星期四　晴

職務

重新整理之中國生產力中心查帳報告，本已於昨日經劉允中主任看過，但渠告余 Johnson 需要將年度終了美金部分之 validity 狀態加以寫明，遂於昨日向 W. S. Chang 君學習，今日將表做成，即交劉允中主任，此事本已於昨日寫好，今晨忽又發覺關於該中心所辦出國考察之 Participants 計劃中須由自備繳進之半數台幣未加敘述，而前面之 Financial 計劃中則係將援款、自備款，比例分擔款事項一一列舉，此為在所謂 PPA Basis 下之較為複雜的情形，今後段所敘之 Funds other than Aid 部分為將比例分擔部分之收支情形加以說明，則核閱報告者將因實際收支總數與 PPA 原計劃相較不能窺知全豹而又有所挑剔，於是又加寫 T. A. Participants 之收支情形，並將另有準備在 PIO/Contract Service 項下配合美金五千元動用台幣六萬元由受益人負擔一節，亦另作一次說明，做好詳加核對，總數與散數略無歧異，認為不致再有問題，即以修好之規定事項補入，實際固未收未支，PIO/as pending issuance 是也。此項報告之 working papers 本已將台幣部分做好，今日於交卷後並將美金部分之 work papers 按表格式補做，以便閱報告者知查帳經過也。

8月16日　星期五　晴
職務

昨日下午最後修正完畢之生產力中心查帳報告，今日又經劉允中主任作兩種修改，其一為美金 PIO/C 項下已到之物品本列在報告本文之內，後又加入六月份數字，視前倍蓰，渠顧慮所佔篇幅太多，又取下移入 working file 內，次為 T. A. Participants 本為重要附錄之一，因日昨又加入生產力中心自備資金概況表一紙作為附錄之一，於是 Participants 又取下移入 working file，經此刪改後，劉君又交余作最後之校正，於本日下午核轉 Johnson 核閱。此次須在查帳報告加入六月底年度終了 Obligation 之 validity 情形，以余之報告為第一件，適逢其會者尚有葉于鑫君，渠亦只得照辦，但認為此實為文不對題之舉，因本署稽核之任務在查核使用美援者有無不按預定宗旨使用之情形，有無足資充分管理之制度，財產狀況是否有合理之控制等項，今所加入之美金部分年度終了 validity 情形，完全為華盛頓或本分署之會計記錄，今費若干時間於此，殊為文不對題云云，揆之辦事準則（SOP）所定，此語良確。下午與胡家爵、徐正渭兩兄到合作事業管理處，與其主辦會計之龍、田二君商談即將開始查核農墾美援計劃中之各處合作農場帳事如何進行，經悉其平時處理手續均極為完善，只囑將各場財產卡片加以統計，以便往點云。

8月17日　星期六　晴

師友

上午，到師範大學社會中心教育講習班答訪正在受訓之馬忠良兄，在第五宿舍遍詢不得，最後在其軍訓教官室留一卡片請轉交。晚，與德芳到泉州街訪田子敏夫婦，不遇，僅晤其太夫人，留片致意。

游覽

晚，同德芳到植物園乘涼，並觀賞盛開中之荷花，無此機會者已二十餘年，現因兒女均已漸長，數小時之暫離無何影響，乃得有此閒情，殊不勝今昔之感也。

閱讀

閱學生英語文摘有所刊 Bruce Bliven 一文，題為 "I give up"，寫近年日用英語六大錯誤，但已通行，甚有趣味，一曰用 "data" 作單數名詞，二曰用 "contact" 作動詞，此點余查英漢模範字典，只解作為名詞，但查 *Webster's New World Dictionary* 則將動詞亦列入，顯然為習非成是矣，三曰將 "like" 作 "as" 用，因 as 是 conjunction，like 為 preposition，不可混同也，四曰將 "unique" 用於 comparative 與 superlative degree，在意義上為不可通，五曰將 "provided" 與 "providing" 混同，此點在上舉 *W. New World Dic.* 上亦兩字並舉且皆可作「假定」解，則亦係積重難返也，六曰用 "literally" 作 "figuratively"，前者為「依照文字解說」之意，後者則為前者之對，意謂譬喻的說來，此二字以余所見並不通行也。

8 月 18 日　星期日　晴下午有陣雨

家事

　　族孫吳伯實下午來訪，渠現在部隊為砲兵上士，駐地在中壢，據云不久將調防金門前方，渠以前曾託余向陸軍總部關係人員接洽調至陸總工作，經余函託蕭繼宗兄轉介紹蕭一葦秘書設法，現已半年，未有音訊，蓋由個人活動調職，非與主管人事方面有深切關係不可，今蕭君知此事非余本人事，且即與余本人之關係亦談不上個人圖謀調動也。

閱讀

　　閱學生英語文摘，載有 Louis Binstock 所作之 "The Battle for Faith"，其中有下列一段，極能發讀者之深思，文曰："Faith can conquer fate. It can rob poverty of its pain and dull the sting of death. An ancient rabbi taught that even though everything is determined, yet within that cage of determination man has a free will. He can choose whether to remain awake or sleep, to move about or stand still. A man's faith can determine the spirit with which he shall meet his fate. Faith in God is the surest antidote to the superstition of fate." 此文所指出之修養方法，雖情調略有不同，然云須建立信心與忠心，則固不誣也。

8月19日　星期一　晴

職務

今年第三季所排查帳計劃中之對象有二，一為臨時醫療計劃，一為農墾計劃，前者前半段由退除役官兵就業輔導會主持，後半段由衛生處主持，均因有十餘支用單位須按單位將單據加以整理，費相當時間，自上週至現在均在等候之中，現因各項整理已次第有完成之期，乃於今日與胡家爵、徐正渭二君商洽如何按排全部工作進度，經決定本星期查衛生處部分，下星期查輔導會醫療部分，即屆月底，下月份第一星期出發查輔導會醫療附屬單位，第二星期歸作報告，第三與第四星期查農墾計劃，希望能將內部工作結束，十月份第一星期出發查農墾附屬單位，如不能完畢即在第二週加一、二天，第二週寫查帳報告，徐君顧慮時間不夠，或須再延一星期，但外差時間不能變更，因十月第二週為國慶日，在習慣上安全分署絕不希望其職員在出差期間度假支用旅費，此一星期不適於安排較多之出差事務須查一星期者

也。（因假期出差問題曾使會計長有可笑之因小失大辦
法，其一為曾使某一查帳工作延長兩星期後始行出發，
其二為有三稽核在高雄查帳二星期，被處分為二個月
內不得再行出差，蓋其心目中視出差為一種優厚之權
力也。）

8月20日　星期二　晴

職務

　　生產力中心之查帳報告，現已再三求其完善，然陸
續修改，直至今日仍在不絕如縷，今日下午劉允中主
任語余，最後修正稿送 Johnson 看後尚未有其他挑剔，
只云其中三批出國考察之 Participants 應將概況略加補
述，囑余再加數語說明，余乃照辦，寫半頁稿紙，移時
交卷，其實此項資料本列為附錄之一，方之其他報告亦
多係如此，即此件報告在劉君初次核閱時亦認為甚有必
要，不料至最後定稿時，因美金款一段篇幅增多，渠顧
慮整個分量太重，於是最後又將其後之 Participants 附
錄抽去，乃形成前面正文說明不足之現象，今日又須
另加說明，雖非完全出爾反爾，然可以證明此間之查
帳報告完全無客觀標準，一以各人好惡及對洋人之心
理揣摩為轉移，無怪一般言之均對查帳報告之寫作不
感興趣也。新任之副會計長 Vicedomini 到任近月，因
Baranson 所發授權書只云將事務方面之責任交渠擔任，
故甚少直接與各人發生往來之事，今日主稿發出對會計
處全體通告一件，事由為規定今後接聽電話時須先報為
某部分某人，不可先用華語說 "yes" 相當之中語，何以

如此，未說理由，故閱後不免揣測紛紜云。

8月21日　星期三　晴晚雨

職務

　　本年第三季工作計劃中之退除役官兵醫療計劃查帳事務包括一九五六與一九五七兩年度，一九五六由退除役官兵輔導會主辦會計，至今尚未能將資料整理完竣，乃於今日起先行開始查核由衛生處辦理會計之一九五七年度經費帳目，同時工作者尚有徐正渭君。首先開始了解其一般情況，在月初與該處接洽開始查帳時，該處主辦人員表示至今日為止可以將一九五七年度之帳目完全理清，至少亦可將各單位所支領各費之為預付性質者加以核實調整，按正式支用數記入帳面，今日始知，不但未能全部理清，即各單位之實支數亦方始有表報寄齊，未能及時核對調整帳面，原定可作最終之年度審核者，至此只能改為中間之審核，關於截止日期一節，徐君認為可作至二十日，余主張七月底，因查帳習慣上甚少有割裂月份之情形，且查至月份終了時有甚多之方便，如用款單位月報及銀行對帳單之已經備就，不需另行再作一度此種手續皆是，徐君已首肯，後見帳列八月份轉帳數字明細，又舊話重提，余乃主張何妨改為八月底，蓋此一專案帳目之查帳報告撰寫時已在月底以後，只須屆時將十天之數目加入即可也，彼亦首肯。（會計年度六月底屆滿，但此款之 deadline 依 CEA 所定為十二月底，凡事業性之援款大都類此，該處預定十月份始可全結。）

8 月 22 日　星期四　晴

職務

　　續到省政府衛生處查核臨時醫療計劃一九五七年度援款帳目，今日於對總帳及補助帳皆加以核對，就其科目子目，加以了解，並將餘額加以核對，又此次查帳係二人共同工作，經決定分工合作，分工之方式因全年度分為兩段，不但帳目有銜接處難免脫節，且帳簿一冊不易分開，乃決定改為科目劃分，此法之好處在將同一屬性者一人查帳到底，且帳冊易於分割，在查帳方法上亦因其傳票之附屬單據等未裝在一起，故亦只能採用根據帳目找尋傳票之方式，不能先看帳目後看傳票也，至於單據抽查方式，徐君主張按科目或月份選定，余以為不妨待至將近全部了解後再行選定之為愈，至於按科目劃分方式，因該帳支出科目有三，一為生活補助費，二為零用費，三為醫藥費，前二者數大而例外不多，偏重於統計方面，後一項數不甚大而特別情形較多，偏重於分析方面，徐君自願任後者，余則任前者，並於即日開始工作。

體質

　　自昨日上午喉頭覺疼，初不為意，至傍晚加劇，購中藥彭大海服用，入睡前並由德芳為余按摩喉下使紅，夜間甚痛，嚥水已覺喉管縮小，今晨起床後即略減輕，早飯已不若昨晚飯之痛疼矣，上午在省立醫院診療，打針 Thiamin (?) 五cc，並服藥二日劑。

8月23日　星期五　晴下午雨

職務

　　今日全日在衛生處查核一九五七年度退除役官兵臨時醫療計劃之帳目，上午將各單位各月份支款之官兵人數造一總表，以作為支用各費計算之數量依據，蓋依照PPA之規定，官兵之生活補助費固係按人數定額發給，即醫藥費中各項目之開支亦有數項係依照人數配定數額作為開支之限度也，復次，一九五七年五、六兩月份依PPA規定人數應核減大半，究竟支用經費是否亦按此標準降低，帳上記錄簡單，亦須另行核算也；下午開始按各單位逐一將其所支各費按月份造成一表，目的在查核其全年支出總數，並與預領數相比較，並查考其手存現金應有若干及如何處理，因逐一摘錄甚為費時，今日只製成四份，其中尚有一份不能兜攏，容待續行查改。按此項經費之支用考核，先決問題為人數應如何確定，此項人數除上述之各單位支用現款數而外，尚有聯勤總部經理署代為購發之主食與副食食物，其人數又另有計算，然其來源同為各單位，而又不能對攏，殊可異也，至於金額與人數則又因有破月情形，凡破月者或在人數內算一人，或不算一人，另行註明破月之天數，各單位處理不同，彙總後自然有差，又有不報人數，只得由經費內推算者，亦為難求確實原因之一焉。

8月24日　星期六　晴下午陣雨

瑣記

　　枋寮潭墘地之地價稅今春二月應納去年下期，因無

暇往繳，一直未往，今月應納今年上期，於今日往繳，
地在中和鄉農會，連前次併繳，計罰百分之六，約六元
四角，其實往中和一次之汽車費往返已三元矣。

師友

　　晚，逢化文兄來訪，談潭垎共同買地之總結帳事，
前次開會之議決案為每段十分之一為標準面積，亦即
一九七‧一坪，凡實得超過此數者應按每坪一百二十元
找出，不及此數者按同價找進，而結算每人原繳買價及
費用時，係按每人實得之坪數按所佔總評數百分比計算
其實際應負擔數，多退少補，如此則凡地積多過平均面
積者除找出超過之每坪一百二十元外，尚須先行負擔買
進時之地價與費用，其實計價格為每坪一百五十餘元，
認為此數應否將成本三十餘元扣除計算，大有商量餘
地，余認為當時議決案係將此兩事分別決議，極為具
體，不問是否當時有人料及此點，均無另生枝節之理，
況現在各同人中有已經發生轉讓者，其成本若干，又
非余等初時之比，如個別考慮此等問題，亦將不勝其
繁也。

娛樂

　　下午，同德芳偕紹寧、紹彭到大世界看華爾迪思
耐電影「原野奇觀」，為剪輯多種禽獸生活之五彩紀
錄片，配音說明，其中最占分量者為土撥鼠，極為有
趣，此外則各種水鳥、牛、羊、獅、鹿等，亦皆有美
妙鏡頭。

8月25日　星期日　晴

記感

　　彭兒現年六歲半，下月始入小學，然有時於人情分寸頗有極親切之領悟，如今日與余閒談，忽問余如果爸爸媽媽都生病了便將如何？余乃反問「你說應該如何？」彭兒便云：「如果爸爸媽媽都生病了，我們要去賺錢，給爸爸媽媽看病，再去賺錢吃飯。」其姊問你一人賺錢如何夠這許多人吃飯？彭兒便說，比方我去給人家在球場拾網球，拾完後再去別處給人作別的事，事作多了便錢多了。蓋上學期接送其到女師附小幼稚園時，曾路過愛國西路網球場，見有六、七歲之幼童在內為人拾球，曾告以不可輕看此兒童，因他們年紀雖小，但因家庭困難，不能不另外利用時間做事賺錢，補助家計，此話當時說過便算，不知其猶牢記在心，留深刻印象也，彭兒最富同情心，見有兒童境況不如己者，輒喜詢問其種種，經向其說明一切兒童之父母家境未必全同，貧富全不由己，最重要者為自己必須多多努力，云云，聞言後必若有所晤，且同情之心形之於色，此兒心地之良，殊可喜也。

集會（補昨日）

　　晚，出席小組會議，主要議題為決定中秋勞軍捐款並立即收集彙解，又前奉區黨部通知，各小組可保薦專任幹事到區應考，以前周靖波君曾為其夫人以此相託，今日見條文知與規定黨齡不符云。

8 月 26 日　星期一　晴

職務

　　全日在省衛生處查帳，今日已將退除役官兵各醫療單位按每單位為準據之分月分科目細數表一一製就，並加校對，其中各欄數字均根據各單位向衛生處報銷之數字，但有兩事須待補正，其一為凡屬主食與副食現品兩欄皆空而未填，此因凡屬實物補給，皆由退除役官兵輔導會將援款一部分留存撥給陸軍供應司令部經理署代辦，由該署所屬各單位倉庫就診療單位所在辦理補給彙總轉帳，因單位較多，手續周轉較繁，故不能適時接得記帳資料，此點已由衛生處一度向經理署洽催，將於日內再往洽抄，以便早日轉帳，二為各單位有代管其他小單位之款項須經其轉發者，在報銷中即以轉發之數計入，其實其中尚有與實際有距離之處，則須待以後根據續到資料調整矣。晨間並先到安全分署辦公室內一行，因新任副會計長 Vicedomini 召集內部會議報告各部門工作共四次，今日為 Audit Section 之一次，其中退除役官兵援款部分經指定由徐正渭君擔任報告（該會之 General Survey 係由彼擔任者），余恐或有所詢，故亦前往，實際每周一皆係如此，今日余見全體稽核皆已到辦公室焉。

師友

　　下午，蘇景泉兄來閒談，謂奉調受教育部之僑生輔導研習會訓練三星期，甫於日昨竣事云。

8月27日　星期二　晴

職務

　　續查衛生處之國軍退除役臨時醫療計劃一九五七年度用款，今日已將全部各單位用款分月分項表加以核算，證明表列之數不誤，又將每月預撥款各單位報收之數與衛生處撥出之數加以核對，以視其是否相符，此項工作雖純為技術性，然各單位結存數乃由撥到數與實支數兩者所構成，全計劃之用款總數與分數亦由各單位用款數彙集而成，不能不詳加核對以證明有無錯誤與弊端也。

瑣記

　　人之舉止有極細小而卻極易貽人以不良印象者，往往不自覺察，記此以為鑑誡。此次在衛生處查帳，係與徐正渭君一同，數日前渠向該處借到算盤二把，以其中之一借余用，此種推己及人之用意極為可感，此二算盤一為牛角珠，一為木珠，給余者為木珠，初不習慣，念人一番好意，亦即要之，兩日來徐君因他事未來此，其所借算盤為人取回，今日又來不見，乃將余正用者取去，余無奈，又向主計室借用一只，此次係屬牛角珠者，彼見又有機可乘，乃不由分說，將新者取去，並將木珠者給余，自謂不習慣云云，此事細小之至，余未作任何反應，不知渠是否對此項動作有所反省，余初固德其推己及人之雅，後反惡其以所不欲推之於人，蓋人之心地往往由小事上表露無遺也。

8 月 28 日　星期三　晴

職務

　　續到衛生處查核退除役官兵臨時醫療計劃之帳目，今日之工作為對於全盤之支用款項有具體扼要之分析，由其總數而得窺全豹，於是就其撥發至各單位款項之往來情形及實支情形製成一總表，往來者示各次撥至各單位之各科目數，與各單位表報表示收到數及有無差額，實支者示各單位領到款項後按月實際支用之情形，及存欠餘額，此兩種表製成後顯示在各單位尚有四十餘萬之現金，設無新開支，即當代表應繳回之數，此項計算似甚簡單，但因各單位表報不甚劃一，亦應有適當功夫始得以全部完成，即此次所作，亦尚有兩個附屬單位由另一單位轉發者，至今未有報銷，尚不知是否含有餘款也。

家事

　　到姑丈家探視姑母病，據云醫生斷為小恙，不是胃病，刻在服藥中，頗有進步云。

集會

　　到區黨部出席第二次委員會，由常委劉壽朋主席，首先報告希望同人辦事應注意二事，一為不要公文上限期迫促，致文到過期，二為辦事不可走樣，某同人奉令往查某項糾紛真相具報，結果真相未明亦未報，反在場參加調解，繼討論案件，要案有三，一為準備八全大會代表選舉事，二為通過工作計劃與預算，三為對於上級所定互助金辦法主張審慎研究云。

8月29日　星期四　晴

職務

　　續到衛生處查核退除役官兵臨時醫療計劃帳目，今日就各單位領款之統計表一一與其相當科目之帳列餘額核對，發覺每一科目之餘額皆大於各單位之撥發數，其差額即表示其中含有不屬於各單位支用之款，於是先將差額求出，然後囑主計室主辦人員祁君一一為余說明情形，余即在表上加入調整欄內，最後適得與帳列相同之數；余所負責核對者凡六項費用，皆係先經預撥各單位然後報銷者，此六項差額內容經分析後，獲知有兩種主要內容，一為在各單位對帳單於六月底年度終了，開來後又有於八月間續為補撥至少數單位之款，二為有衛生處本身由此中開支經費之情形，後者如不屬於此項計劃有關之開支即甚值得探討也。下午開始抽查各單位之單據，事先通知前來者有萬隆與宜蘭兩診療所之主計人員，由余抽查宜蘭十二月份，發現一切均屬完整，無可指摘，據其主管黃君云，病房作業費實際為各大隊與中隊之辦公費，大隊占四分之一，中隊占四分之三，發由各中隊自行管理審核云。

師友

　　孫福海君來訪，談景美放領地已准提前繳費，限期下月十日，分擔費用除活動費代書費前已收四百元外，尚須每坪九元餘，二百坪近二千元云。

8 月 30 日　星期五　晴

職務

上午，續到衛生處查退除役官兵臨時醫療計劃帳目，今日上午之工作為抽查單據，所查為竹東療養所之本年一月份開支，其中包括副食費現金部分、特別營業費、零用金、病房作業費，及水電燃料費等，前二者為生活補助費項下之子目，後二者為醫藥費項下之子目，醫藥費尚有其他子目均歸徐正渭君分工合作，此等子目則只在報銷內開出數目，至於單據與請款之手續均不在所屬單位之月份報銷內，而在衛生處隨時另作之支付傳票內支出，在經手單位接到此款時，亦存入銀行，然後支出，因此在報銷內亦逐筆開列清單，以便與銀行對帳一致，今日所核之竹東療養所單據均甚齊全，且有次序，惟支用方式與昨核之宜蘭診療所又不相同，後者為將各中隊按人數計算應領之病房作業費提百分之二十五供大隊部支用，前者則就病房作業費與水電燃料費二者之百分之四十供大隊部開支云。竹東之領款實支等數亦因退補等手續頻繁直至今日始行對壘，其他各單位亦無何問題，故撥款之情形已趨明白云。上月所作生產力中心查帳報告，經過 Johnson 核閱後送 Baranson，又提出若干問題，其中有將一九五七年度原作至五月份改為至六月份一點，乃通知生產力中心先行準備，下週往查其六月份之帳。

8月31日　星期六　晴

瑣記

　　上午到中山堂台北市軍人之友社送香皂及藥皂共四塊以應該社之徵集九三軍人節獎品來函，今年似將盛大慶祝，博愛路之大牌樓寬高均達數丈，甚為生色。到東方書店取預約之綜合英華華英大辭典，此項字典之編排，別開生面，其華英部分為索引辦法，編列方法極省篇幅，余試查數處，均能按圖索驥，不費大事也。

娛樂

　　晚，同德芳偕紹彭到寶宮看電影，片為「秋月茶室」（The Tea House of the Autumn Moon）由馬龍白侖度與京町子合演，五彩新藝綜合體，描寫美軍占領琉球期間派一上尉而係大學教授出身的軍官前往一小城市從事教導自治民主工作所發生之一連串問題，原定一大冊計劃如建立五角國民學校等不能實現，被迫以建築材料改造為秋月茶室，結果大受上級責難，且派人來將其賴以維生之造酒工業摧毀，孰知報告至華盛頓所得反響又適得其反，於是茶室重建，全劇之主題在諷刺閉門造車之不切實際與縱在施予之情形下亦不能不以實地情形為前提，故事輕鬆而寓意深遠，的是佳片也。

師友

　　孫福海君來取去支票 450 元為繳納景美放領地提前繳價之一部分。

9月1日　星期日　晴有陣雨

家事

下午，到女師附小看該校有關學生開學註冊之布告，知紹寧、紹因之新級任教師為劉經志與崔信芬二人，一為五孝，一為三和，紹彭為幼稚園直升，排在一年仁班，開學時為上午班，至應繳各費之數目，一年級為六十四元，三年級為六十八元，五年級為七十五元，而公共汽車票則須在限期內統一登記由學校代買云。

瑣記

因昨日方看過琉球為背景之電影，對於琉球一字之英譯發生疑問，終日莫能了解，其一為 *Webster's New World Dictionary*，用 Ryokyo 一字，此字之發音極似國語，對照華國出版社在美印製發行之世界地圖，亦係用此字，但加一括弧，為 Nansei-Shoto，此字不類中文或英文，不知是否為沖繩一名詞之日文讀音，尚待查考，又在新出版之綜合華英英華大詞典內查得琉球一字之英文為 Loochoo，此字雖未曾見過，然相信其必有所本，特不知何以此字在其他字典上皆難查到耳。

體質

數月來注射及食服之 B1 與 Bcomplex 已感覺漸漸發生效用，左足除極特殊之情形外，已經無麻木或痛疼之感覺，可見藥極對症也。痔疾近來每次出恭時必流出血液，惟仍無痛苦，此現象已為近年所無，數日來常有輕微頭痛，不知是否有關。

9月2日　星期一　晴

家事

今日為美國勞動節，休假一日，上午到女師附小送紹彭入學，因昨日已知其教室所在，故直接前往，今日只辦註冊手續，繳費而返，其同班學生有為附小幼稚園直升者，有為學區內兒童分發者，據級任教師徐沫怡女士云，各班皆分別插有幼稚園直升之學生，此則該校過去幼稚園直升者自成班次之習慣已經修改矣，註冊完畢後率紹彭到五年級孝組教室與同時辦理註冊之紹寧晤面，輒以認識其所在，以便過往連繫，然後再到訓導處為紹因紹彭申請學生公共汽車月票，約一小時即畢。族人吳伯實由桃園來台北，意在投考保密局之電訊訓練班，渠事先曾函瑤祥弟到車站往接，但久候不至，及午後彼來，瑤弟則已由余寓回二重埔，渠外出通電話不果，及晚又來，紹南代其通話，始決定明晨在余寓再度見面，所以數次相左，全因其通知瑤弟往接之信未寫明火車班次，可見約會之小事亦不可忽也。

體質

昨晚入睡甚早，半夜醒後頭痛，不知是否係夜間只蓋夾被著涼之故，頭痛自晨至晚未息，午睡後亦未見稍強，此經驗為向來所無，可見年事日增，若干衰退現象之有出乎意料之外者也。緣身體不爽，上午外出到國民大會支薪而外，即終日未做他事。

9月3日 星期二 晴

職務

上午，到生產力中心續查本年五月份之經費帳，此為會計長 Baranson 對於原作之查帳報告所要求者，因帳項無多，且有年度之 Final Report 表明一切數字及銀行對帳單，故不必立即作表，只須核對相符，即可據以回辦公室補作，因是只上午即將全部事務處理完畢；下午針對其所批註八點逐一作一說明，並將報告內之台幣數字均改為六月底，與美金部分相一致，送之劉允中主任先行核閱，劉君先與余談一般原則，謂 Baranson 對於其中支出科目之用 "Purchases" 一詞表示資產性之支出認為不當一節，確有見地，彼與 Johnson 在核稿時均為之大意，余謂此乃 PPA 內預算所用之名詞，如加改訂，反失本來面目，彼云或仍用原名加註意見，或改用他名說明經過均可，其實 PPA 之核定均經向會計處核稿，會計處會稿之權責如何則無硬性規定，以致有此等款用二年方知科目不合之事，故此事其理論上言固屬有其見地，然在作事程序上言之，並非正本清源之道也。生產力中心之帳上有電話押金一項，原用結轉次年方式處理，此在收支會計之理論上為不合，本又欲延至次年度作為新生之支出，而舊年度已結束，又將發生餘款繳還問題，於是列入資產門類下之 Purchase 科目內，劉君認為不妥，殊未知經過之困難也。

9月4日 星期三 晴

職務

關於中國生產力中心之查帳報告重新修改工作，今日又耗去全部時間，上午為對於所用之會計科目不妥而另擬一種科目分類，其方式為主要根據 SOP 內之規定有關科目，凡能用者儘量用之，不能用或不能包括者則另用新名詞，為免於杜撰之譏，乃參閱 Paton 之 *Accountants Handbook*，尤其官廳會計部分，例如固定資產方面即用 "Equipment" 一字，以示賅括，惟最困難者則為業務成本性之費用，此項成本只為一種勞務供給之費用，余因受成本會計分攤費用之啟示，乃姑且採用 Service Cost 一詞，不知能否引起誤解，因搜索枯腸，終無所獲，只好暫定如此矣。此事解決後即在原報告書之 Findings 內加入此一段，並在 "Recommendation" 內加列一條，希望該中心由一九五八年度起改用新分類辦法云。下午將原報告附表五六、五七兩年度之實支預算比較表重新做過，五六年度者係將薪工一科目加以分析，分成五子目，如一九五七年度者然，五七年度者則因將六月份加入使表現年度決算數，較為費時，此事竟用去半日時間云。原定下週即赴中南部查帳，並於昨日寫報告經 Johnson 批准，但請派車輛時發覺下週美國副國務卿來台須借用車輛，原計劃不成，須再延一星期，余今晨並曾洽由主管旅費之蔣君提出預支申請以備應用云。

9月5日　星期四　晴

職務

　　上午，將昨日整理就緒之生產力中心查帳報告送之劉允中主任，一面又將所有之 work papers 之有關者亦全部加以調整，因資料有所增減，頁數隨之變更，又須重新編排，如是者又將半日時間耗去，下午劉君審核余之改正稿，對於重列科目之名稱亦有意見，對於 "Equipment" 一詞表示不甚恰當，而又無十分適合者，乃權用 "Non-expendable Items"，謂將讓 Baranson 改去就是，對於余所寫之八條問題的解釋意見，認為尚不夠充分，恐難於說服此等倔強之人，於是逐一加以潤色，至晚尚未作完，其中第一項有為余所不及見者，則經驗時間太短之故，緣相對基金各項支出在報告內分為三欄記述，一為 Amount Authorized，二為 Amount Released，三為 Amount Disbursed，其中五六年度經費原核定一百萬，只發 75 萬，至年度終了時只用四十餘萬，而將三十餘萬繳回，CEA 亦修改為四十餘萬，余以為此時之撥款狀態應為四十餘萬，而劉君則認為應為七十五萬，但與實支相較尚有差額，於是將三十萬繳還一節另加註文說明，此本來在查帳報告中有 Fund Status 一項，自被取消改為以此項 Summary 代替以來，作者核者皆有說不清道不明之苦，此亦政出多門之當然結果也。

9月6日　星期五　晴

職務

　　為生產力中心查帳報告之疑問解釋所作之對 Baranson 會計長之 Office Memorandum 本已餘七、八兩條尚未經劉允中主任斟酌完善，昨日囑余於今晨仍到辦公室（因此案辦完後即須仍至退除役官兵就業輔導會續辦醫療計劃一九五六年查帳案）將此事會同處理完畢，不料因 Audit Division Chief Johnson 後日赴港，若干未辦之事項須與劉君加以安排，於是直至傍晚尚未著手，余則全日只好將上週衛生處查帳底稿之計算工作趁暇加以處理矣。劉允中主任於傍晚與余談及此事時，對於目前會計處之全局表示感想，謂 Baranson 之為人為會計人員出身，而頭腦精明靈敏，在以前會計處主管之洋人從無如此難說話者，所謂難說話者，有時自逞聰明，反復無常，處事無正軌，無慣例，一切規定皆可由個人好惡而隨時更改，其所決定有時可理可不理，然又難於分別，全在乎揣摩與體會，此其不健全處也，劉君又云，有時因其求全責備太過，曾表示已盡最大努力，如認為無法滿意，只好另請高明，彼必立即解釋絕無此意，只在精益求精，使本處發出文件能為全體增光而已，劉君謂在此情形下，雖精神緊張，然亦由此可以得到一種觀摩鍛鍊之機會，得知西洋人認真做事者之優點缺點各何在焉云。

9 月 7 日　星期六　晴

瑣記

上午到公共汽車管理處買公教月票，並因德芳等出門臨時買票用零錢找算不便，且有時因買票誤車，乃在該處洽詢回數票，據云亦有發售，買後始知每二十張十四元，與普通票價格相同，又將以前每十四元二十一張之規定變更矣，又公教月票為新定卡片式，每用一次打洞一個，與學生月票相同，其異點在前者每月可以逕行換買，但須由機關用印，後者則規定每月十日前由學校統買，至於是否各生皆在月初換票則似又未計及焉。

家事

各兒女數日來均已註冊，紹中在一女中分部，費用為各校之冠，學校布告各機關現職經銓敘有案之簡任以下公務人員可免學費三分之二，昨日紹中曾到國民大會秘書處索取油印證明函，但今日持向一女中請免，謂國大代表不在其列，然則國大秘書處何以又有油印，可見其區別乃在各校而條文解釋有寬有狹也。

師友

今日孫福海君來取去代辦景美提前繳清放領地價之價款。亡友之子張彬來談，在花蓮玉里隨教授工作一月，昨日回北，後日開始內業半月，此行得經驗甚多，且可以籌得學費，不賴友人長輩之傾助云。

娛樂

晚，同德芳率紹因、紹彭到新公園散步，值交響樂團在音樂台演奏，只聽到其下半部，為歌劇波城啞女序曲及歌劇選曲巡遊詩人，尚佳。

9月8日　星期日　晴

瑣記

今日為舊曆中秋節，雖非假期，而適逢為星期日，晚飯約七弟瑤祥及其女友黃小姐來同度佳節，內地人對此節甚重視，台灣土著則遠不若也。

閱讀

閱本年七月號 *Pageant* 月刊，有 "How Good Are You at Languages?" 一文，論何以有若干人學習外國文字易如反掌，提出十二問題，望讀者解答，以自明其是否有語文方面之特殊技能，如下：1. Can you recite right now, any poem you learn in school? 2. Can you trill your r's? 3. Can you identify composers you have often heard by their style alone? 4. Have you ever written some poetry? 5. Can you speech before a small group without nervousness? 6. Have you ever caught yourself, after spending several hours with a Southerner or an Englishman, using his accent? 7. When you tell jokes do you depend on your accent for part of the laugh? 8. Do you read books about foreign countries? 9. If you were going to Europe, would you take a conducted tour? 10. Can you pronounce "statistics" clearly? 11. Can you remember a telephone number after reading it quickly three times? 12. In a foreign restaurant, do you ask the waiter to identify things?

9月9日 星期一 晴

職務

上午，劉允中主任將余為生產力中心所作之八項答復會計長 Baranson 之意見中之末二項寫好，其中關於帳戶分類一項之固定資產一類名，渠採用 Non-expendable Items，但亦覺不類會計科目名稱，仍與余商，余到圖書室查閱會計書籍十餘種，無一有此名詞者，一般皆用 Fixed Assets，僅有一項會社會計制度用 Non-expendable Fund 一詞，指不用本金之基金，與此亦風馬牛不相及焉。將 work paper 重閱一過，結果仍發現有因原以五月底為根據，現改六月底後未加改正者，於以知牽一髮而動全身之理也。

集會

下午，出席國民大會黨團小組投票選舉組長，余圈趙雪峯君連任，渠已連任數次，余未待其開票即辭出，諒彼必當選也。

師友

下午，途遇李洪嶽律師，謂將約談，緣中山堂前信用合作大樓三樓以前合租之事務所自本年四月份起吳崇泉、吳麟二人擔任四分之一，吳麟部分之八分之一係由李律師墊付，至今未還，認為此人絕無繼續合作之餘地，欲改日約雙方相識談判此事云。以前介紹同事葉于鑫君委託李崙高律師代為出庭辦理房租糾紛訴訟，第一審已經判決，葉君問余送公費五百元是否合適，余未置可否，囑其直接接洽辦理。

9月10日　星期二　晴細雨

職務

　　亟待進行之國軍退除役官兵臨時醫療計劃一九五六年度部分仍因輔導會之整理工作未能完竣而不能著手，今日只在用全部時間複閱有關文件檔案，並參考有關之法令規章，準備工作已可謂十分充分，而仍不能開始正式查帳，此情形恐只有此官兵就業輔導會有之也。與徐君同閱輔導會一項特殊帳目，名曰 R. S. O. 者，乃倉存點收交貨之費用是也，此項費用為供應組所主管，供應組主辦一切退除役官兵計劃之統一購料事宜，所執掌者為由各個美援內扣下一部分款項統一支配，名曰購料基金，而費用則另外計算，交中央信託局代管，積有成數時即分配於各個計劃之內，故各計劃負擔此項費用並無正式單據，只有供應組一紙通知，為明底蘊不能不查此項基金帳也，泊查其內容，乃知完全任意支配，預支款項亦作正式開支，種種怪象，不一而足也。

師友

　　李祥麟兄來電話云，接崔唯吾師母通知，後日為崔師六十生日，約往喫麵，詢余如何送禮，余約其一同到市上觀察，無何適當之物可購，乃到明星西點店訂做壽糕一件，本欲著紹南明日送往，德芳謂明晚暖壽以親往為宜，乃決定親往，並函李兄亦於明晚前往一行，至於余所接信亦與李兄所接者相同。

9 月 11 日　星期三　雨

職務

上午，在輔導會接劉允中主任電話，謂生產力中心之修正查帳報告尾段與所寫解釋 Baranson 質疑共計八點之 Memorandum 已經打好，希望余到署閱後發出，余乃前往，首將劉君代余修改之八點閱覽一過，其所寫比余初稿確較詳盡，且能揣摩發問者之心理，使其不致再有新問題，由此深感工作技術之不足與亟待改善之切也，寫好後又將查帳報告全文再閱一過，果又發覺漏洞二處，一為劉主任代余修改數字一處而未顧及另一處亦須連帶修改，二為台幣部分亦已查至六月底止，而有時文中敘述仍有用五月底字樣而未加修改者，非整個複閱又險成漏網之魚矣，尚有一處為 Baranson 之疏忽，緣美國顧問之台幣費用在一九五七年列為 124 萬元，彼加括弧謂按每人全年二十四萬計算，但五人預算將成 120 萬元，反使總數之來歷曖昧不明，余將此點詢之劉君，彼初主改正，後又感覺困難，認為可以聽其自然，蓋無關實際支用也。

師友

下午，到明星咖啡館取出昨日所定之壽糕，帶回寓所於晚飯後同德芳到新店為崔唯吾先生暖壽，同往者為李祥麟兄，到時崔氏不在寓，略事休息即返，據云係在台北有應酬云。今日捧壽糕由新店站至大坪頂崔寓，雨中甚感吃力，此糕為十四吋，重在七、八磅之譜云。

9月12日　星期四　雨

職務

　　本年第三季之查帳工作照預定案為退除役官兵之臨時醫療計劃與農墾計劃，前者由退除役官兵就業輔導會辦理一九五六年度部分，由衛生處辦理一九五七年度部分，後者由該會辦理一九五六年度前半段，由合作事業管理處辦理一九五六年度下半段與一九五七年度，最近已查完者為衛生處部分，本欲將醫療計劃中之一九五六年度或農墾計劃中之一九五六年度上半段繼續進行，無如輔導會對此兩部分帳目之整理，匝月未有告終確期，於是只得於今日起開始進行農墾計劃之下半段，本日上午先與胡家爵、徐正渭兩君到合作事業管理處接洽進行程序，經決定事項如下：（1）上月本囑該處將各科目各單位按月份送表以備作為查核之張本，今日細加酌奪，認為若干支出如開辦費等非經常費性質者，在各單位既未按月送來報銷，在事實上亦無再加分析之必要，至於農場場員生活費雖亦未按月報銷，但為便於審核計，仍囑作月份分析表；（2）財產記錄甫經集齊，請再加審核，並使數字與會計方面表報相符，如不符時為何原因；（3）明日起開始到該處查帳，請準備地點。

師友

　　崔唯吾先生今日慶六十，晚乘車到新店其寓所參加壽筵，賓客共計三桌，多為山東籍友人，雖不為甚多，然亦極一時之盛云。

9 月 13 日　星期五　雨

職務

　　晨，到辦公室時劉允中主任語余，日昨對會計長 Baranson 為生產力中心之查帳報告再度大費唇舌，其八項問題雖已具答，但仍不完全同意，其中之一為醫藥費支出余本建議仿美援會與工業委員會例不再准予動支，自本年度起，Baranson 則堅持須照該會例自去年十一月份起，雖其支用乃根據 PPA 者亦不予理會，其二為彼認為該中心已籌有基金二百萬餘，一九五八年度應不復倚賴美援，雖其受援期間應有五年，彼亦不問其此項政策，仍主減少援助，但此事須 ADI、ADO 等部分處理，現在年度已開始數月，窒礙良多，彼始不復堅持云。今日全日在合作事業管理處查核其合作農場帳目，上午將其全部會計結構與總分類帳之數目等加以核對，可解其全貌，並就其已製就之統計數字與帳上核對，證明無何錯誤，下午余擇出兩科目之由合管處統籌者加以分析，作成分析表，一為建築費，此本只有一補助帳科目，余復將其分為四部分數字，即建築設計費，工資，材料，及發各單位支用經費，以便由此數項性質不同之數字追查其支用之經過與手續，二為服裝費，分為三部分數字，一為購置，即買進衣服或包做衣服之用費，二為運費，乃運往各場之費，三為發各場經付之費，三者相加適為此補助科目之總數云。

9月14日　星期六　晴偶雨

家事

今日到女師附小出席家長會兩次，第一次為上午，在一年級仁組，為紹彭之班，級任為徐沫怡小姐，報告極詳盡，且將平時學生記錄取出傳觀，多為關於操行部分者，徐級任報告計分辦法要點，（一）操行占全部成績之半，故學業操行須並重，（二）操行之項目凡十四，多為清潔、禮貌、守時等事項（至目前為止紹彭尚無反面之記錄），（三）學業分數採常態分配法，余詢以是否每等次必須有固定比例之人數，徐教師答尚須先劃分數，視分數高下決定等次，故甲等有時甚多，甚至占去半數者，故曲線至頂點時可以陡降，以次又報告關於希望學生在家應注意之事項，其中第一為目前正學注音符號，此關係其六年全部之學業，望督促熟讀，第二為須選出家長代表一人參加家長會，余即當選，乃至校長室開會，當時討論最多者為中年級之全天上課如何做到，以提高升學比例問題，初步意見為考慮能否籌款加建教室六班，則目前之四年級十二班可以全部改全日，一面另行發動行政力量做到免試升學云；第二次在下午，為三年級和組，紹因之班，級任為崔信芬女士，只略報告希望學生注意國、常、算三科，並上學不要帶錢等即散會。

瑣記

到國民大會秘書處，通知自十月起加多以米折麵一袋，並交子女教育費申請書與單據，又預行將公共汽車月票上請加蓋續購之圖章。

9 月 15 日　星期日　晴晚雨
閱讀

讀本月份學生英語文摘，有錄 Ralph Waldo Emerson「福兮禍所依」（The Compensation of Calamity）文一段，極有修養上之意義。其內容如下："The compensation of calamity are made apparent to the understanding after long intervals of time. A fever, a mutilation, a cruel disappointment, a loss of wealth, a loss of friends seem at the moment unpaid loss, and unpayable. But the sure years reveal the deep remedial force that underlies all facts. The death of a dear friend, wife, brother, lover, which seemed nothing but privation, somewhat later assumes the aspect of a guide or genius; for it commonly operates revolutions in our way of life, terminates an epoch of infancy or of youth which was waiting to be closed, breaks up a wanted occupation, or a household, or a style of living, and allows the formation of new ones more friendly to the growth of character..." 此中意義非飽經滄桑者無由參透，即使能體察其中甘苦者，亦多不能身體力行，收否極泰來之功效，由此可見古今聖哲之與平凡之輩，其間區別固屬不能容髮也。

9 月 16 日　星期一　晴
職務

續到合作事業管理處查合作農場帳目，上午繼續查核各場財產數目，以帳列數目與最近通令呈報之數目相核對，發現有所出入，乃囑主管之徐、范二君加以追尋原因何在，又對於財產之呈請毀損註銷係採何手續一點，詢之范君，據云在會計報告後有財產增減表，主計室對於增減認為合理即予核銷，故欲知此項減損財產之數，須詢主計室有無根據報表加以紀錄之事，余乃詢主計室主管田君，彼認為此項核銷之權實在范君所在之第五科，並非主計室所有之主權，此種互相推諉之作風，殊可怪也。下午開始審核各單位之單據，任擇一處開始，經以台東池上一農場先行審查，發見手續甚為嚴密，且有報表可以稽考，甚為整齊。同時查帳之胡家爵君在查核建築工程中特別致力於一項工程包工之疑竇，緣各農場須建屋百餘所，由有巢建築師設計，其初次設計圖所用材料不多，及後互又改用新計劃，料增工減，而總數並不超過，材料係由輔導會就配給之木材與水泥中撥給，據云配價與市價相差數百萬元，若干關係人員從中分肥，事為安全分署主管此方業務之 Fraleigh 所知，乃囑胡君注意，但只限於用款不當部分，至於弊端所在，聞主任委員蔣經國已在處理之中，且分肥之材料只一小部分，其餘已因敗露而為計不逞云。

9月17日　星期二　晴

職務

　　續到合作事業管理處查合作農場美援帳目，今日本擬與徐君共同開始審查各單位呈送之單據，但因上午徐君修正其數月前所作國軍退除役官兵輔導會 General Survey Audit Report 至下午猶未竣事，而余則上午與

徐、胡二君言及在審核單據以前，最好能先決定下月實
際考察之單位俾於看單據時多加注意，乃先與合管處范
君研討出發之日程，因農場分散，談話又不能過於簡
單，竟費時半日，擬定兩個假定方案，一為赴台東、花
蓮看東部三個農場，二為赴高雄、屏東看南部三個農
場，均為五天竣事，交通工具東部為飛機往返，當地利
用火車，偏僻地點則必須步行，西部為自行派車前往，
處處可到，緣是前者所可能到達之地點遠較西部為少，
至於中部與北部據云只桃園、苗栗兩場即非五天所能看
完，因其過於分散也。與胡徐商量後，初步決定看屏
東、高雄兩縣內之三個場焉。下午只余一人在合管處，
本亦擬進行看單據，而發覺準備工作不足，蓋單據為合
管處所主管之部分，另有第五科通令各場造送之經費支
出總表與財產目錄，此二者應與報銷單據相符，經核對
後發覺只一兩處相符，其餘皆有差額，為追求其原因，
乃將支出總表之總數記出，備一一與主計方面之結出數
加以校正，並發掘其原因，同時對於財產目錄之不一致
處圖謀補救之方。

9月18日　星期三　晴
職務

合作事業管理處各合作農場之查帳工作，自今日起
集中於各場所送單據之審核，預定十場由兩人同時進
行，約明日可以竣事，但徐君今日又有他事，未能一同
工作，余乃儘先就預定須往實地考察之三場先行開始，
上午查完竹田農場，該場比較最有條理，其所送之經費

支出統計表與其以前所送報銷單據為數相符，而所送財
產記錄又與報銷單據互相一致，僅在備考欄註明何者為
財產帳上之項目，何者非是，既可一目了然，又能與帳
上對照，十場中如此清楚者並不多也；下午查高雄農
場，此場單據紊亂不堪，雖財產項目所列不符可以暫置
不理，但單據與合管處帳上列數已有歧異，經與經辦人
員核對，發覺有剔除不予轉帳數甚多，此等數目或由於
預算超過，或由於單據有缺，尤其後者經余核對亦發覺
有數筆大數在單據簿內付之闕如，亦無一字說明，可見
存心矇蔽，由於有此事發生，乃不能不特加注意，將稍
大數目之支出，原則上在五百元以上者一一加以核對，
因此費時獨多，窮一下午之力尚未核完，且發覺一項轉
帳數超過其報銷數，此在道理上為不應有，原審核人員
又在假中，無人能說明其原因，主辦之田專員廣和云將
約經手人加以查詢，此外高雄農場尚有轉撥他場經費之
事，亦為使其帳目發生混淆原因之一。

9月19日　星期四　晴

職務

　　上午，在國軍退除役官兵輔導委員會與胡家爵、徐
正渭兩君及該會主任室羅教政君商討下星期出發中部查
核醫療單位之行程，交通工具因安全分署調派汽車困
難，乃決定改由火車出發，在目的地乘用出租汽車，經
決定星期一早車出發，午抵嘉義，視察該處之療養院各
單位，至次日下午完畢，馳赴台中，次晨赴埔里視察療
養所，第四天歸程至東勢，視察台中療養院，即晚仍回

台中，次晨到新竹竹東療養所視察，晚回台北。上午到
合作事業管理處續查合作農場帳，將水利費部分支付水
利款部分之帳項內容從傳票上加以查明，因單據全在水
利局，下午與胡家爵君同到水利局，先訪章錫瑗局長，
彼對於台灣水利事業之甘苦，知之甚審，發抒甚多，繼
至主計室與馬主任及劉、潘二君檢討其帳務情形，見該
局之代辦水利工程係用「代收款」科目設戶處理，一切
收支均在其內，且未分兩個年度，預算中之測量與工程
二項亦未劃分，故欲急切中知其測量與工程各在年度內
支用若干，竟不可能，且預算與實支之比較另有預算控
制帳，歸另一部分管理，遂囑雙方各將數字理清並將單
據備妥，定月底再來查核。下午又將昨日未竟之高雄合
作農場單據看完。

家事

　　紹彭兒數日來學小型腳踏車，甫三天即不用人扶自
己可以行動，今日喜極請余代為記明，因記於此。

9 月 20 日　星期五　晴

職務

　　上午，到合作事業管理處繼續查帳，今日與徐君分
別將各農場之由合作事業管理處統籌支付之款項，其一
為房屋建築，由徐君擔任，其二為服裝，其三為肥料購
買，均由余擔任，此二者表面甚簡單，但亦均有其經
過，服裝一部分為輔導會代辦，只憑該會通知列帳將款
支去，另一部分為運費，所運物品又不限於本計劃以內
之所購，肥料則本全全數交糧食局代辦，其後各場漸有

自買，合管處為恐重複支出超出預算，乃將各場自購數之款由糧食局索還，及後索性全部索還分發各場自購，前者列入各場報銷單據內，後者則撥歸各場自行處理，並不於支用後報銷，勢將到各場再行查核矣。下午續查合管處經付之各場場員生活補助費，此項補助費本已交該處人員查明按月列表，但因未有單價與人數，不詳其為數所有來，故由單據內查出一一作成記錄，此次查帳工作至此已告一段落，僅餘以下各事尚待補辦：（1）肥料分配各單位預算抄件，（2）服裝費內有買毛巾、襪子者，非預算所列，須查核准之根據，（3）水利局支用測量及工程費尚待補核。下午到輔導會取來有關醫療計劃之工作底稿，並到安全分署領取下星期一火車票，準備一切事項。

交際

晚，李洪嶽律師在會賓樓請客，到蔣勻田、楊君、劉中一、吳崇泉諸君，係吳麟在事務所不能相容，託各人向吳麟君說明請其自行退出云。

9月21日　星期六　晴

瑣記

昨日吳崇泉兄告余，景美所共同買入之放領地，所託代書已將放領地提前繳價手續辦妥，立即接辦轉讓過戶，因此需要附送戶籍謄本與印鑑證明書，但余因紹彭入學之學區問題，曾將戶口移至城中區文賓里，以前曾將印鑑送存古亭區公所，為方便計，乃於上午到城中區公所將戶籍遷出，下午到古亭區公所將戶籍遷入，一面將戶籍謄本及印鑑證明書分別申請，該項承辦人允於星期一日辦妥。

家事

紹中在五省中新店分部註冊時曾持國民大會秘書處之證明申請免繳學費三分之二，但該校謂此項職務不在減免之列，且規定須繳銓敘證件，於是乃作罷，事後並將繳費收據送國大秘書處申請子女教育費，日昨報教育廳長聞悉各中學有未明晰政府優待公教人員之旨，對於減費時多有留難，應依規定凡有服務證件者即應減免，余乃於今日下午到國大秘書處探詢一切，據福利科云，政府已有解釋，國大代表與立監委員不在其內，但光復大陸設計研究委員係屬聘任職，應包括在內，余乃赴該人事室詢問，據云服務證件可以照發，後日當為寄來云。此事以及上記之戶籍謄本事須下星期辦理，余須因公赴南部，於是將二事分別交紹南、紹中辦理，並因下午曾在國大秘書處由會計科劉日昇科長處將新店分部收據抽回，經囑紹中到校索取在學證明書以便補入云。

9 月 22 日　星期日　晴

瑣記

美國新聞處所刊行之今日世界半月刊填字遊戲，余幾乎每次應答，其中最困難者為詩句，因余向不習吟詠，何由憶其名句，然因其範圍向不出唐詩三百首，故有時可以查得，近來常有發現不出於三百首詩之句，查詢即不易易，如上月有李太白詩，係在省立圖書館在四部叢刊中尋得，此次十六日出版之一期，有駱賓王五言詩及王安石詩七言各一句，經揭出其下句各為「今日水猶寒」及「月移花影上欄杆」，余在唐詩三百首及唐詩別裁、宋詩別裁中皆未能尋得，於是在市立圖書館見有唐詩集解一書，其中係分別詩派選錄，得駱詩之上句為「昔時人已沒」；該館有王臨川全集，但館員云無法找到，乃於今日到中央圖書館由所藏四部叢刊中「臨川先生文集」中七絕內查得，乃一首極常見之詩，名「夜直」，其上句為「春色惱人眠不得」，至此始得以將填字遊戲之空格填成。

師友

下午，韓華斑兄來訪，謂在立法院抽籤得國民住宅興建委員會板橋所建房屋一所，其本人獨身，房擬出租，地為自強新村四十六號，託余注意介紹云。

參觀

到文物美術館參觀端硯與舊墨展覽，硯三、四十方，有六朝磚，有二十眼端石，有方盈尺大石，琢製多美觀絕倫，墨則有程君房、方于魯等明墨，清墨則更多，且有嘉道以來之胡開文普通出品，款式各有千秋。

9月23日　星期一　晴有陣雨

旅行

為查核中部各退除役官兵醫療單位之帳目，與胡家爵、徐正渭二君一同由台北乘特快柴油車出發南行，此為台灣鐵路最快之車，余尚為第一次乘坐，其特點為快而不特別顛簸，車上有服務小姐遞送書報及手巾，車內對號，秩序不亂，到站前先報告請旅客準備，缺點為風捲路上塵土，衣服髮膚俱感齷齪，八時十分啟行，十二時一刻到達嘉義，住嘉義旅社，環境甚好，惜夜間有蟲囓，疑係涼席太舊之故，去之始稍佳，睡眠欠佳。

閱讀

途中閱九月份 *Readers' Digest*，載有書摘一篇為一日本外交家之美籍夫人 Harold 所寫，名 Bridge to the Sun，寫此一段姻緣之受政治與國際關係國籍不同發生之困難問題等，極富感情正義與正確之見解，筆調之佳，讀後深受感動，數度熱淚盈眶。

職務

下午與胡、徐二君乘嘉義療養院之吉普車到該院查帳，該院距市區約十餘分鐘，布置極佳，庭園幽勝。余與徐君查其帳務處理程序與現金及現品出納之實際狀況，因該院之單據俱已送衛生處，故內容無庸審核，而大部分之視察工作則由胡君任之，余與徐君早即告竣，該院完全為肺病患者，進入者常懷戒心。

9月24日　星期二　晴有陣雨

職務

上午，胡家爵君繼續在嘉義療養院總院調查藥品等情形，余與徐正渭君則到附近之分院視察一般情形，所乘為該院之吉普車，由該院李財務官同行，循去梅山及阿里山之公路前進，先到灣橋，此地分院有二個組，傷患約五百餘人，兩組組長分掌行政與治療，其掌行政之郭組長極健談，且詼諧百出，似對於應付此種性格不同之官兵有其獨特之經驗，主計人員出示各種款項支用之記載與審核情形，甚為詳盡，而對於該分院無交通工具，對於患者之急性變化不能爭取時間，認為必須有車輛設備不可，乃屬實情也；半小時後至鹿麻分院，此地只有一組，組長兼掌行政與治療，然亦能井然有條，帳簿記載等亦甚清晰，認為當前問題為被服破舊太甚，棉絮有重彈達六次者，自已至山窮水盡之境云，半小時回嘉義，胡君亦已事畢歸來，乃同往共用午餐，午後雇用出租汽車，由李財務官引導駛田中分院視察其一般情況，並略將帳務查詢一過，即乘原車北上，於傍晚到達台中，住火車站前中央旅社，余與徐君一室，胡君與羅教政君共一室，此家旅社設備尚佳，且房間兩面有窗，微風穿過，涼意宜人。

9月25日　星期三　晴有陣雨
旅行

晨七時半到公路局車站搭埔里直達車東行赴埔里，凡兩小時到達，同行者同事徐、胡二君，退除役官兵輔導會羅教政君，由埔里雇用出租汽車赴埔里療養大隊，並約其於午間及傍晚接送，果節省交通時間不少。在療養大隊見其附近高空有粗索數條引至附近之山頭上，詢悉為電力公司霧社水壩工程之運料設備，係以若干大汽油桶懸於吊索之上，以電力使向上行，將容裝之物加以運載，如此別開生面之運輸方法，須不能不加欣賞也。此地工作於下午五時結束，乃回至埔里，搭乘公路局普通班車回台中，於九時到達，仍住於車站前之中央旅社。

職務

今日所查只一單位，即埔里療養大隊，余在帳務方面發覺其造報銷與製報表不根據帳簿，帳簿記載方法甚為特殊，竟有對於現金科目不計收付只記現金日記帳之每日結存額者，此種方式不知何所根據，亦不知其何以形成，而總分類帳各科目與明細分類帳之相當子目亦多不能核對，因經理官兼財務官赴台中出席衛生處召集之會議，致其中錯誤情形尚待函知其財務室再作糾正之圖云。

9 月 26 日　星期四　晴有陣雨
職務

上午，由台中市包汽車到台中縣東勢附近之中興嶺第二肺病療養院查帳，同行者同事徐、胡二君及退除役官兵輔導會羅教政君，由台中至豐原行二十分鐘，至中興嶺又半小時，其地甚高爽，空氣極好，據云可以俯瞰台中市。余與徐君核對其帳目，發現與其所送輔導會衛生處之決算表有不符處，其原因為七月份經費誤入舊年度帳，而舊年度於七月份收支數又有誤入新年度者，結果現金結存與實際無法對照，經囑其自行調整，務期與實際相符，並將年終劃分清楚，表報根據帳簿編製云。

參觀

下午，抽暇乘公路車到霧峰北溝故宮中央博物院聯合展覽室參觀其第三期展覽，展出百件，舉其大者如下：書畫有康有為甲子元旦詩、文彥博行書尺牘、司馬光楷書故省副陳公詩跋、富弼乞蔡君謨書尺牘、張即之

金剛經、董其昌金剛經、宋徽宗欲借風霜五言詩二首、
仇英漢宮春曉圖、唐寅嫦娥奔月、宋馬麟三官出巡圖、
宋陳居中王建宮圖、謝遂職貢圖、明崔子忠蘇軾留帶
圖，皆為佳品，此外則玉器、瓷器、琺瑯器、春秋戰國
銅器、漆凋，皆存不可多得之珍品，書版則有宋元版書
及四庫全書經史子集（封面分作綠、紅、藍、褐）各一
冊，歷一小時看竟。此項展覽每星期四至星期日九至五
時舉行，公路局班車下午三時半以前每二、三十分一
班，尚稱便利。

9月27日　星期五　晴有陣雨
職務

　　下午在竹東療養院查帳，由余與徐君分別查一九
五七年度及一九五八年度當前之情形與現金支用現狀，
在衛生處核對與該院帳目時，頗經過若干筆帳目之調整
始得以將收支決算數對攏，預料其帳目必甚紊亂，但事
實上則極為清楚，惟不能與衛生處所提供之數相符，則
亦有其合理之原因，蓋此療養所有數度變遷，在三月間
退除役官兵輔導會將其改稱診療所，此前之人事費事務
費係由軍方供給，此後由輔導會供給，仍由衛生處轉
撥，而該所均收入此項計劃之帳目內，又自四月底至此
診療所之全部經費不由臨時醫療計劃供給，但該所仍將
同一年度之支用款記入一個帳內，欲知此計劃四月底之
決算數必須將此等之原因加以消除，經就此點詢之會計
人員，均在帳冊上作準備，一俟餘款及衛生處欠撥專案
款完全清理後，必能將全部帳目軋平，因此斷定其處理

程序尚屬清楚。

旅行

　　晨乘十次快車由台中出發，中午到新竹，飯後租汽車赴竹東近郊之竹東療養院查帳，五時回新竹，飯後乘四次快車於八時返台北，九時半到達，以電話通知分署派車回寓。今日上午火車本欲買飛快汽油車，結果落空，下午之快車則又乘客擁擠，直至站立一小時後始獲座位，後聞柴油飛快有黑市票，深為訝異。

9 月 28 日　星期六　晴

師友

　　上午，佟志伸兄來訪，據云已改到國民住宅興建委員會擔任財務組長，但因過去懸案太多，已經著手了解，致對於應計劃之新工作尚不能開始悉心籌劃云。與佟志伸兄同到麗水街訪楊紹億兄，又到泰順街訪湯炳寰兄，二人均曾臥病甚久，但均不遇，想見係已經痊癒矣。

閱讀

　　閱一月份學生英語文摘，有警句數則摘錄於下：(1) Don't tell your troubles to others. Most of them don't care a hang, and the rest are darned glad of it. (2) The greatest misfortune of all is not to be able to bear misfortune. (3) The man who insists upon seeing with perfect clearness before he decides never decides. Accept life, and you must accept regret. (4) Happiness is in the taste, and not in the things themselves; we are happy from possessing what we like, not from possessing what others like. (5) All great events hang by a single thread. The clever man takes advantage of everything, neglects nothing that may give him some added opportunities; the less clever man, by neglecting one thing, sometimes misses everything. 以上第一句出自 Nantucket Philosopher，第二句 Bias，第三句 Amiel，第四句不詳，第五句拿破崙。

9月29日　星期日　晴
師友

上午，李洪嶽律師來訪，據談其中山堂前信用合作大樓事務所現在共同使用者吳麟經央友轉達將其辭退，雖表示不滿，然恐不能再另事拖延，另一使用者劉伯含則因其公司已另有門面，決定停用此處，刻租期將於月底屆滿，繼續使用者除李氏外，已只餘吳崇泉一人，李律師意在未確定其他參加人以前，與吳兄二人分擔費用，各出半數，託余向吳兄轉達此意。余於下午往訪吳兄，吳兄之意李律師完全只知有己，緣此處事務所本由李與余代表出面承租，各任半數，自余退出後，租約即由李一人出面，中間吳兄初負擔四分之一，劉伯含負擔二分之一，李氏本人亦四分之一，其後李氏又約吳麟前來，與吳兄各出八分之一，現在吳之辭退與劉之退出者皆為李事，與吳兄實不相干，故吳兄表示最大限度只能出四分之一，並保留以八分之一讓之他人云，余亦認為吳兄之立場實甚正當，緣是允將此意轉復，猶憶昔曾因吳麟一度退出，李律師向余與吳兄表示三股分擔費用，實際吳麟未參加前彼即為二分之一，吳之退出亦與余等不相干，經拒絕後始不再提，此次與上次固事出一轍也。下午，有同鄉丁錫周者來訪，謂有小同鄉患肺病住療養院，家貧子幼，請予協助，且已有七、八人認捐，當捐助一百元。

9月30日　星期一　晴有陣雨

職務

開始在退除役官兵就業輔導會查核臨時醫療計劃之一九五六年度部分，此部分本應在一九五七年度衛生處經辦部分以前即先查核，因該會帳目簡略，囑製月份及支用單位統計表再行據以查核，緣是月餘不能著手，直至今日始將表交到，此年度支用經費數目分為上半、下半兩部分，上半部分為國防部先行墊款，由輔導會領到援款後撥還，此部分由徐正渭君查核，因以前曾由王德壽君一度查過，徐君就其執行情形作過一次 Follow-up audit 也，下半部分為輔導會自行支用，帳目亦另冊記載，傳票似無，若干單據則編號裝箱，另行保管，余今日已就其支用數目之帳列餘額加以核算，收支結存具屬相符，特不知內容情形如何，則如非詳實查過，不能先知也。

集會

晚，舉行古亭區黨部第四次委員會，討論事項有八件之多，費時二小時半，其中特別曲折者一為關於將來爭取黨員競選區內里長之原則，決定如同時有黨外人士競選時，本黨候選人以只有一人為主，如黨內有一人以上競選，別無他人競爭時，則聽其自然，至於競選技術，應注重小組之運用，余並補充意見，認為掌握里幹事甚關重要，但常委劉壽朋則對於里幹事觀感不佳，似不贊成此項意見，另一為關於前次辦理省議員與市長選舉本區內活動有功人員之褒獎，前任區委員會曾保薦一百四十餘人，而市黨部只發下獎狀七十張，無法分配，決定呈請市黨部予以解決，另有一案為推定委員三人籌備黨員互助事宜，余亦被推，而此案本已討論均認為於事無補，主張從長計議者，今日劉常委又列入議程，不知其何以有此變更也，此外則有關雙十節發布壁報以及提出成立三股每股設股長一人等案，亦皆一一通過，並為充實民眾服務站，決定改選理監事，經認定二十人之加倍人數送請予黨部圈聘云。

閱讀

　　閱陳紀瀅著「報人張季鸞」，全書一百頁，包括論文五、六篇，末附張氏生前短篇要文五篇，作者所寫者為在各報刊如中央日報、新聞天地、自由人等處所刊之文章，實為一論文集，其中且附有胡政之與吳達詮二氏之記述文章，寫來大致尚平妥，但文筆不夠蘊藉，寫張氏生平，實不相宜。所附之張氏短文，其中多為在大公報所作抗戰時期之社評，見解確高出儕輩，眼光犀利，事後印證，益覺難得，其中又有「歸鄉記」一篇，曾於二十三年刊於國聞周報，乃記其回陝北掃墓之經過，而涉及當時已漸見嚴重之國是，與民生疾苦，學生無精神寄託等問題，皆曲曲道來，親切有味，比之社評文字又是一番風格也。

10月1日　星期二　雨

職務

上午到安全分署與會同派駐輔導會之胡家爵、徐正渭二君研討本年第四季之工作計劃，胡君本已於昨日開出三項示之劉允中主任，其中一為榮民工程總處經費，二為漁殖，三為輔導會之材料基金，今日經再三衡量，因醫療與農墾二者須尚延一月始可完成，第四季只有二個月，乃將漁殖計劃取消，同時將須 Follow-up 者加入，一為 Geo. Fry & Associates 之經費，二為東西橫貫公路之測量經費。關於正在進行中之農墾計劃查帳工作，預定係於本月中旬至高雄、屏東查核三個農場，因現在署內車輛不足支應，乃於今日先行填送申請手續，此事皆由胡家爵君任之，彼最為熟手，原意有將工作分配於五整天使三個農場之一切分場均可看完之計劃，則須於星期日晚間乘坐夜車赴高雄，但此法使不慣於乘坐夜車者次日難免精神不濟，且徒增耗費，故決定仍然乘車前往焉。上周出發中部之旅費於昨日寫好 Itinerary 及 Expenditures 兩張，交旅行司事者代為辦理報銷，其中第一表余與徐、胡二君全同，第二表則全部出租汽車費均由胡君一人報支，余與徐君各支本人之火車票價，據云所以必須如此，係旅費無三人合報之習慣云。原定本週往查水利局經支之合作農場帳，現決定延至下星期，今日電知該局。

10月2日　星期三　雨

職務

今日繼續查核退除役官兵就業輔導會經辦之臨時醫療計劃一九五六年度部分，為便於核對人數，乃先就輔導會所製人數統計表加以分月分單位之核計，該會原表係每月一張，縱標病別，橫標單位，余須求知每月每單位之官與兵各為若干，及每月每單位各項病別之人數若干，填於一表，多所混淆，乃製為二表，一為左標各單位及病別，二為左標各單位官兵別，右標則皆為月份，填好後經核算有三個月總數不符，姑存疑焉。生產力中心之查帳報告於今日打成，余就打字腊紙加以校對，發現數字有數處錯誤，其實乃已經核對過者，而竟仍有誤點，此次報告稿較余最後所見者又不相同，主要之點在於一九五八年度是否全數援助一點，稿後附有 AD/I 部分致會計處之意見，不贊成將所收基金加以動用，Baranson 同意此點，但在報告內加一段說明，一九五九年度該中心即須步入半自立狀態，並將原由首席顧問Stark 所表示之簽註意見原文作為報告附錄，以示堅定，此外關於 Baranson 主張由去年十一月份起即須將醫藥費剔除一節，AD/I 亦認為情形不同，不妨照余之原文由新年度開始，但 Baranson 堅決反對，明白批註 "I do not agree"，故剔除事項中之醫藥費乃仿照政府中之美援會與工業委會例自十一月起也。

10月3日　星期四　晴

職務

　　續查退除役官兵臨時醫療計劃一九五六年度輔導會經手之半年支出，重點在以各項支出項目之各單位各月份實支數，與其時之官兵人數相比較，如依照規定，其人數與實支數相稱，即不再審核其內容，而可以推斷其不至有何浮濫支出，因照預算數支出皆由各單位之榮譽團結委員會審核後始行支用，不至有何不法之支用也，但如有超過預算數之情形，當非各單位內部按經常牽制辦法所能支配，即須查核其內容果為何若。今日先由病房作業費著手，分析其每單位之數目，太大者即查其內容，由於帳上記載均極籠統，須根據依分析表之人員的草本追查某經費乃某號傳票所列帳，其數目則往往包羅十數至近百筆，又非分析其內容，無由知悉其內容，緣是一天時間過去，尚未能將病房作業費全部核完，且有時傳票號碼不符，遍尋無著，徒耗時間，以致進度更緩焉。

閱讀

　　閱方丁平作「寒梅曲」上集，為一言情社會小說，首數章寫白楊如何由風塵女人而入電影界，次數章則記述主演故都春夢之姜寒碧（不知所指究為何人），與梅蘭芳之為馮耿光孌人而又在馮之安排下與孟小冬造成曖昧，僅梅用真名，此或為「寒梅曲」一名之所由來歟？

10月4日　星期五　晴

職務

　　終日從事於退除役官兵計劃中之醫療計劃的查帳工作，戰勝無數困難，始將一九五六年度下半年之病房作業費各單位各月份分別查訖，其中因有若干單位月份之數目顯著超出預算範圍，其中必有特別開支，故必須分析其內容，此則必須看過單據始知底蘊，而附有單據之傳票又未在帳內記有摘要，一張傳票最多可以包括近百筆之各單位各月份各科目帳項，單據可重達數斤，欲知某項開支在某傳票後，須先檢視該會所作之一種分析表，該表有部分科目月份與單位混合開列，欲尋一筆帳之傳票號數，須將全冊翻過而又未必索得，既索得傳票號數矣，在箱內又未必得其傳票，詢之辦事人員，始知乃另有一部分單據較少之傳票另外保管，如此查出若干單據始能兜起一筆帳項之內容，如此繁複之程序實為查帳工作中所僅見，同工之徐、胡二君謂此等醫療帳目查過後，余等恐亦將臥病於醫院矣，誠非言過其實，尤有進者，其中一部分經費並未發之於各單位，而由輔導會代各單位買汽油，印刷榮譽國民證乃至籌備文化工作隊，皆非 PPA 所定之開支，殊可異也。

交際

　　中午，周天固兄之長兄慕虞在極樂殯儀館治喪，昨晚定作花圈，自書「典型永垂」四字，今日送往，並於今午到該館致祭。

10 月 5 日　星期六　晴
瑣記

　　今日例假，無事可為，上午率紹彭兒到杭州南路租用小孩腳踏車，用完後余到物資局代辦處買茶葉，下午助德芳裱糊紙窗，並閱讀書報。

閱讀

　　讀學生英語文摘十月號，第一篇為摘錄 Ricard L. Evans 之 "The Best is Yet"，其末段警句甚精彩，記之於下："Perhaps no man who has seen much of life has escaped his days of deep despondency. Despondency is one of the most dangerous diseases that the world faces or has ever had to face, and it isn't always easy to lift ourselves out of it. But even if the worst were true, even if the end of all things were a certainty, what could we gain by living as if there weren't going to be a future? And what could we lose by living as if there were? Life without faith in the future would be all but meaningless... Anyone who has any regard for his own future, and for the future of his family, will fight against the false feeling of despair that can so easily envelop any of us, knowing that there is a future worth living for and worth working for."

10 月 6 日　星期日　晴
家事

　　下午，表妹婿隋錦堂來，閒談其所服務之頭份人造纖維公司情形，認為該廠問題甚多，尤其管理與人事制

度，對增加效率與鼓舞情緒各項，完全不能發生良好之
作用，而上層人員只見小者與無形者，不見大者與有形
者，以甚新之設備而不能有甚新之管理，此一新創事業
之前途未可樂觀也云。

娛樂

位於中華路長沙街口新建之三軍軍官俱樂部，寄來
入場券，今晚欣賞海軍劇團之平劇演出，余於晚飯後前
往，戲為全本興唐滅巢，亦即沙陀國，或名珠簾寨，就
余之記憶，似生平未聽過此劇，故事為李克用被貶沙陀
國，唐天子因黃巢造反，遣程敬思到沙陀國搬兵，李克
用因舊嫌未釋，始終不肯，後由大太保稟報二位皇娘，
發兵伐巢，先與珠簾寨王周德威交鋒，不分勝負，後以
比劍為周所折服，此為收威，全劇共歷時三小時一刻，
可謂極長，演員姓名俱未公佈，主角唱作俱有號召力，
但全係外江一路，雖易討好而不足取法也，此劇缺點極
多，尤其如朱溫大敗王師後以虜公主而反正為駙馬一
段，對全劇無連貫之處，且沖淡搬兵之為必要，而解寶
時被劫又為大太保尋回一節，亦非劇情中所不可缺，且
徒使全劇之結構鬆弛，前後不能照應焉。

10月7日　星期一　晴

職務

上午，到安全分署處理零星事務，首先將生產力
中心之查帳報告已經印成者加以整理，並將一切之
working papers 加以裝訂，即交主辦人員加以歸檔。上
午繼續查核一九五六年度之臨時醫療計劃，今日所查為

零用金一科目，所謂零用金乃各住院士兵傷患每月定額待遇三十元，此項支出本最易稽核，按人數與金額二者互相核對即可，然仍費甚多時間始告完畢，此蓋因有若干月份之實支超過其人數甚多，若非明悉其原因，即難免有不合規定之開支，經過審核之結果，發現數種特殊情形，一為單位與單位間或月份與月份間或單位與月份間之支出有張戴者，結果某一單位五月份有特別多或特別少之情形，二為某一單位某月份支出特多為由於此期間內之支出有包括期間前之某一月份者，而此期間前則一切支出等於國防部包辦，按總人數計算轉帳，此部分之多包括者實應予以剔除，以免支用重複，經將此情形同時告知一同查帳之徐君，以免脫節。下午，同胡家爵君到水利局查核農墾計劃中之一九五六年水利測量與水利工程二項支出，由於該局對於此種收支只列代收款一戶登記其收付，而傳票則全局經費均採綜合處理方式，致查詢傳票深感不易，好在傳票號數尚屬清晰，尚不難按圖索驥也。

10 月 8 日 星期二 晴

職務

全日在建設廳水利局查帳，帳目不多而頗費時間者，因該局會計處理方式太過簡短之故，緣該局之農墾計劃水利經費係由合作事業管理處轉撥而來，該處轉撥之時即以撥款作為記帳根據，不復問聞，該局亦不知此為須待查帳之美援經費，僅在其普通會計制度中之代收款一科目內設立合作農場一戶，兩年來只在此一戶內記

載測量費工程費之全部收支，至於工程單位概未有分戶
記載，於是欲知其每年度各工程之內容，由帳內無由立
知，必須加以分析檢討，始克知之，根據此項情形兩星
期前曾囑該局分析列表以便稽核，迨此次續核，即以所
列之表為張本，然表內為各個預算工程單位之總數，支
付時間則筆數繁多，不能一目了然，其表內亦只在備考
內註明分付之細數，亦未將傳票號記入，於是表內之數
在帳上何所根據，必須盲目的找出對照，而費時極長，
據記帳之劉君云，工程單位有時甚為雷同，彼於付款後
往往亦只能視其性質歸入某單位，實際難免拼湊之嫌，
此則工程部分與主計部分互不相謀之後果也，今日將全
部帳目看至今年九月底，囑辦事人員再詳分年度之所
屬與測量費及工程二者之分際，訂明日再為綜合之核
算焉。

師友

中午，王慕堂兄來訪，囑代為查詢有無 *Capital
Formation of Taiwan* 一書。

10月9日　星期三　晴

職務

續查水利局經付之大同合作農場水利測量費與工程
費帳，本來約定今日其經辦員劉君將本來混為一個帳戶
之五六與五七兩年度測量費與工程費劃分為四部分交
余，作為報告之張本，今日劉君因四部分相加未與帳上
總數相符，須再詳加核對，預定於後日下午再行交來
云。在水利局與其會計主任馬超鵬及另一經辦水利款預

算之潘君談應注意者數點：（1）一九五六年度經費經此次查帳始知尚未實際支用完畢，然尚未發生逾期繳回問題，只因合作事業管理處於轉撥時憑該局收據記帳，全數支訖，故現在發覺有結存，務請早通知工程部分迅予結報；（2）已定預算尚未支付之款有將支付補償地價款三萬七千元，在未核准前，依規定不得用於此途；（3）帳內未分戶記載，致今日發生分成四部分之困難，即連日審核時亦感覺完全根據帳列亦難窺見各個工程之情形，應再立第三級明細帳加以記載，以減少查核之困難云。

師友

在安全分署圖書室為趙葆全兄查借 *The Gross Capital Formation of Taiwan* 一書以電話請王慕堂兄派人前來取去。

交際

葛之覃兄晚在中山堂為子完婚，屆時前往道賀並參加喜筵。

10 月 10 日　星期四　晴

國慶

今日為雙十節，蔣總統仍在介壽館前閱兵，往年本未通知國大代表參加，今年因立法委員要求，於是連同監察委員與國大代表一同邀請，按所發小冊係九時半前入場，余於八時半動身前往，至成都路下車步行由沅陵街至重慶南路，此時已九時半，群眾已麕集路側，且有坐於街中者，無法在人潮中衝入進路，廢然而折回，

正躊躇無策中，行至武昌街，以為此處觀眾應不似衡陽
路、沅陵街之密集，乃得憲兵之協助，由此入馬路步行
寶慶路口聯合大樓前之觀禮席北一區，且有座位。十時
大典開始，首奏國歌放禮炮二十一響，於是空軍分列式
開始，計有雁形、菱形及品字形三種隊形，且有空中加
油表演，次則陸軍及海軍陸戰隊及空軍高射砲隊之分列
式開始，其中以裝甲兵部分之戰車及砲兵所費時間獨
長，約一小時始畢，余等只見其由閱兵台前經過，至終
了為止，以後即未知如何，聞尚有總統訓話，余此時即
同若干觀禮人士退席矣，時十一點半，今日閱兵式極為
隆重，但擴音器始終不清，且有時作怪聲，為美中不
足，又觀眾往往扶老攜幼至民眾席候觀，而驕陽肆虐，
頗有猝然暈倒經急救始免於危險者，但人叢中不獲救者
則不知矣。

10月11日　星期五　晴

職務

今日已將所查退除役官兵輔導會1956年度輔導會
部分臨時醫療計劃經費帳目查完，今日所查有二部分，
皆為 Living Allowance 科目內者，一部分為實物補給，
係由國防部代辦，連同副食費現金皆由經理署照總人數
19,837 人向援款算還，其實並無如許之人數，另一部分
為各單位由輔導會領去現金，包括特別營養費（肺病者
六十元，普通病者十二元），在編人員副食加給每人
48 元，在該會所製之表上並未將名詞分清，因而各單
位數額忽大忽小，經檢查單據始核明有若干張冠李戴之

情形，而其中有必須剔除之情形凡二：（1）單據裝訂已久，有破裂分為二冊，下半冊之數本已包括於總數內而又作一筆費用列支；（2）應屬於上半年度之月份開支，又以單據混入本時期內之月份內，而上半年度之開支乃由國防部主管，該部已按一切費用預算19837 總人數算收，今又列支，顯有重複，此等情形由於係屬顯著之超支而經查，如屬少數而又不能細查全部單據，難免有所遺漏，好在此項援款帳目本係粗枝大葉，實亦無法絲絲入扣，尤其人數與支用數殆永難對攏也。下星期又出差，上次旅費尚未領到，經催辦後，下班前始領到。

師友

下午訪龔英松夫婦於公園路，不遇。

集會

晚在區黨部開審查會討論互助辦法。

10 月 12 日　星期六　晴

參觀

上午到中央圖書館，本擬蒐集參考資料，未悉其全部改為國慶之輿圖展覽，以普通閱覽室陳列中國印行之各種地圖，甚多以長卷方式出之，與實際地形相差甚遠，以青年室陳列西洋輿圖，以歐洲者居多，且有以色彩表示山岳湖沼等者，極精美之能事，其方式亦非吾國固有之方式所可企及也。建築於植物園尚未落成之科學館為國慶展出星象儀展覽，余於上午十時看其第一場，場內建築為圓形，頂為球形，儀器在中央，觀眾就坐後門即加閉，室內黝黑，儀器逐漸將各星座位置顯現，解說員即先指出北斗七星，即大熊星，然後指出包括北極星在內之小熊星，據云宇宙中之星皆恆星，動之來源為地球而非星辰，又云北極星之位置永久不變，對定方向有極大之幫忙云，此下又解說夏至、冬至、春分、秋分之經緯度，與夏至後一月後始最熱及冬至後一個月始最冷之原因，最後以晨間朝陽上升恢復室內光線，並報告日光之存在方式，余因室內光線之恢復，即行退出，歷時三刻鐘云。紹南由台大法學院取回雙十節遊藝會之入場券，余晚間與德芳及紹彭前往參加，看京戲武家坡與春秋配，惜兒女輩尚不能將其情節了解云，演員均平平，未終而返。

10月13日　星期日　晴
集會

　　夏間潭墘買地之結束事宜，係推余與逢化文李鴻音三人審查帳目後，找算各人現款即行辦結，逢兄於今日召集審查，共列數表，一為買地時之地價及各項支出，照各人實得坪數計算，每坪地價與費用為三十二元弱，二為契稅及各項什支，係按人而異，與面積無比例關係，三為由於面積未平均分配而發生之差額計算每坪一百二十元應每戶找進或找出之數，四為各人已繳進之價款，以此四表綜合之，一、二表表示各人應負擔數，三表表示各人應調整之負擔數，一、二表相加與三表整調數加或減後為各人之最後應負擔數，此數與四表數相加減為各人應最後找進或找出數，經將所算加以抽核，大致相符。惟李鴻音提出一百二十元之調整數加入原購買成本三十二元弱，實際找算價在一百五十元以上，但因此項區別在以前全體會中之議決案未予申述明白，李君主張再行開會商討，當決定先開一小組會討論之。晚逢化文兄來訪談此事，余主張此項對議決案之解釋問題與定價不同，余意如爭執過甚不妨採取折衷辦法，雙方對成本各負其半云。

參觀

上午，到新公園參觀集文會之集文第一次展覽，精品有杜甫書贈衛八處士詩卷、朱竹垞書詞稿、倪雲林詩稿、文徵明詩稿，碑拓有九成宮碑額、經石峪集字「善可行也，世其寶之」等，均佳。上午參觀國軍裝備展覽，聯勤部分。

10月14日　星期一　晴

旅行

晨，分署車來接，徐、胡二君已先在車上，由此赴合作事業管理處約同張振專員，八時出發，南行至數處大同合作農場查帳。一路經過新竹、清水、大甲、大肚等地，於十一時到彰化，中飯在中華樓，雖只為客飯，然菜餚甚佳，休息至十二時半續行，過嘉義、台南路上略有耽擱，於五時半到達屏東，住大成旅社，余昔年曾來亦住此處，頗有舊地重游之感焉。

職務

過台南後稍繞路至楠梓鎮高雄大同合作農場為之預先安排視察程序，預定星期四來此，由於其附屬小組在二十五個之多，而帳務處理又不甚上軌道，經將其應準備之事項加以面囑而去。

閱讀

讀十二月份 *Reader's Digest*，其中有文數篇均極有
意義，一為 "How not to handle foreign aid"，寫伊朗美
援業務之荒唐，雖執筆者為議員或有作用，然舉出事
實確有不合理處，二為 "Mme. Shumann-Heink and the
Lark"，寫一歌唱家與一小提琴家之不懈精神，極令
人興奮而又輕鬆有詩意，會心處更感人至深，第三為
"Why don't somebody tell me?"，對於大庭廣眾之介紹辭
令有獨特之見解，"What is a baby?" 描寫人類出生之心
理狀態及生理上微妙之處，寫來皆為極平凡然極有趣味
之常見事物。

10月15日　星期二　晴

職務

晨由屏東赴潮州竹田大同合作農場查帳，同行者為
胡、徐二君及預先在場等候之合管處張君，上午以全部
時間查核場部之帳目，徐君從事於過去兩年度美援款之
收支，余則考核其一般之會計制度，此項制度乃以前
輔導委員會所頒發，共計兩種，一為會計科目，二為原
理程序，均十分現代化，此兩項規定在輔導會均無人知
之，余乃利用晚間在就寢前加以摘錄，至於援款與非援
款在該制度未加區別，欲知其詳，須由科目中分析而
得，其中表示收到援款者為「總分機構往來」一科目，
由於此制度為一簡化之含有成本之商業會計制度，故
損益類餘額決算時不復存在，在該場係將不加入成本之

項目轉沖總分往來科目，於此此項往來科目之餘額只表
示援款中之資產性的項目，此一問題極為特殊，且甚饒
興味，本年度援款已停止，據云合管處有意將此往來科
目之餘額即改為「資本」，以美援贈與子目處理，其意
味實介於商業會計之資本與政府會計之餘絀也。

旅行

　　晨，由屏東出發，在潮州查帳，中午應竹田農場之
邀在嚴俊食堂歡宴，下午到竹田所屬之山腳輔導區看財
產建築作物等，又到統埔看所屬一小部分之建築牲畜
等，地近四重溪，山腳則在恆春郊外，晚宿四重溪清泉
旅社，與農場正副場長等共七人。

10 月 16 日　星期三　晴

旅行

　　晨由四重溪出發，八時過楓港等地至鳳山厝農場，
同行者有徐、胡二君及合作事業管理處張君與竹田農場
劉、徐二場長，此處因需下車步行三、四里始能到達場
地，余足疾不勝，即在車上等候，九時半由此地再行，
移時到龍泉農場，余點查一部分之財產，此地場地甚大
而十分缺水，由此再到犁頭鑣，此地有兩個組，其中一
組之輔導員為四川人，高師肄業，正預備功課參加小學
教師檢定，渠最近與山地女郎結婚，即以傾斜之克難房
屋為新房，至於新建之宿舍則原定每室三人，實際容積
不足，餘人皆就克難房屋內居住，此為農場之根本問
題，難獲解決也。午在屏東，晚宿高雄。

交際

　　昨日中午竹田農場劉場長宴請，今日中午到屏東致美樓答席，在座皆今日一同外出視察之人員，劉君昔為蔣經國氏之贛州舊部，人甚爽快，似甚得全場之愛戴云。晚飯隘寮農場葉場長隨車赴屏東將約余等吃飯，固辭始免。

職務

　　下午在屏東附近（迤南）之隘寮農場查帳，該場甚集中，故查帳及點查財產均於薄暮時終了，其會計制度與竹田農場相同，區別為係部分美援，故有兩套帳目處理，大體尚清楚，缺點為未將美援收支與其自行計算盈虧之記載劃分記載之。

10月17日　星期四　晴

職務

　　今日全日高雄縣大同合作農場查帳，其地在高雄市郊之楠梓，距市中心約二十分鐘，故中午能仍回高雄休息，上下午所工作者全為對於帳簿上若干特殊問題之求解，擇要記之於下：（一）一九五六年度該場所收經費本為官兵輔導會與合作事業管理處之兩部分，其報銷帳目與單據亦係分送兩處，詢以帳目記載情形則謂該年度無合管處部分，余初不解，經詳細檢閱後始知其記帳有一大原則，即每年七月一日換新帳一套，在一個年度內之收支不問其所屬年度，一律滾記滾結，於是按年度劃分之報銷乃完全由帳內逐筆分析而成，記帳之作用除核對現金外全部失去，（二）收到上級撥到經費（多係美援）列於「總分機關往來」一科目內，但在報交核准後又以原支出科目與此往來對轉，故此往來科目之餘額為領到尚未報銷之經費，至於已報銷之數目內固有費用科目之支出，亦有資產性質之支出，於是帳內資產數由於沖帳而變成殘缺不全，費用數亦成為殘缺不全矣，（三）六月底決算迄今未辦，帳目凌亂即為其顯著之障礙也。

旅行

下午六時由楠梓赴台南，凡一小時，住公園路四春園，為一日式旅社，極擅園林之勝。

娛樂

晚在赤崁戲院看電影，片為「巴黎豐翠宮」，五彩歌舞，充分娛樂性片，情節則平平。

10 月 18 日　星期五　晴

旅行

晨由台南出發，一小時餘至嘉義，循去關子嶺之路上至內角之高雄大同合作農場一輔導區，視察財產與建築等情形，歷二小時由原路回嘉義。中途有一支路，轉至吳鳳廟瞻仰先賢吳鳳畫像，此廟為四十一年新修，廟之後而為吳鳳公園，甚為寬敞，廟內正中懸蔣總統題匾「舍生取義」，此外聯匾甚多，余最欣賞張道藩氏之聯云「化俗捐生是仁之充義之集，垂芳血食性存者神來者思」。由此歸嘉義約半小時，與同行之胡、徐、張等君及高雄農場場長曹玉珩及其職員張君等二人至中央餐廳午飯，飯後分手，場內人員回高雄楠梓，余等乘車北

返，原定下午歸途經過雲林五塊厝看該場另一部分，因
時間不及而罷，由嘉義動身時為二時三刻，六時半到新
竹，在新陶芳晚飯，七時四十分再行，於晚九時抵台
北，即行回寓。

采風

　　此次所到之所，由接近最南端之恆春至較北之新
竹，略有瑣事可記。就居住而論，四重溪甚靜，台南之
四春園最雅；就食物而言，彰化中華餐廳味最好，而台
南之羊城小食，高雄之真川味亦各有意趣。此次又沿途
採購土產，計有台南買之木瓜、文旦，在嘉義買之菱
角，在西螺買之醬油、豆豉，在彰化買之香蕉，在新竹
買之雞蛋，頗有趣味，在屏東時本應買西瓜、木瓜，因
不能即返而罷，又經過新營番子田等地時未折赴麻豆買
文旦，過員林時桔柑甚少，甚憾也。

10月19日　星期六　晴

集會

　　下午，出席光復大陸設計研究委員會專案小組山東
部分之第二次會議，決定事項有二：（1）本小組共分
四研究小組，一曰民政，二曰財政，三曰經建，四曰教
文，業經各委員分別認組，但最多者達二十人，而最
少者只七、八人，經臨時徵求數人移入最少人數之財
政組，（2）每組設召集人，由專案小組全體召集人分
任，其需人較多者，由召集人再就委員中增聘一、二
人，以後每月開會兩次，參考資料正在由會加緊徵集，
匪情部分則在香港蒐求，四時散。

閱讀

　　讀 *Reader's Digest* 二月號書摘 "The Amazing Cruises of Lonesome Lake" 一文，描寫 Ralph Edwards 披草萊斬荊棘全以雙手成家立業於山林之中的故事，甚為精彩，書中主人翁答詢者謂其所以有此成就的原因有云："One of the most important is the immense satisfaction anyone feels in achieving a difficult goal, particularly if you've done your work to the best of your ability under the circumstances. We've learned a good deal from wild animals. Often I was completely stumped - just unable to make progress toward solving a problem. Have you ever watched a beaver at work? A beaver never lets anything stop him. We learned how any normal person by using his guts and intelligence can do a thing which looks almost impossible at first." ... "In the same way, for almost everything we've done around here we had to invent ways of doing it ourselves. But even though a man may not be trained for it beforehand, he can really do a lot of things - if has to. I don't think I have any more talent than a great many other people. What I did have was an awful lot of sheer necessity. The results convince me that one of the biggest wastes in the world is in the unexploited potentials of average human beings. Almost all of us, I think, are perfectly capable of doing many more things, entirely on our own, than we ever attempt." ... "Finally we have learned that if we deal fairly and squarely with everyone, things will work out in the end. If a person just keeps trying the best he can, he will come out all right."

10 月 20 日　星期日　晴

集會

下午，到逢化文兄寓參加潭垵購地會議，今日之會乃由於上星期審查帳目時對於彼此間地價補償問題發生異議，乃重新召集小組會議加以商酌。但到者除余與逢兄及李鴻音君等係上次已到者外，即只有王立哉氏一人，其餘各人完全未到，余對此案再三發言說明，以供問題要點之澄清，余謂此案照逢兄結帳之算法完全無誤，因計算乃依據議決案，各人應負擔之地價照其實得之面積按支出成本單價計算，各人間超出或不及標準平均面積者，其或多或少之面積應找算數照每坪一百二十元計算，決議案並未提及成本價問題與此案之關連，於是乃發生漏洞，蓋若照 120 元找算時，找進者自然得到合於議決按之補償，而找出者如找出 120 元，則發生連同成本達一百五十餘元之負擔，如將此部分扣減，則找進者得不到一百二十元，明顯的與議決案不符，此項漏洞既為會議前後議決所貽留，只好開會商討，否則逢兄之計算既不能變更，李君之不同意亦不能解決云，移時無結果而散。

體質

一星期來足疾纏綿殊甚，兩足各有痛疼流水之處，均在趾間，每日搽那波利藥粉，而效果殊鮮，右腿之淋巴腺一星期來腫脹甚大，精神亦受影響，昨晚及前晚入睡後多有噩夢云。

10月21日　星期一　晴曇

職務

　　上午，到分署看有無應接洽之事，見有通告換發服務證限十八日完畢，以便自二十三日起對證發薪，余等上週未歸，以致未辦，乃亟於下午將照片及舊證取來送人事部門以備換發，又與胡、徐二君寫旅程報旅費，同時前次赴中部余等已將旅費領到，只胡家爵君尚未，渠於今日領到，遂將應歸還余與徐君部分亦經算還，上午只料理此等瑣事而已。

閱讀

　　讀六月份 *Reader's Digest*，有文數篇，皆稱難得，其一為 Paul de Kruit: How to prolong the prime of life，述維他命 B 對於步入老境之人有強身之奇效，雖余半年餘以來未停止注射尚未見顯著功效，然其根據臨床經驗而作之論文當不虞誇張也，其二為 Lin Root: Germany bounces back，寫西德工業復興神速，原因為不備戰，無財政負擔，美援全用於經濟而經濟制度步入民主化，極有見地，其三為 Tale of hope in Hong Kong，寫一招待難民在小島墾荒自立更生之故事，有血有肉，其四為 The challenge of the desert，寫沙漠雨水之關係，認為沙漠見水，立成綠洲，水之來源或可以日光或風力為動力而將地下發出，全球將多四分之一之土地，其五為書摘 Gram Porter: Small wonder，寫一對夫婦盼子數年終於誕生，描述心理，入木三分，平凡中之花朵也。

10月22日　星期二　晴有細雨

職務

　　一週前在水利局查帳時，曾囑其將所經手之退除役官兵農墾計劃內水利測量與水利工程分別一九五六年度與一九五七年度，開出細數總數以備參閱，蓋該局統以代收款科目處理，不問款項之所屬年度，只知每屆七月一日換帳記載，四筆預算只結出一個支出數與累計滾存數，在預算比較上自然不可也。今日以電話向經手之劉君催送，移時送來，其中若干數字又與余所查之帳有所出入，與前次所送之表亦不盡同，只支出總數與結存總數與帳上相同而已，余以此項帳目只佔全計劃中之一甚小部分，故只證明支付內容與余所核無重大歧異，結存數目與帳上相同即以為已足，不復再詳加推敲矣。開始準備退除役官兵臨時醫療計劃之查帳報告，今日只將兩月來所作之初步 work papers 加以複閱，並對於其中若干支用單位之已經前往實地考察經取得資料以相對證者，加以彙總，發覺甚大之差異，例如台中肺病療養院所報一九五六年度逐月支用經費數，與發款機關輔導會所作按月統計表即有甚大之出入，但因單據保存凌亂，欲全部加以核對又不可能，此項帳目只有在抽查與推斷之方式中勉強查得其真相之一部，至於是否尚有其他不實不盡之處，則聽天而已。

照相

　　下午在白光照二寸半身照片一組，備不時之用。

10 月 23 日　星期三　晴

職務

終日寫作臨時醫療計劃之查帳報告，因須同時參考複閱有關資料，致終日只寫成 Living Allowance 一段，其中所謂生活補助費之內容有四，一曰主副食實物補給，二曰副食費，三曰特別營養費，四曰在編人員副食加給，均各一一說明其性質，而列出其應剔除之事項。此等剔除均為在一九五六年度內頭半年國防部將全部補給算去，而又在下半年內以十二月份之支出作為輔導會部分之支出，支出重複，自屬不合。生活補助費內八種主副食實物中有鹽一項，按每公斤二元四角由糧食局向經理署收款，鹽價中之鹽稅部分占一元六角三分，雖未在發票上分清，但鹽稅之重為一般常識所不能忽略，徐君主張剔除，余主查詢過去情形，下午到署詢之沐松濤與陸慧禪君等，皆不知之，余即回輔導會，徐君移時亦回，謂曾詢之劉允中主任，認為既無明顯超出稅賦若干，即可不必剔除云。生活補助費預算按人頭計算，一九五六年度上半年照 19,837 人彙計，下半年即略按實際人數計算，在求得確數後，輔導會曾照實支數改編預算呈准辦理，此次因查帳而整理帳目，又由其他科目內沖出生活補助費凡一百一十萬餘元，故非沖破預算不可，於是超支之現象已成，此項超支原因經與該會會計長王紹堉洽詢，彼云實由於決算時未將帳上細數劃分清楚所致云。

10月24日　星期四　晴

職務

　　續寫臨時醫療計劃之查帳報告，今日為 Personal Allowance 一段，此即每兵按月三十元之零用金，性質為定額現金給與，故內容簡單，所應注意者在其人數有無超過，經查一九五六年度超過若干，係因有重複開支部分，經調整後可以跌進預算範圍，在五七年度則亦有超過預算數額，由於衛生處預發各單位之數內尚有結餘須退回之故，另一原因為五月與六月份預算人數減少，衛生處實發數超過此項預算人數，但其他十個月則人數略有不及，可以相抵，此節之人數問題決定待下次續查五七年度結束報告時予以提及，原因為涉及之支出除零用金外尚有其他科目，且其中主食副食實物部分至今尚未經經理署收取清楚，其五、六兩月份將按何項人數計算尚不之知也；下午續寫病房作業費部分，此部分本由余只查五六年度，但因五七年度徐君亦等於未查，故由余就全部加以摘寫，一九五六年度問題為汽油費超過預算，一九五七年度問題為支付文化工作隊開辦與經常費為原來 PPA 所無，但根據安全分署之意見舉辦娛樂工作，勉強算有依據，故不加剔除，至此余所經查之部分大致已經寫完，至於尚有醫藥費、服裝費等項則為徐君所查，又綜合性的全部收支結存數目及預算實支比較等項，徐君已自動將表填就矣。

10 月 25 日　星期五　晴

師友

上午，李公藩太太來訪，彼曾於昨日來與德芳談，擬託余轉詢安全分署會計處酈君是否決定買其和平西路之房屋，余曾詢之酈君，據云因該房有光線太暗與出路偪仄之缺點，尚未能考慮是否買進，亦因其親戚反對其買此房屋，且在臨沂街見有比此為佳者，云云，余乃於今晨將詳情告之李太太。彼又談及為其長女謀事等情形，可謂各種關係各種情形利用殆遍，今夏畢業後已就原子能醫學研究所及聯勤總部兩項職務，而又欲投考中央信託局之保險人員特種考試，凡事只求機會，對於其女之為法律系畢業一節全不顧到，且一是以待遇高低為去取標準，可謂現實之至云，又談李公藩兄所營之當鋪未能有何盈餘，且業餘未能完全顧到，業已轉讓他人云。

體質

兩週所苦惱之足疾，第一週只用那波利藥粉，不甚對症，本週服林醫師處方消炎片十六片，並用含鋅之藥膏於用灰錳養水洗過後塗敷，大為見效，今日已無腫痛出水之處，可見治療甚為得法，以視去年或前年所患之同樣症候，經南昌外科醫院打針用紅藥敷擦久久不能痊癒者，實不可以道理計也。繼續注射維他命 B complex，每週二次，四 cc，又 Oreton，每週一次一 cc，只出差時中斷一星期，收效尚佳，已無風濕。

10月26日　星期六　晴

師友

　　晚，徐嘉禾兄來訪，據談在退除役官兵就業輔導委員會服務係奉令辭職者，刻正進行林產管理工作而尚無成議，其原因為省府改組周至柔任主席，無人可以斷言能否核准因而不敢呈請之故。又談輔導會內一般情形，各方面進行工作者雖多，而主要為政治部方面之人，此等人恃其奧援，既不受命，亦不能令，以前傅雲為秘書長時期，已怨尤叢集，內外不洽，今日趙聚鈺為之，亦漸漸感覺困難云。

瑣記

　　上午欲為近月之積蓄數千元謀存放處所，到福州街、南昌路一帶洽詢銀行與合會儲蓄之存款辦法，或因無人介紹之故，所得反應皆為照規定之優利存款利率，年息一分六厘五毫，半年則只有一分三厘五毫，一月只有七厘矣，且不能抵押，必須到期始可支用。下午無事偕紹彭到延平北路，便中至光復大陸設計研究委員會，過其福利社買魚肝油丸與毛巾等用品。

娛樂

　　下午率紹彭到第一劇場看電影，片為五彩新藝綜合體「鐵牛傳」（The Brave One），由 Michel Ray 童星主演，描寫一兒童與一壯牛一種人畜間之情感，十分純真，最大場面為最後該牛被賣在鬥牛場，表現勇猛而高尚，不加害鬥牛士之風格為觀眾同情而大喊中止，得以保全性命，全片意義深長，惟若干處如牛毀汽車、牛獅搏鬥皆露出剪接湊拼之漏洞，而降低其效果也。

10 月 27 日　星期日　晴

師友

蔡子韶君來訪，為其所服務之教育廳已移台中，彼以身體欠佳，准暫留台北，但所屬區分部小組多為該廳住在附近之人員，移台中者太多，只餘彼與另一劉君尚在台北，勢須縮併，乃詢余之所屬小組情形，余告以人數尚非甚多，且為彼以前所屬之小組，可以請區黨部通知併入云。閻鴻聲兄來訪，據談刻在同德麵粉廠為友人幫忙，最近因美援小麥減少進口數額，各粉廠本在各批進口小麥標售以前先行卸存廠內，即往往先行磨粉出售，資金無形充裕不少，最近市面發生麵荒，美援會與安全分署曾派人至各廠調查，未知對此項存賣擅自加工變賣如何處分，託余一詢云。

集會

下午，到逄化文兄家開枋寮建華新村小組會議，繼續討論分配土地面積不均如何找算地價問題，今日到者除逄兄外只有童秀明君，對於找算地價每坪一百二十元一案之原成本三十二元如何負擔一問題初不了解，經說明始了解，但表示無成見，只求不再多生枝節，余見童君態度甚好，乃提出折衷意見，庶免爭執，童君為多地者，余為少地之最甚者，彼欣然同意，決定通知全體徵求意見。晚出席區黨部委員會議，討論四案，其中有黨員互助辦法，本已緩辦，常務委員又主張辦理，今日又有人反對，再度保留，可謂庸人自擾云。

10月28日　星期一　晴

集會

晚，到財政部出席研究院財經小組會議，由杜春英召集，陳寶麟主席，討論事項為研究院規定下半年討論題目有二，一為如何有效的推進革命實踐運動，前次會係推二同學擬定結論，今日已經交卷，決定即行整理陳報，二為專題「如何改進外匯」，前次會係推徐澤予擬定綱要，已經交來，今日本應公開討論，結果仍採上次辦法，推出三人就綱要加以發揮，下次會議提出，屆時必即作為全體之結論而省略討論矣，會議結束後有新任副主計長之張導民君發表感想，對於不能束緊腰帶平衡預算，引為深憂，云云。

10月29日　星期二　晴有細雨

職務

胡家爵、徐正渭二君以所作臨時醫療計劃查帳報告稿交余核閱，余於閱後決定將余所作部分取消，只將彼等所未提及者另以小條加入。徐君自動主稿，勇於負責，殊鮮見也，且徐君最難接受他人意見，彼對於預付款之尚未作正開支者，亦列入報告內預算實支比較表之Non-acceptance 一欄，余以為不可，主張凡非確定可以剔除之款應避免寫入此欄，以免洋員核稿發生誤解，彼不聽，只略行另加排列，今日因此項預付款又有一部分周轉性之現金含內，表內所作之作為已付未有單據而不核銷，與事實不符，始知並不如此簡單也。

10 月 30 日　星期三　陰

職務

　　將臨時醫療計劃之應報告事項插入徐正渭君已寫成之報告稿內，與胡家爵君所寫部分彙成報告全文，於下午交卷。此次寫查帳報告由三人分擔，其中二人寫帳務部分，此種寫法在余尚為初次，蓋帳務包括二個年度，每個年度皆有二人分頭查核之資料，徐君初主二人分年度各自起稿，余因資料錯綜，且兩年度如體裁不一亦屬不妥，故主各人將一切應報告之事項分條寫出，然後交換看過分類排列剪裁，熔而為一，同時先行商定綱目，由胡君任 Performance 第一，由余二人任 Fund Status 第二，Budget & Disbursement 第三，此第三下又分別按會計科目之 Living Allowance、Personal Items 及 Medical Expenses 有所敘述，余即將所查之 Living Allowance 及 Personal Items 內容與不准支付事項分條寫出，並將剔除數目開出，知徐君已作總表，交其加入，及徐君將所寫初稿交余閱覽時始知彼所寫者完全以其想像之全部間架著筆，余所按科目寫成之部分已無法納入其內，蓋彼之排列為分成年度，年度先有一比較表，照表列之剔除事項加以說明，余所寫者只好打碎插入矣，余因此人有一種自以為是之習慣，不輕考慮他人之意見，為免不快，故亦將就從事，彼甚至堅持將預付款列入剔除事項，以待將來核銷後再行更改，明知不妥而又不改，殊可怪也。

10月31日　星期四　晴

職務

今日開始準備退除役官兵農墾計劃一九五六年度輔導會部分之查帳事宜，此一階段為由輔導會發款至各場作為生活費與辦公費等，而開辦費購置費等反占少數，與合作事業管理處主辦之一九五六年度計劃以開辦費購置費乃至建築與水利為主者大異，此一般之支用方式為本由輔導會以銀行借款支付，援款只為歸還此項借款，其內容為發至各場，根據各場報銷列正式費用帳，輔導會為便利查帳，將各場支出分成子目與單位分立明細帳，且傳票後之單據體積太大，均另外保管，此階段之查帳工作可以據帳簿以找單據，較之醫療計劃大不相同，至於開始查核之分配辦法，決定將十單位分為兩部分，由徐君擔任桃園、彰化、隘寮、壽豐、鹿野等五單位，余擔任苗栗、高雄、竹田、池上、宜蘭等五單位，俟查訖再行據以寫報告云。

交際

今日為蔣總統七十晉一誕辰，各有關方面皆有壽堂之設，以供拜壽，計余今日凡到三處，一為退除役輔導會，係辦公派駐所在，二為實踐堂，簽名行禮並領實踐特刊一本，三為政治大學校友會，據登報新址在和平東路，及往觀看，乃一日式房屋，極為雅潔，今日總統壽不似去年之熱烈，原因為去年乃屬整壽，今年應適可而止云。

11 月 1 日 星期五 晴

職務

　　上午，處理夏間所作一項小工業貸款之查帳報告中之 Follow-up Audit Report，緣當時所作報告有二家之工程尚未完全完成，一為建華塑膠廠，二為齊魯公司，自報告發出後，司 Follow-up 催詢之何小姐又再次催辦，美援會一再報告其進度，最後經 ADI 之賴君到兩廠再看一次，發覺已經可以作為完成，只齊魯公司等待外線接電，劉允中主任之意亦可以作為完成，乃囑余作一 Follow-up 與 Final Audit Report，余乃於上午寫好，下午交卷。開始查核輔導會主辦之退除役官兵計劃農場款一九五六年度帳目，事先與徐君將十單位各半分配，同時將其帳簿中按科目子目單位分劃之明細帳按十單位各分半本，據以查核單據，余今日只由宜蘭農場開始，已查完其一部分，頗有記載不明之處，例如一九五六年度所含月份為自一九五五之三月半起至一九五六之六月底止，其中四、五、六等月份乃兩個年度所並有之支出，而原帳務人員亦只作矇然不知，混記入帳目摘要等，而兩年度之春季將不免有兩個月份記入其一者，余初不意其有此，故核對時頗費相當時間云。

師友

　　晚，韓兆岐兄來訪，談張磊之在立法院服務與住宿困難情形，及張彬本學期在校有無需款之處，余告以本學期或已有所挹注云。

11月2日　星期六　晴

師友

上午，到交通銀行訪王慕堂兄，閒談，據云其全家在大陸情形皆已問悉，長女習機械已服務且支持家庭生活，次女、三女與幼子皆在校，其中二人習醫，此為其夫人不能來此之理由，繼談余於二十年前為紹南存入交通銀行乙種活期教育儲蓄存款已存至四十四年，照規定至明年即存取兩訖，而至今未支取分文，國家銀行在台灣均凍結存款支付，余有意對此種特殊存款向該行提出要求，但據王兄云並無多大希望，例如登記股票已早辦竣，現在之辦法為老股（均抗戰前之銀幣）每股折合現在之虛擬單位銀元十分之一，亦即現大洋每元今日只餘一角，若按官價折新台幣三角，而每元現大洋之實際購買力至少亦為新台幣五十元，則貶值若干，無可比較，且股票登記係因當時在朝有重要人物切膚相關，始由上層發動解決，否則亦懸延無期也，聞中、交兩行商股在大陸者已由共匪政府定辦法收回，分期付款，較之此處一味以拖延為事者，則差勝一籌云。

娛樂

晚，同德芳到國光戲院看電影，並率紹寧、紹彭、紹因與俱，片為阿立佛勞倫斯與瑪麗蓮夢露合演之游龍戲鳳 "The Prince and the Showgirl"，寫一段宮廷外交事實，滑稽突梯，而情節甚簡單，夢露之電影為初次欣賞，演技尚佳，然不若其身材與胸脯尤為突出，此戲院即新建之三軍軍官俱樂部，聲光均佳。

11 月 3 日　星期日　晴

師友

同小組之夏鐵肩君前決定競選台北市議員，其方式須先在黨內爭取假投票提名，此事曾託本小組全體予以介紹推薦，余因其為時尚早，且選舉區有重新調整之議，最近始悉仍由古亭、城中、龍山、雙園四個區合為一個選舉區，乃於今日發出十二封介紹信致區域內友好，附夏君名片，並填寫彼前所交來之友好通訊錄，準備交其登門造訪，此十二人為佟志伸、王保身、石鍾琇、張中寧、薛秋泉、汪焦桐、汪茂慶、任維均、王一臨、吳邦護、閻鴻聲、廖毅宏等，特未知彼等是否已許他人耳。晚，彭令占君來訪，為競選市議員活動提名而來拜託者，彭君為政校高等科同學，活動力甚強，但曾競選省議員失敗。

閱讀

讀學生英語文摘十一月號有一篇「談拼字」（Spelling）頗有興趣，余對於寫作末行分寫一字於兩行時之處理方法一向感覺無何把握，由該文頗得到若干啟發，如謂凡一字只一音節時決不可分寫，所謂一音節必須其中有母音字始可構成，換言之分寫之每一部分內決不能無母音也，尚有一原則即同一的兩個子音在一起時，通常是分於兩個音節之中，（如at-tack），實際上不同的子音字母連接在一起時亦多為分為兩個音節（例如 rep-re-sen-ta-tion）書報中多如此，習焉不察而已。

11月4日　星期一　晴

職務

　　繼續查核各地大同合作農場之帳，按余與徐君分配各五個單位，今日已將宜蘭場查完，並將池上場查過其半，在查核前徐君與余討論各場人數問題，彼認為不必加以統計，其根據乃在決不致有所重複，且不致有超過預算情事，但余意在 PPA 內既有各單位預計之人數表，為證明其動支經費是否亦照此項人數，應根據實際動支數有所統計，然後在報告書內謂生活費總數支出不逾原定人數即 3,690 人，始可謂言之有物，同時在此一階段內之支出除生活費佔大數外，尚有辦公費薪俸等亦為各場支出之要項，其中薪俸與 PPA 原定之人數亦有互相照顧之必要，故須一併統計，此事在開始進行前即隨時注意由薪俸支出內加以摘錄，實無困難也。池上農場之場員生活費逐月不同，人數參差，不知原因何在，據輔導會與合管處人員云，係因該場為局部美援，有舊場員與新場員之別，新場員為美援所供給者，場方有時不能十分劃分清楚，於是逐月人數不能全同，其實不足取法也。為免在寫報告書前須根據查帳底稿重作英文之查帳 work papers，在開始查宜蘭場帳目時決定全用英文作 work paper，結果認為不甚便利，仍自池上場改用中文或中西雜用，此蓋因雜錄不須報告之事項極多，殊不必一一正式列入 paper 也。

11 月 5 日　星期二　晴

職務

　　繼續查核農墾計劃帳目，今日上午將池上合作農場帳目查完，並將帳內列支之人事費單據加以按月列表，俾便彙總各單位之總數，以覘其是否超出 PPA 所定之收容退除役官兵總數，至於剔除事項甚微，不過數百元之香菸開支而已。下午開始查核竹田農場單據，已完成其大半，此農場之帳務甚有條理，故在查核時比較不費時間，其佔大數之場員生活費則逐月將人數列出，以覘其是否不致超出預算數額焉。查核是項退除役官兵用款常有極特殊之情形，而極足發人深省，其一為農場場員之死亡，在 PPA 內並無此項喪葬費之規定，然此情形為事實上所難免，且在全美援之場亦無其他來源可供支應，其二為場員之情緒問題，池上曾付數千元為一警員養病並為其家屬養病，原因為遭受一精神病場員之毆辱，此二種情形皆由「需用品（Supplies）」一科目內付帳，所以由此科目者，因此科目之內容大體上為場員之醫藥費與種子肥料費，雖後者為主而前者為副，但由此亦將類似項目歸此科目內開支矣。農場有半美援者，有全美援者，在半美援者余等只查其美援部分之帳目，未知政府機關有無統一查核之舉，若無此項措施，其全部支用情形無處可以加以全面考核矣。

11 月 6 日　星期三　晴

職務

　　上午查完竹田農場之單據，大致平妥，只有約二十萬元之開支因將單據遞送錯誤尚未記帳，詢之輔導會人員，據云已經尋出，將於整理後送閱云。上午，劉允中主任電約余與徐正渭君談臨時醫療計劃查帳報告之文字問題，本件為調查部分主持人陶君所核，其修改處甚多，由於原稿為徐君所寫者占大部，故須改變之處亦多為彼之部分，就中有為余在當時持異議徐君不肯接受者，如（1）彼堅主 Non-acceptance 包括預付款在內，劉、陶二君則認為須劃分，（2）某單位抽查得知無單據，寫入報告，而不提未查部分如何，乃一大漏洞，既不能精查，只好作為未查未發現，（3）謂衛生處對各醫療單位所送單據並未複核，吾人亦無對策加以補救，此種論斷與理不合，陶君亦囑其再加斟酌。下午再到輔導會續查農墾計劃單據，已查高雄場之一部分，內容較為紊亂。

瑣記

余在 ICA 圖書室借 *Development for Free Asia* 一書，尚未逾期，而會計處各同仁轉述圖書室催還之意甚為緊急，余初以為係所借另本 *The Gross Capital Formation* 一書轉交趙葆全兄引起該室不快，至則知為前書問題，而所以如此急迫則為副署長 Bowden 有意借閱，乃打電話詢同仁沐君，沐君云在安全分署凡洋人有何表示皆有特殊評價，覘此益信。

11月7日　星期四

職務

續查完高雄農場單據，此農場之開支有與他場不同者，（一）該場附屬單位最多，且分散於四縣縣境，以致旅費支出筆數特多，單據全年共有二尺高度，旅費即佔其半；（二）需用品一科目（Supplies）本以肥料種子與藥品為三大部分，該場買藥尚不甚多，而場員報支醫藥費則筆數太多，其高度亦達半尺；（三）煙、茶二項支用最多，足見其平時消耗最為特出；（四）場員人數逐月不同，但一九五五年七至九月三個月份又在合管處所管之經費內支用各二百餘人生活費，三個月完全相同，雖輔導會所管部分內此三個月之數較少，但若將上項三個月加入又似略嫌太多；（五）該場之生活費與職員薪給有時造冊混同，於是將全部單據附於薪給報銷之後，而將場員生活費部分報銷只寫轉見條，以資引證，如此者數月始見改善。昨日退回之醫療計劃查帳報告經徐正渭君將其有關部分修正後交余複閱，昨記之二、三兩項已經加以改正，第一點亦大部分改正，惟其中有一部分 Non-acceptance 款為中央信託局尚未檢據結帳款，在報告文內已改為限期結案，補核單據，而徐君仍列於預算比較表之 Non-acceptance 一欄內，余主不列，彼謂此與 Disallowed 意思不同，余謂看報告者並不如此區別，彼不聽，迨送去後結果仍須將剔除與預付數嚴格劃分，以免混淆，不知其何以不能預見。

11 月 8 日　星期五　晴

職務

全日查核苗栗合作農場單據，此為余所分任之五個單位中之最後一個，此場之分支單位亦不少，單據甚

多，尤其辦公費部分尤為瑣碎，故除薪給與場員生活費
及購置方面多加注意外，其餘皆涉獵而已，大致此項農
場所支用之管理費甚為寬裕，較之一般政府機關更為豐
足，此種傳統使其將來無美援為繼時，將無由挹注，蓋
每場場員最多不過五百人，少者二、三百人，在邊際以
下之土地上從事生產，欲維持如許之職員從事室內工
作，事實為不可能，道理為不許可，場員等亦斷難由血
汗所得供此等人員辦公消耗也。由於此次審核之單據內
容與在合管處時期者不同，而對於前次視察各場時之重
點有所未盡，因合管處部分單據幾完全為開辦設備支
出，辦公費全無，場員生活費亦極微，故在視察時對於
其管理費未加充分注意，及回台北後始查輔導會所管之
一段，此段之支出用於管理費及場員生活費者最多，始
知其費用浩大，將來恐無以為繼也。

師友

　　前在安徽省銀行之同事朱綺芬女士在台對所託事件
均能悉心協助，為人甚厚，前日德芳聞其懷孕而子宮有
瘤，乃於今晚相偕前往訪問，據云不致礙及生產，其夫
現在台中建廳任人事室主任，不常回家。

瑣記

　　下午由紹南到信用合作大樓將木器移回。

11月9日　星期六　晴

集會

　　上午到衡陽路 102 號出席國大代表黨團小組會議，
由組長分發研究發展小冊，並報告最近本市市議員選舉

山東籍市民競選情形，恐將失敗於單獨作戰分散力量上面，雖經設法為之調和，希望推出一人集中力量以赴，然皆無效果可言云，最後請新近由南韓回台之王興西代表報告韓國政治、經濟、社會一般情形，諸多腐惡現象，以視台灣相去遠矣，十二時始散會。晚，開區分部小組會議，由組長夏鐵肩報告其個人活動市議員候選人黨內提名之現狀，據謂基本力量頗大，已有幾分把握云。

師友

孫福海君來談，託景美代書代辦與吳崇泉、李洪嶽等合買之放領地提前繳清地價事，已經將地價繳清，至於費用代書費各二百元已經收清，現在又有二種非攤不可之費用，一為原佃農所欠兩期戶稅，認為係賣地後事，應歸買地人負擔，二為以前共同買地人陳涵絃曾將鄰地買進，因無出路由此地內畫出四十餘坪為通路，陳地早已轉手數次，現在住戶不允對此項通路地繳價，而全部地價必須全繳，乃由其他各戶均分之，前者每坪五角，後者每坪四角，二筆共數（二百坪）為一百八十元，當即交孫君帶去，孫君又談目前須接辦共有登記，然後再辦分割登記，其中有兩戶至今未繳用費，如仍如此，將此二戶過戶申請除外。

11 月 10 日　星期日　晴

家事

明日為姑母五十八歲生日，晨由德芳到山東切麵店定做蛋麵六斤，下午並同往老大昌買十二寸蛋糕一個，

於晚間偕同送往，姑母胃病本甚劇，現在似略鬆適，食
量亦稍見增進。

師友

晚，虞舜會計師來訪，初不十分具體述其來意，只
謂新參加余以前與李洪嶽律師合租之信用合作大樓事務
所，有請予協助之處云，余初不知其來意，後因憶及旬
日前曾遇吳麟律師，無意中謂新參加女律師方冀達感覺
招牌無處張掛，余乃意識到必係為大樓外高空之大橫招
牌地點問題，該項招牌係照三樓一端之地位，油刷余與
李洪嶽、吳麟、吳崇泉四人之市招，虞君云此處可否掛
五人招牌，余即謂五人感覺太擠，不如即將余之位置出
讓，蓋余在大樓不出租費，亦不做業務也，至於以前按
置時之工本費倘能收回最好，但如虞君交情特深，當不
復計較此戔戔之數也云。

參觀

下午，同德芳到青年服務社參觀唐宋元明清書畫
展，精品極多，有唐衛憲梅花、唐張澄佛象（敦煌），
五代黃金雙鈎竹雀、貝頁羅漢冊，明清則劉石庵（大
聯）、張叔未、王鐸、石濤、董玄宰、文徵明、祝允
明、惲南昌、鄭板橋、張二水、竺重光、金冬心、孫克
弘、梁同書、仇十洲、唐伯虎、黃端木、吳寬、吳讓之
之書畫，琳瑯滿目。

11 月 11 日　星期一　晴有陣雨

家事

中午，到姑母家吃麵，為慶祝姑母五十八歲生日，並率紹南、紹中、紹因同往，因紹南今日不上課，紹中日昨旅行，今日休息，紹因今日起改為上午班，中午即放學歸也，飯後並將壽麵、壽糕帶回一部分與德芳及紹寧、紹彭，紹寧須全日在校，紹彭則今日起改為下午班，均須傍晚始能回家也。

瑣記

在姑母家時，閒談在中本買衣料事，姑丈欲託代買，余憶及國民大會秘書處登記向中本購買衣料事似尚未截止，乃趨往洽詢，並接洽將樣本剪回一看，因樣料太少，未允剪割，但允將樣本全行帶回，以待後日上班時送還云。近來欲透過秘書處請為代扣費用者漸多，此種風氣實不足為訓，因含有勒索之意味也，其中之一為政大校友會通知預備在秘書處扣繳會費，如不回信即作為默認，然此為一種固定之義務，尚勉強說得過去，最不講理者為胡維藩等辦一傳真報，亦來函用同一方法，準備向秘書處請代扣各費，而此項報紙係用強派方式自動寄送，不問是否願看，一概照寄，造成事實後始聲明已經寄送多久，報費若干，又慮及收取甚煩，乃想此方法，可謂不講道理之至，但截至今日為止，秘書處尚未照辦，不知是否係感覺困難，余料有若干代表對此將提出異議也。

11月12日　星期二　晴有陣雨

家事

上午，到中和鄉詢姑丈對於中本公司經過國民大會秘書處配售之呢絨有無合用者，以便代為申購，當決定採用第一種樣本之花呢，此項樣本當於下午函送秘書處福利科，並告以昨日所登記之花色與尺寸仍屬有效云。

娛樂

上午率紹寧到新生戲院看電影，此戲院建成後余尚係初次進內，該院之優點為建築比較精緻，聲光亦甚清晰，缺點正如在該院開幕時所引起之抨擊，一為太平門太少，散場時集中於銀幕兩側之兩個樓梯，故淨場極需時間，二為售票處十分窄狹，在生意好時幾乎水洩不通，而買票不能明顯的排成隊伍，黃牛即大顯身手矣，今日之片為「鐘樓怪人」（Notre-Dame de Paris）根據 Victor Hugo 之名著演成電影，主演者為 Gina Lollobridgida 及安東尼昆，情節、演技、配音、色彩，可謂無一不精，全片二小時始克演畢。

參觀

下午率紹彭到新公園參觀機器業出品展覽會，陳列品有各種馬達、電機、電線、車床，以及各種小形成品，共凡四室，極為寬敞，陳列亦井然有序，最後有售品處，與展品有關者只煤油爐一種，其餘則食品與搪瓷器皿二種而已。到圖書館參觀台灣歷史文物圖片展覽，有圖片、書籍、圖表、檔案等，甚為美備。

11 月 13 日　星期三　晴有細雨

職務

今日全日整理兩月來所查之農墾計劃所獲各項資料，其中之一為各場場員人數統計，蓋各場場員係按每月一百七十二元之限額支領生活費，各場應容納之人數在 PPA 內有分配表之規定，在審核生活費報銷時曾根據支領生活費之帳目將人數加以記錄，計余核者五單位，徐正渭君所核者五單位，在彼所核之五單位中，有一單位無生活費支領證明冊，余即根據其支領總金額加以推算而得，又有一小部分係由國防部墊撥，亦無證明冊，並用此法加以推算彙列，結果與 PPA 所定出入不大，只有一個月份超過少許，其餘月份均尚不足，截長補短，綽有餘裕焉。今日為余到安全分署服務屆滿一年，光陰荏苒，回溯一年來除一般查帳事項略有了解外，其餘進步甚微，譬如英語說話、聽話與寫作均尚在勉強應付之狀態，與一年以前無何分別，蓋平時絕少與洋人直接接觸之機會，至於寫作方面所用格式與字彙亦幾乎有其定型，逾此範圍，仍屬陌生也。至於工作內容方面則深深認明其特殊性，誠以此項查帳之對象為我國公私各方之事業，其使用援款情形千差萬別，欲在查帳報告內概括說明一切，殊非易易，且有時為避免洋人核稿時有所懷疑或吹求，剪裁方面須由另一種角度為出發點，此與一般查帳大異其趣也。

11月14日　星期四　晴雨相間

職務

繼續整理全部農墾計劃之查帳資料，由凌亂錯綜之資料中對於應寫入查帳報告者加以標註，然後再按用款之預算科目次序排定其位置，以便循序列入報告之中，其中有較為繁瑣者乃水利局經付之水利測量費與工程費，該局之帳目乃按記帳之時間劃分年度，對於用款之所屬年度則統一於一科目內，因是兩年度之測量與兩年度之工程依預算須分為各兩項者，只好由帳目所記逐筆加以分析，此項工作本已於上月交該局主辦人辦理且將表送來，然其中難免有細數不能完全相一致者，只好認為大致不差已足矣。

集會

晚，到區黨部出席委員會議，今日重要討論事項為關於將在下月舉行之黨員提名競選市議員一案，本區與城中、雙園、龍山各區合為一個選舉區，僅本區內之競選人即有三十七人之多，今日討論最久者為月底月初即將舉行之黨員座談會，此為各區依上級規定必須舉行者，類似以前之政見發表會，若將全區數千黨員集於一堂，根本無此場所，且數千人在一起聆聽三十餘人發表政見，亦屬不易照呼之場面，至於用費浩大，猶其餘事，經討論結果決定改為召集各小組長開會，如此數百人已足，名稱仍為黨員座談會，庶於上級通案及事實困難均能兼顧云。

11 月 15 日　星期五　雨

職務

今日寫就農墾計劃之查帳報告初稿，謂初稿者，無異為一系統代之查帳底稿，因此次報告為求體裁一致，曾公推胡家爵君執筆，余與徐君對於帳務部分則供給資料，徐君部分資料有二，一為會計制度方面，正在寫作，二為用款審核方面，彼所查五單位之剔除款已經列出交入，余今日即將五單位亦按同一科目併入一項，由於傳票號數前後參差，故又加以編號，交胡君後可重加排列，余又寫一部分為關於等候續送單據或參考資料以便決定准否核銷者，以上各部分均將分科目彙算總數列入預算實支比較表內。

師友

報載詔安街大火燃燒四十餘戶，李崙高律師住居該街，今日到重慶南路其事務所表示慰問，未遇，留片述意。

瑣記

國民大會秘書處經辦為代表向中本公司配購衣料，每人以一套為限，余之一份由姑丈買去，昨日曾詢逄化文、田克明二兄能否代余亦買一份，均無結果，今晨乃往詢高注東兄之少君明一，託其代為簽據申請單，並於中午送秘書處福利科。在輔導會門前遇一賣雞蛋者，甚新鮮，且價較廉，即全數三十九枚買進，歸後德芳提醒恐係以小鴨蛋魚目混珠，煮視果然，此蛋極似來亨種，術亦精矣。

11月16日　星期六　晴曇

參觀

下午，到華美協進社參觀杜若蘭畫展，共展出六十餘幅，全部為工筆仕女，在場盛裝招待者似即作者，其餘幫忙者尚有數人，所展作品多為一種格式，僅標題略異而已，然亦有高下之分，以余觀之，其風塵三俠、二喬、鞭絲鬢影、藤蘿仕女、曉粧、松蔭論古等幅為勝，至於宣傳功夫頗為充分，所印目錄亦精美，且中西合璧，惟訂件者似不甚多耳。

瑣記

下午瑤祥弟來，約其同到軍人福利中心，欲購零星物件，但取價並非甚廉，故即作罷。到中山北路看新開幕之合作事業服務中心，出售合作社產品有藤器、竹器及食品等，余見其所展茶葉樣品尚佳，即酌購少數，又有鹹蛋取價不貴，亦略購少數，此項服務中心其實為商店性質，只有時出品含有特殊性者則不見於肆間耳。

家事

本學期已過其半，本週起紹因之本為下午班者已改為上午班，紹彭之本為上午班者則改為下午班，平時由紹南負責接送，今日余值休假，中午由余送往，並接紹因回家，而紹寧雖為全天，因週末下午無課，故亦於中午回家，下午四時三刻余由外返，先到女師附小接紹彭回家，此亦本為紹南之事，因渠今日報考中信局七時始返，不能兼顧也。

11 月 17 日　星期日　晴
師友

德芳昨日語余，謂在菜市遇逢化文兄，囑轉達定於今日下午三時舉行審查帳目會議，以結束枋寮買地之共同事務，至時前往，不遇，其夫人云，不知有此約會，余乃留言謂請逢兄將帳目送李鴻音君一閱即妥，不必再行以開會方式處理云。下午，到交通銀行訪王慕堂兄，不遇，留交紐約來郵件二件。

閱讀

十一月份學生英語文摘載 P. O. Reed: "All out and a little extra" 一文，有句甚佳："It has been my observation that people who seem both to give and to get the most out of life are those who, in addition to all their other qualities, have two things in common: First, they do whatever they are doing - all out. Whether it be work or play, dull or exciting, little or big, they give their undivided attention and try to do their level best ...The second thing is the rather special satisfaction, the deep down joy they get out of a very simple thing - being helpful to other people. ... They are the truly happy people who are making his life gloriously worth living." 作者 Reed 乃一工業家，奇異電器公司董事長，此二語乃標題「努力與助人」之點睛語也。

11 月 18 日　星期一　晴
職務

今日將農墾計劃查帳報告資料中應在支出總表中分

析欄中列明數字之項目加以彙計並即填入，此表之第一
欄為各科目預算數，第二欄為帳列實支數，第三至第五
欄為稽核人員之建議（Auditors' Recommendations），
其中第三欄為 For Acceptance，第二欄為 For Non-
Acceptance，第三欄為 Pending Subsequent Audit，此三欄
相加為第二欄之數，第六欄為 Comparison between (1) and
(3)+(5)，亦即各科目預算與實支之比較，此中有須斟酌
者為所謂實支究竟如何範圍，蓋實支可以以帳列為準，
可以以核准數為準，亦可以核准數加已支待核數為準，
經考慮結果，採用第三項，因所謂 Pending subsequent
audit 之性質雖不能即行肯定，然在其趨向言之，固屬
偏重於准銷之列也。以上之總表，對於所查之輔導會與
合管處兩機關經手者各製其一，皆為一九五六年度援
款，至於一九五七年度支出甚微，雖各農場事實上已經
用畢，但合管處並未核明記帳，以致帳上仍為預付之狀
態，徐君對此本亦製成一表，余為之取消，只將此項
收支大數在 Fund Status 一段內說明，不另製總表焉。

瑣記

　　因駐退除役官兵輔導會辦公，統計主任廖毅兄中午
以公車赴羅斯福路，余乃於下班時搭乘。

11月19日　星期二　晴

瑣記

　　最近期安全分署俱樂部出版之 *Kaleidoscope* 上刊載一
篇測驗徵答文字，大意謂在暗室內置帽五頂，三紅二
藍，令三人入內任戴一頂，迨由室內外出後，此三人中

有二人不盲一人則盲，在不盲者之中均不能說明其所戴
帽之顏色，獨盲者知其所戴為紅，詢其原因何在，余及
紹南等對此問題均只能解決一半，蓋認為若盲人戴藍帽
其他二人皆戴紅帽，二人眼見均為一紅一藍，亦為不能
知其本人之帽色，而盲人亦同樣不知其帽色，此與命題
不能脗合也，後詢之一同辦公之徐、胡二君，徐君謂已
猜出其中理由，胡君則謂已知另一命題，乃三人均不
盲，縫工在身後各縫一扣子，其中可能性為三白二黑，
三人中一人最聰明者斷為全白，理由實相彷彿云，余仍
不解，經說明始知。蓋此須進一步由揣度對方之想法著
眼，就前題言，此二不盲之人如在盲人戴藍帽之假定下
有一戴藍帽者，必為另一不盲者所見而自知所戴為紅
帽，今二人皆不能知其所戴為紅色或藍色，則可知盲人
所戴非藍帽，既非藍帽，必為紅帽，可以斷言，故必須
三人皆紅，始能斷定二不盲者皆無法知其自己所戴為何
色。就後題言，此一聰明人見另二人不能說明自己之扣
色，可知其本身不黑，因如為黑扣，其另一人必因第三
人之不能獲見二黑扣而獲知自己為白扣，今不獲知，反
證三人皆白也，此理甚簡，而甚微妙，故余不能猜中。

11 月 20 日　星期三　晴
職務

複閱醫療計劃查帳報告之 Second draft，此為調查
部分 Section Chief 陶聲洋君所改，文字較原有者為流
暢而簡明，敘事方面亦較有條理。再度整理農墾計劃
中之 work papers，對於不知底細之帳項有更合理之了

解，例如在此計劃中有兩個 CEA，預算科目相同，在查核時十分注意其有無重複，經悉可疑之款有二，一為宜蘭水泥款有一萬八千元在 CEA6025 內列支，在 6024 內又列支，前者無發票，後者則誤記 Supplies 科目，而前者則在建築費內，無發票只註明係奉輔導會通知列支，水泥亦由輔導會代為統購，此二款十九為一款兩支，但目前尚未能完全證實，二為池上水泥款，在 6024 內列 3,600 元，在 6025 內列 54,000 元，因不知是一是二，乃囑合管處田君函池上查詢，該場來函只提五萬四千元如何如何，而不提兩個 CEA 內有兩筆款項，可見只是一事，且該場又謂 54,000 元內有三千六百元已由輔導會提還，尚有 50,400 元正在請退中，則分明二款係屬一事，所以重列，據云係輔導會代各場買水泥曾令各場繳款，又囑合管處代為扣發，結果一款兩扣，且作分頭之報銷，可見各場與輔導會之帳目，實半斤八兩，各有其不能究詰之特性也，今日憑池上之信將此三千六百元重支之款剔除並重列預算實支比較表，以示全貌。

11 月 21 日　星期四　晴

職務

　　本年第四季之查帳工作預定表規定應由余與胡家爵會同處理者有二個計劃用款，其一為 George Fry & Associates 之 Follow-up Audit，余已通知經手記帳之羅教政君將一切帳簿傳票與文件備齊，不日即行開始查核焉，其二為 General Construction Corps，即榮民工程總隊管理處，此為新案，但款項則為代輔導會退回其以前向銀行借用之款，今日將有關之 PPA 等案卷加以研討並摘錄其要點，藉以明瞭全案內容，此案在 PPA 內本列有台幣二千餘萬元，尚有美金器材數萬元，並附有詳細預算項目，後再撥款時第一次簽發 CEA，即改按各單位已支數彙計列付，至於預算項目之數目則已不足為憑，因此項 CEA 只有一千二百餘萬也，泊第二次 CEA 則安全分署聲明為最後之撥款，連前次者為總額一千三百餘萬，此次所加不足百萬，只開出各種購置項目，不知屬於何單位，而前次之一千二百餘萬則不分項目只分單位，於是發生前後銜接不能十分脗合之困難，余在作有關之 work papers 時，只能以兩次 CEA 所據之申請書預算為準，但因其中只有單位及粗略項目，又不能不將原來所定之全部詳細預算共達二千餘萬者加以開列，以供參考項目與單價，輔導會之使用美援款往往如此多所周折，最後使 PPA 幾乎失效，而預算內容亦復難細認也。

11 月 22 日　星期五　晴
職務

　　第四季查帳工作由余擔任者有二，一為榮民工程總隊 1955 年以前之經費由安全分署准按實支數撥還數，二為 George Fry & Associates 經費之 Follow-up Audit，前者已先將各單位支付各科目數額加以核對，發覺實支數較最後決算請修正之 CEA 核撥數仍有出入，惟不大耳，單據已於今日初步集中，等待下週開始審核；

後者本應繼前者之後開始，因恐其未有準備就緒，故
亦通知將帳據送來備核，今日僅略略加以翻檢，知其
梗概。由 George Fry & Associates 之剔除經費問題發現
一項問題為余一向所忽略者，即剔除款項原則上為須
由受援機關根據查帳報告如數送至美援會列收相當之
Special Account，此項帳戶有相對基金亦有 402 農產品
項下美方台幣，視其性質為之，然退除役官兵輔導委員
會向來對於 Geo Fry 一案內之剔除款，係在帳內按原科
目收回，余本以為如此亦可，且在今春作該項經費之
Follow-up 葉君查帳報告時，見其 Recommendations 係
將提除款用 Refund to the project account 字樣，認為按
原科目收回亦無何不可，今日再見該會送來之新報告，
又將余所剔除之款如法收回原科目，但在全案終結解繳
餘款時，其數較之剔除各款為多，是自然發生與另案解
繳之同樣效果，其處理方式雖不同，而殊途同歸，於是
乃發生一項疑問，即收回剔除款按原科目收回勢必因結
束有無餘款及為數大小而發生不同之效果，在今次查帳
之 1957 年度經費內，雖有如上述之殊途同歸結果，然
春間所查一九五六年度葉君所剔各款則否，蓋該項經費
無餘款繳解，該會將剔除款收回重新支用與另案解繳，
自然大異其趣也，余以此問題與胡家爵君討論，渠亦謂
按原科目收回殊不足為訓云，但此案又另有一微妙之情
形，即該會在一九五六年度雖無餘款，然在當年固已請
准追加六十七萬元，其後移於一九五七年度使用，設當
時此五十七萬在五六年內領到，則繳解餘款將造成如今
年之同樣效果，演繹其結果，則今年所解繳之餘款謂為

累積自去年度，亦無不可，則謂去年之剔除款合併於今
年之剔除款，進而包括於年終餘款一併解繳，亦無不
可，是則輔導會解釋其記帳方法為收回帳內準備併繳
者，似亦能自圓其說焉。農墾計劃查帳報告依原決定由
余與徐正渭君將二人所查資料提供胡家爵君一人執筆，
以免拼湊割裂之弊，今日胡君已全部脫稿，先交徐君核
閱，彼認為未照前次醫療計劃之格式寫作，不合需要，
余則認為重要者在內容，如無不明或遺漏，採何格式，
無關宏旨，彼亦未言其他，余見其重新整理，似已重起
爐灶，此等事之做法似膠柱鼓瑟，且不為人留餘地也。

11 月 23 日　星期六　晴
集會

　　下午三時在漢中街舉行光復大陸設計研究委員會，
各省重建方案研究小組財政部分第一次研究會，此組專
任委員只有六人，且有二人缺席，此外則為兼組者五
人，幸均參加，今日決定事項如下：（1）關於綱目方
面，原列草案為田賦、地方稅務、金融、貿易、專賣事
業、公產等六項，經加以斟酌，決定刪除專賣，以免與
中央財政抵觸，如有物資產銷應由省舉辦者，則在貿易
項下加以列舉，田賦之下加入糧政；（2）關於工作進
行方面，田賦糧政由鄭希冉擔任，地方稅務由張敬塘、
逄化文擔任，金融由余擔任，貿易由王興西擔任，公產
由王克矯擔任，分別接洽有關方面搜集資料；（3）蒐
集資料方式，關於大陸撤退以後者，儘量利用光復大陸
設計研究委會所得匪情資料，或就所知請該會設法取

得，關於大陸撤退以前者，充分向在山東財政界任職而
目前在此者加以聯絡，並即席列舉應接洽之人員為前山
東省府主席沈鴻烈、秦德純，前區稅務局長靳鶴聲，前
財政廳長陳秉炎、趙季勳、石中峰，前會計長張景文，
以及各人所知之省府科長、秘書、職員等。

瑣記

　　到國民大會秘書處取來所買余及代姑丈買之衣料，
其中本另用高登海兄名義一份，因重複，仍用本名。

11月24日　星期日　雨

師友

　　下午，同德芳到南昌路買十二寸之壽糕一盒，並一
同率紹彭到中和鄉宋志先兄家為其岳母祝壽，因明日為
周老太太之壽誕也，到後略談半小時而返。

見聞

　　余雖在安全分署服務，然對於美援計劃在開始實施
時期尤其在交涉折衝階段，因非主管，全然不知，閱報
知一九五八年度經援降至六千萬元，但全般情形報導亦
頗重要，錄之以供參考：一九五八年度物資援助方案
（所謂Non-project type）已定為三千九百萬美元，其中
且包括402節項下剩餘農產品二千七百五十萬美元，建
設援助方案（所謂Project type）已定為一千八百萬元，
技術合作三百萬元，較之一九五七年度共減二千萬美元
之譜，但政府方面認為不可斷為全般美援減少，因刻正
申請中者尚有480法案內可能達到二千三百萬元也，至
於新年度開始之緊急物資採購撥款尚有第一批棉花250

萬元、牛脂 90 萬元、黃豆 150 萬元、小麥 197.5 萬元，
第二批民用小麥三百萬元、軍用小麥二百萬元、民用棉
花三百萬元、軍用棉花一百萬元、民用黃豆三百萬元、
牛油五十萬元，以上共為二千萬元，將由 402 公法剩餘
農產品內撥運進口，故若將此等數字計入，則比之往年
並不見少也，惟在事實上殊不盡然，因物資之必須減少
供給而已經漲價者已經步漲不已，如奶粉即是其例，連
日飛漲已影響市面矣。

11 月 25 日　星期一　雨

職務

今日全部時間用於複閱農墾計劃之查帳報告，蓋自
胡家爵君草成初稿以後，即先交徐正渭君複閱，彼認為
其所寫之帳務部分條理不清，於是又將此部分重寫，寫
好後即又交余複閱，余以為大醇小疵，故不再發表其
他意見，即為定稿。在此次複閱之時，有兩張資金預算
實支比較表，其末端照例須標明 Prepared by 何許人，
又 Reviewed by 何許人，此兩表為余所製，但查帳之結
果為二人之共同之工作，乃在其下寫 Prepared by C. W.
Hsu, Y. H. Wu, Auditors，但上月所作之醫療計劃查帳報
告，其中附表為徐正渭君所作，其查帳亦為二人之共同
工作，彼在尾端只寫其一人之名字，此等事自然無關宏
旨，但余以為既有他人之一分心血在內，似乎不應只知
有己也，此等細事在立身處世中似不應疏忽，貽人以不
良印象也。

交際

晚，到中和鄉宋志先兄家參加其岳母之壽筵，共有賓客兩席，所定豐澤樓酒席甚佳，但廚師居然未能尋到地址，直至七時始到，聞係在安樂路徘徊逡巡兩小時餘，雨中束手無策，最後始經宋兄出外查訪，在途中相遇，亦怪事也。

體質

繼續注射 Betalin 與 Oreton，前者每週四 cc，分兩次，後者每週一 cc。

11月26日　星期二　雨

職務

開始查核榮工總隊計劃援款帳目，此項計劃為在退除役官兵按置計劃之初期成立七個工程總隊，皆由輔導會向台灣銀行無息貸款支應，今年始核定由援款對該行貸款予以撥還，但支出用途亦須查核，此項支出之時期為一九五四年夏至一九五五年夏，現在之支出不在內，以明其完全為 Reimburse 性質，該會對於支出單據係按個別總隊分列科目記帳，故須按單位一一查核，今日先核榮民工程總處，此項經費只有設備與管理費二項，共計五十萬元有餘，其單據封面雖寫為 44 年度五至七月份，但翻閱其單據則皆為四十五年份亦即 1956 年份之五至七月份，分明在所定範圍之外，於是未及細看其內容，即決定全數剔除。胡家爵君為與余同時查核此案者，彼為明瞭細況，今日先往榮民工程總處一行，據該處云係去年五月始行成立，本計劃乃在其成立以前之各工程總隊經費，此時期由輔導會直接管理，該處並不接頭，洎歸向輔導會主管部分詢問此計劃中支出之有關財產性之支出時，則又謂舊人星散，現在皆不知過去情形，余由單據審核中亦發覺若干問題須與胡君互相印證，緣是亦一時不能著手，余所看帳目則另外有人整理，實亦非本來面目，特內容或尚不至失實耳。

11月27日　星期三　晴

職務

　　晨，劉允中主任約余與徐正渭君由輔導會回安全分署，先與新到之 Audit Section Chief John Gould 相見，Johnson 亦在座。因醫療計劃查帳報告有須商酌處，定於下午一時半長談，至時再來，除二洋人外，亦有胡家爵君參加，共六人談該項報告草稿，計有以下各點意見：（1）稿內 spot check 字樣用過數次，但對於發現重複支出以後何以處之，徐君答云係 comprehensive check，二人亦即信之，聞此點係根據劉允中主任之提示，蓋如不如此即有全部詳查之可能，然事實上無此時間也；（2）Duplicate payments 之發生為不經見之事，二人認為須探求其多付之款在於何處，係錯誤抑係舞弊；（3）余所剔除之汽油溢支數，其油用於何處亦須問個明白，所剔除之鋼筆款與地力試驗費說明不夠詳盡，望再加清楚說明云云，退出後即由徐君準備第二段，余準備第三段，另由胡君對於服裝一項之不夠明白處重加說明，待彙交 Johnson 據以修正補充云。

集會

　　晚，出席區黨部第八次會議，討論事項多為關於將於下月八日舉行之黨內競選市議員候選人提名選舉一案有關準備事項，該日除本區黨員十個區分部共設五個投票所外，尚有區內其他特種黨部共二千餘人，亦設二個投票所，其中之一由余任主任管理員。

11 月 28 日　星期四　晴細雨

參觀

　　今日為美國感恩節，休假一日，下午同德芳率紹因到新公園參觀紡織業出品展覽會，共分三室，一室為棉織品與針織品，二室為絲織與人造纖維織品，包括新成立之人造纖維公司出品之人造絲（Rayon Filament），並有人造絲與人造棉（Staple Fiber）之製造程序圖解說明，第三館為毛織品，包括中本等廠之出品，花樣極多，另有各種出品之售品處，但價格並不低於市價，且多為比較滯銷之貨色云。

家事

　　傍晚往女師附小接紹彭放學回家，至時見學生均已外出，不見紹彭在校門相候，入內到教室尋找，途遇教師徐沫怡小姐，據告因其在午睡時不服教導，破壞秩序，放學時罰站留校，現已放出，大約至五孝尋其姊矣，徐小姐並囑對其不守秩序加以督責，乃到五孝教室，仍不見，又折回原一仁教室，門正關閉，至大門口始見其由福利社外出，乃接之回家，途中問今日徐老師有無相告之事，據云無之，再問何以出校獨晚，謂有二小朋友被罰，彼負責監視，再問學校規則有無觸犯，答云無之，其實當時眼圈尚紅，余恐其再哭，未予揭穿，歸將經過告知德芳，囑加以誘導，以後不可犯規，更不可掩飾，養成說謊習慣，由今日之事，既以見此兒之智，亦以見約束與教育之見重要也。

11 月 29 日　星期五　雨
職務

前日 Johnson 與 Gould 交辦之對於醫療計劃之查帳報告之補充，余與徐君本用對於報告原文加以補充之方式，以另以 copy 黏貼附條之方式出之，胡家爵認為二人已表示自己負責改稿，只須補加說明，不必在報告書上為之，乃於今日再度草擬說明文字以供其作為核稿之參考，余所擔任部分除將前日所寫加以補充外，另有在 Duplicate payment 一段由除徐君所查出之已經全數付與國防部又自行列支等數字，說明係應向國防部算還外，尚有一筆為余所查出之一批單據兩次作帳，二洋人勢不免問款項下落，不知輔導會此部分帳目完全事後補造，並未據以收付現款，此種情形如據實說明，更啟疑竇，反將永無澄清之日，不得已乃搜索枯腸，為自圓其說之圖，說明時認為係會計人員自稱為其他項目內巧合之故，將單據遺失，無法再究，只好剔除了事。今日作此項說明，甚費心血，無非在將查帳工作止於適當之界限，以免更多困難也，作好後下午會同前往交卷。接行政部門通知，自十七日起晉支 FSL-1-2 薪級。

師友

　　晚，逢化文兄來訪，雜談明日于仲崑兄之堂弟結婚及余等在潭墘共同買地結算帳目等手續事項，據云帳目已結，且經李鴻音君看過，將用彼與李君及余三審查人名義分別通知，並限期找算差額。

11月30日　星期六　雨

交際

　　于仲崑兄之堂弟家慶在悅賓樓結婚，事先由于兄來函約赴喜筵，並謂已代送禮，余於今日訂製花籃一隻送往，晚並到場觀禮，新郎在民航空運隊服務，新娘則台灣人。

家事

　　昨日傍晚紹因往女師附小接紹彭回家，在南門站搭乘公共汽車，二人均有學生月票，而紹彭忘帶，紹因將車票交車掌，意欲請其再打一洞，詎該車掌將其票撕破且不肯發還，紹因往奪，發生爭執，該車掌竟掌摑紹因右頰二次，下車後不知其車號與車掌號數，只記憶其時為五點，余因車掌欺侮小學生，可謂無理且可恥之事，乃於昨晚辦一公文致該車之主管機關公共汽車管理處，請其嚴辦，並以副本抄送女師附小訓導處，以防其反噬焉。此兩信均於今日發出。

體質

　　半年來自注射 Vitamin B complex 每週四 cc 以後，左足之風濕已愈，但注射照常，並未中止，前數日試右足踵部在行路時微有痠感，未以為異，今日則又試左腿

灣部時時有麻木感，其情形一如半年前痛疼停止後久坐
易致發生之麻木情狀，再三思索其原因，不外：一為連
日陰雨，氣壓使人不適，余對此雖不敏感，然冬季或不
盡然，二為所買針藥均從國防部福利社一處而來，成分
或有問題。

12月1日　星期日　雨
集會

　　晚，舉行革命實踐研究院第二十一期同學第十三次聯誼會，並以紀念本期同學結業五週年，余與德芳率紹寧、紹因、紹彭於時往實踐堂參加，由主席余學海作一般報告，由院派李荷來報告院務情形及近來院長與陳誠主任對於國際局勢之分析，最後為餘興，放映電影「領袖與中國」及數部新聞片，九時散會。

12月2日　星期一　雨
職務

　　全日查核輔導會各工程總隊經費，今日所查為賡續上週之第一總隊，今日所查為其管理費用部分，包括辦公費、薪工、督導費及特支費，辦公費中有香煙等不許開支項目，薪工照公教人員規定辦理，而另有技術津貼，余為由開支總計其職員人數，須逐月加以核計，故對此項所費時間較長，督導旅費支用甚多，尤其總隊長一切均按頭等計算，為數可觀，特支費多為招待應酬費用，此為美援款所不許動支者，故將細數記下，以便彙算剔除焉，此外有剔除事項，即依照此項撥款時安全分署再度通知為費用之發生須在一九五五年冬以前，完全為向台灣銀行之償還性質，現在事實上各項開支大部雖均為一九五五年底以前所發生，然帳列在一九五六年度之支出亦不在少數，尤其最後一次增撥款項為一整筆之服裝費，此筆之支出在一九五六年初，如照函規定勢必不許列支，則增撥豈非成為出爾反爾乎？為解除此項矛盾，曾商之胡家爵兄對輔導會主管處予以提醒，彼已函美援會請將截限日期酌延，余今日所核傳票對於一九五六年之支出只記一總數，預計在報告時剔除，對內容先不注意，以備真正不能保留必須如數剔除時再作核算，反之，如得到延長時限之公文時，即再分別補核，亦不遲也。

12月3日　星期二　雨

職務

今日繼續查核退除役官兵輔導會工程總隊計劃之經費，全日八小時無片刻休閒，終於趕將第二總隊部分查完，包括購置及辦公薪工等等費用，其中較不費時者為其分類比較清楚，例如郵電費與郵電費，茶葉與茶葉，報紙與報紙，皆將同樣支出彙列一起，固有若干性質單純之單據，內容可以預料不致有其他不合規定之支出，即可略翻而罷，反之有若干支出極有問題亦因彙列一起而便於審核，甚至有數十傳票順序排列，且有全部之總數，可以一筆加以決定剔除之款項，比之一一搜尋者，難易不可同日而語，今日對於第二總隊剔除之款項多為招待、聚餐、送禮、捐贈等，此總隊長批示開支時動有「在本人特支費項下開支」，其思想為對於一部分費用視為可以歸其本人全權支配，從而認為預算外之各種費用無不可以動用者，乃屬一種機關首長之積習，雖在退役之機構，仍然陰魂不散也。

家事

諸兒女全部入學，本由紹南、紹中二人讀書之室內

有方案二張，最近余事務所所用寫字枱移回，於是有三
案可用，紹南雖已畢業，課餘事多，占其一案，餘二案
由紹中及本學期全日上課之紹寧分用，至於紹因、紹彭
則只上學半天，其餘半日可以用任何一案也，又電燈本
來只能供一檯燈，今日德芳加裝兩處插火，可以同時讀
書矣。

12月4日　星期三　晴雨相間

職務

　　開始查核退除役官兵工程總隊計劃經費，今日為第
三總隊之一半，開辦費已核畢，而管理費太多，只核其
一部分，由於曾發覺其中有支付車輛牌照稅之單據，同
時為求明悉其所購汽車之牌照稅由何處負擔，故對於管
理費單據逐一審核，乃特別費時矣。此次查核各工程總
隊之帳，完全為一種重複性之工作，蓋各工程總隊之開
支大同小異，一單位查完後，即接看另一單位，幾乎千
篇一律，枯燥乏味之至，且其中又須有保留以後處理之
處，蓋因撥款時安全分署有函通知美援會與輔導會，對
於此項工程總隊之援款限於一九五五年底以前之開支，
現在輔導會根據余與胡家爵君之提醒，已函美援會請轉
洽要求將期限展延半年（後又改為一年），在未復前，
只能依據現在有限之期限，以一九五五年底者為限，於
是對於一九五六年之開支亦列帳於其中者，即須將全數
剔除，而先不查核其內容，以待將來期限果然放寬，即
須再行補核，此刻不免須一一加以記錄，以備屆時易
於檢查，所困難者為有的單位經費未將月份分清，在

一九五五年經費內夾雜有一九五六年之單據，則只能看
其情形輕重，如屬零星，即不予挑剔，如屬較大或筆數
較多，則另行核計剔除焉。

12 月 5 日　星期四　陰雨

職務

　　查完工程第三總隊之帳目傳票，大致平妥。繼續查
核第四總隊之單據，此總隊之辦公費部分全未分類，只
按時間先後，籠統報支，且每一黏存單不只包括一張單
據，而照理應取得發票之開支，亦常常以支出證明單
代之，其中摻雜招待與煙酒費用，乃不得不逐一核閱，
並特別注意其有無不合理之情形，經發現一項電料支出
二千餘元大有問題，蓋該總隊二大隊所屬四個隊各以證
明單支出電料六百餘元，註明原單據在其中一個隊之報
銷內列表，余遍尋全部單據，未見有此項多出之不計數
的單據，有之則全數列作開支，如此情形顯然為重複列
支，以暗示方法企圖矇混，經即予以剔除。

參觀

　　到博物館參觀美國新聞處舉辦之為和平開放天空展
覽會（Open skies for peace），所展多為空中照相，有
美國之大都市及中國之上海、南京、北平等，陳列甚為
新穎，另有放映電影，因人多未能獲觀。

集會

　　晚，代表區黨部出席第五區分部之委員與小組長聯
席會議，此為指導性質，余報告二事，一為區黨部所定
輔導辦法，區委員輔導區分部，區分部輔導小組，應以

重點及巡迴為方法，二為正在進行之市議員黨內提名
選舉正在展開熱烈競選活動之中，希望各同志有特別認
識，應以將來能爭取黨外選民及當選後能貫澈黨的主張
者為理想。

12月6日　星期五　晴曇

職務

　　續查工程第四總隊帳目單據，今日仍為查核其管理
費中之辦公費部分，逐一審查，以發現其不合理之開支
與香煙酒食等等，已查至四十四年底，尚有四十五年上
半年者因依安全分署通知不包括在援款支助範圍之內，
故未加審核，設退除役官兵輔導會能得安全分署同意將
包括之時間予以延展，屆時當再行補核也。

集會

　　第四屆台北市市議員選舉黨內提名投票將於後日舉
行，今晚市黨部召集全體有關選務人員在警務處大禮堂
舉行講習座談會，由主任委員羅恆報告選舉大概情形，
另由各主管人講解各規定事項，然後出席人員發言討論
詢問，此案千頭萬緒，余以第二十三投票所主任管理員
之資格出席，故只注意本身有關事項，但因資料不充，
亦無從提出疑問也，例如全市共有廿三投票所，共分兩
個選舉區（第三區黨內不提名，在普選時自由競選，故
不在此次範圍之內），第二區包括古亭區在內，古亭區
共有七個投票所，其中六、七兩所供區內居住之不屬本
區黨部之黨員投票，余所任者為第七所之主任管理員，
此所之投票人余今日始知為區內之省級特種黨部黨員與

在區內有戶籍之其他地區黨部黨員，內容情形如何全不明瞭，故亦無從提出詢問也。

瑣記

下午，由徐正渭君介紹至中本買毛織衣料。

12 月 7 日　星期六　晴

黨務

上午，到區黨部出席七個投票所之主任管理員與主任監察員聯席會議，所討論之事項與昨晚市黨部所召集之會議相似，不過侷限於本區而已，但亦有提出一般性之問題者，如上級黨部規定不滿二十歲之黨員不能投票，又如戶籍不在區內之黨員不能投票，以及不准在投票日仍做競選活動事，均事實上不易應付，或須舌敝唇焦始能不生枝節，然此非局部所能解決之問題，今日之會亦只交換意見提高準備之警覺性而已。會後至市黨部領取明日應用之物件，包括選舉人名冊、選票，及統計用表章戳等，七個投票所之選舉票以余所任者為最多，計達一千五百餘張，當經逐一點過，與主任監察員會同加封，交區黨部工作人員帶回區黨部據以作準備工作，市黨部本規定本日下午先行演習一番，經改為明晨提早一小時，先作演習，此點已由區黨部分配本投票所工作之同志卞多三君負責，於今晚與全體管理與監察人員聯繫。

師友

晚，趙榮瑞君來訪，閒談所工作之外匯審議會內容情形，及皖行在此同事之動態，並借去三百元。

瑣記

　　上午到土地銀行公產代管部交涉承購住房之通知價，該部已承認應照舊價，但須另作手續。下午，到公共汽車管理答訪呂志超處長，不遇，留片。

12月8日　星期日　晴

黨務

　　全日為第四屆台北市議員選舉黨內候選人提名投票而忙碌，晨七時即赴南海路省議會投票所，見區黨部幹事卜多三君已將各項要務布置就緒，而區黨部所聘各管理員及監察員與主任監察員尚未到齊，此時等候時鐘一到八點即須投票者已經麕集，乃臨時就已到之監察員分配為檢查黨證人員，已到之管理員司查冊與發票，先行開始，場內共有二十二與二十三兩投票所，余主持二十三所，投票黨員為居住古亭區而黨籍屬於省產業黨部或屬直屬區黨部，或本市所屬其他區黨部者，其名冊全為其所屬黨部造送而來，故如其戶籍不為其所屬黨部所知或知而不確者，其名冊即有遺漏可能，今日余為主任管理員主要係應付此等問題，幸市黨部對此已有籌劃，令各同志之有此種情形者填具申請書，經余與主任監察員核明其身分證黨證與黨費及出席會議記錄表後，予以核定後交主管名冊人員在其黨證上加蓋戳記（有名冊者本可即加不須申請）後，領票照投，今日經此手續補救之黨員凡五十餘人，只多為第四區黨部，可見該黨部辦事之馬虎矣。中午與主任監察員換班回家用飯，余並至十普寺投票圈選宣傳有方之黃盧小珠一票。回至省議會繼續至五時投票終結，隨即將未發之票收回點數，一面請監察員唱票，一面分配管理員準備記票，其方式為在預先領來之大張記票表上，將各候選人姓名逐一寫就，表上空格為每行十個，可寫五十票，每頁六行，因全體候選人為七十四人，每頁寫三人，各預留一百票之空格，計全部填成二十五大張，均懸於牆上，開票時每人司五張，唱票人唱時先呼號碼，再呼姓名，司記票者之票記下時並回答一聲，以示確實，唱後之票交一監察員複核並整理，每十張一疊，因候選人太多，開票人太少，未按當選人得票分別放置，只混同整理，其最後總數加廢票應不超過發出之票，結果為已發票 1,288 張，收回及廢票 1,286 張，開票後立即填具開票報告表，填明各候選人所得票數與主任監察員會同蓋章，交幹事卞多三送市黨部，此項票數與選舉人名冊上所發票數之總計據云不甚相符，此則或因有漏蓋圖章者，一時無暇說明，只好就發票員領發及繳回各數加以記錄，以備必要時再向發票員核對原因而已。事畢，有若干參觀開票之黨員，實為各候選人之關係前來抄寫票數，維持秩序人無法干涉，秩序不易維持，余乃囑辦事人將全部得票數一一口頭宣讀，始各歸去。余於七時半回寓，十時就寢，十一時忽有區黨部人員敲門，謂市黨部認為票數不甚相符，似相差二票，囑余前往照料，但區黨部方面認為事實上不必前往，乃將余之私章取去，謂代表余前往改正，余見如此亦可，且事實上卞多三負責全部事務，故即將名章交其帶往云。

12月9日　星期一　晴

職務

全日繼續查核退除役官兵就業輔導會建設工程第四總隊之帳目單據，此單位之單據雖在各單位中並非最多者，但費時二天半，比任何一單位為多，此即因該隊之單據整理方法缺少條理，且將各種性質之支出混在一起，為一一發覺其不法之支出，不能不一一細閱。今日所發現之問題除各種交際支出一一剔除外，尚有幾近舞弊之一個多月份支出，單據總數為七千餘元，而記帳之金額則成七萬餘元，恰為十倍，於是剔除十分之九，余由此懷疑其各科目各月份之傳票有裝成冊子而在封面寫一總數，其中所含在數十張乃至百張單據者，余只能略加抽查，或加其大數，或用心算以覘其是否有差額存在，究未能一一加以複核，類此情形是否只此一項，殊難斷定也。

家事

紹南於秋間參加由考試院主辦之中信局業務辦事員特種考試於今日在報上發榜，計錄取十五名，紹南居首，日昨有其同學前來打招呼者，至此始證實不虛，此次與考者凡三百人，取二十分之一，殊不易易，此後之問題為紹南現在任台灣大學助教，且對其現狀之工作輕快與有充分時間準備功課準備明年留學考試，甚為滿意，設中信局立即予以任用，應如何應付，尚須加以考慮也。

12 月 10 日　星期二　晴

職務

　　上週安全分署總務處發出通告，謂將由全體職員拓印指紋，日昨同事沐松濤君電話通知前來領取表格以資準備，今日前往，由會計處事務人員手中領到空白兩份及通告與說明，希望全體能於十一日以前將表填好送齊，以便接洽安排拓印指模事宜，余將表領回時即查考去年向分署申請位置時之表格加以填寫，以免有不十分一致之處，因規定須打字，乃在退除役官兵輔導會借用英文打字機將表打就，同時將表後所附之填表及打印說明予以打錄，俾供參考，余已三十年不打字矣，對於打字機之用法與字母之位置已完全模糊，非用兩目尋找字鍵，不敢打下，然稍試數分鐘後即漸漸喚起回憶，有他鄉遇故知之感，此即溫故知新之理，雖為時三十年，仍不能變為一張白紙也。繼續查各工程總隊之單據，今日為第五總隊，種種報銷情形比較有條不紊，故以一日之力即完成之。

師友

　　中午，逢化文兄來訪，將潭墘共同買地辦理結束之書面通知打印完竣後送來蓋章，係由彼與余及李鴻音等三人出面，通知各共同買地人每人之應攤費用與已出費用，最後為應找進或找出之數，凡找出者希望於本月中旬送逢兄處，找進者則下旬來領，為免困難，將於收齊找出者後再行開始找向應找進者。

12月11日　星期三　晴

職務

　　續查各工程總隊之援款開支，今日所查為其中一比較特殊之技術總隊，此總隊之工程機具配備比其他各隊為多，帳目情形則大致相似，而招待費等則集中於特支費一項之下，審核較為容易，不似第四總隊之隱藏混淆大費周章也，今日一日之時間將全部單據看完。

瑣記

　　余所住日產房屋自去年四月申購，至今將近二年尚未接通知准購，最近忽接通知，價格比原價高出數倍，足見係照調整後之標準辦理者，星期六曾往交涉，公產代管部已不固執己見，但囑余去一公文以便作為重新處理之依據，連日事忙，直至今日始行將稿草就，大意第一段將申購後屢催不應之經過說明，直至八月二十七日去函未復而測丈人員來謂地積須加以縮小，以便將來放寬巷道，第二段說明現接之通知價格數倍於申購時之五三〇七元，非但未隨地積減少，且大量增加，顯已按新價計算，本人曾數度催辦，並未延誤，何得遽予變更，應請仍查照原案，按原價讓售云云。上週在中本買毛料，經再到公園內紡織業展覽會內中本紡織品售品處比較，見余所買每公尺二百元之女大衣呢標 330 元，所買 230 元之花呢亦標 330 元，而所買 215 元之 Sportex 則標 280 元，所差之價不為相等比例。

12 月 12 日　星期四　晴

職務

　　續查各工程總隊之帳目單據，今日所查為當時存在之獨立工程大隊，此一單位之單據整理甚有條理，且每一單據黏貼一號，故翻檢時甚感便利，不似有數個總隊係將一號單據包括數張甚至數十張，或甚至以表面一張掩蓋下面數張，此數張中竟有不許開支之款項，有意無意希圖掩人耳目。今日已將該隊全部看完，只餘各科目中之含有一九五六年開支者，不審其內容，逕行以總數加以記錄，準備剔除，惟退除役官兵輔導會曾根據余等之提醒，認為一九五六年內開支根據安全分署來函聲明不得列支，而實際上則為數甚多，如為免剔除，宜早作申請，庶將來周章不多，聞該會正在加緊進行中，設能邀准，則將來須對於此等保留之開支再行補核也。

娛樂

　　晚，同紹南到明星戲院看國產影片霧裡情天，由夏厚蘭主演，故事根據報紙連載小說五里霧中改編，寫一貧苦畫師為謀財而為一富家女郎畫像且發生戀情，但遭受破壞，於是此女郎以偽裝急病將亡，分配遺產加以試探，此青年心地光明，竟不肯苟得，女郎遂知青年未懷此種不良之意念，而有兩情歡洽之結局，此故事在闡明金錢為愛情之霧，然不能不見光明而消散也，惜演技平平，攝影與配音俱不見佳，所賴以號召者夏厚蘭隨片登台表演歌唱及曼波舞蹈耳。

12月13日　星期五　晴

職務

　　繼續查核建設工程總隊計劃經費之帳目單據，今日所查為各總隊支付之隊員生活補助費，此為零星數目，各隊由數千元至數萬元不等，因其所屬期間均在 PPA 所定之一九五五年七月以後，故均在剔除之列，蓋此項計劃經費乃經過數年之申請始得安全分署同意支付，其範圍以各工程總隊不能自給階段為限，此在安全分署之看法應為一九五五年底以前，且其生活費部分應在該年七月底以前，以符原報告訓練三個月之日期，孰料其在署方在信上申明於前，相對基金撥款合約又明白規定於後，而正式報銷中之單據則屬於上項限期以後者為數甚多，不知退除役官兵對其本身之內容何竟模糊以至如此，今日所核之生活補助費全數剔除，至於大數目之生活補助費係撥還國防部歸墊者，只有總收據一紙，若何內容，如何計算，完全茫然，經囑輔導會主管人員查卷相告，今日又查其服裝費，此費本為四十餘萬元，包括購發衛生衣褲及製發棉短大衣，後又增列七十餘萬元，品類甚多，經核其支出月份，又全在限期以後，凡上各款皆應剔除。至於內容因多為整理開支，帳目筆數不多，故經詳查，尚無不法情事，其中涉及統一購料經隨時核轉數目者，則不求能了解其全部價格之內容，只求知其轉帳內容，其餘則皆與查各計劃帳科帳之徐君相互核對。

12 月 14 日　星期六　晴

交際

　　晨接研究院聯戰班聯絡人通知以同學蔣嘯青之太夫人逝世，於今晨十時同往公祭，余於十時半到達，公祭已過，單獨祭奠而退。報載廣告有區黨部劉常委壽朋嫁姪女之啟事，只謂今日在中山堂光復廳，而無詳細時間，經以電話詢區黨部，始知為下午四時，乃在沅陵街定花圈一隻，並於四時半前往道喜，至則賓客尚稀，詢之劉氏知為五時半，乃往出一行，五時半返回觀禮，此婚禮甚有秩序，無喧嘩凌亂之缺點，例如只有鋼琴，無樂隊，又無向新人在入席退席時肆虐者，均其明徵，喜筵後辭出。

瑣記

　　凡事往往因細微之疏忽而貽甚大之煩擾，今日到南京東路為蔣同學弔喪，係由車站乘十路公共汽車，由中山區公所下車，折回而行，因南京東路正修築加寬，乃在產科醫院轉角之巷轉而東行，將另循右轉之捷徑以赴，不料右行僻巷極為曲折，日本公墓中縱橫錯綜，方向亦難辨認，良久始得以由此而至殯儀館，事畢後憶及在去程時遠望有 12 路公共汽車站牌，未加思考即循其目標而往，至則知此為南京東路修路第一階段之站牌，現又移至長安東路，所謂南轅而北轍也，無法只好仍回中山北路原中山區公所站回行，上週因尋合作社聯合社地址，電話詢知為 45 號，實為 54 號，亦大費周章。

12月15日　星期日　雨

家事

下午，姑丈來送還上月代向國民大會秘書處經辦中本衣料款，並解釋因月來甚忙，故未送來云。

師友

下午，前山東省銀行同事馬麗珊女士來訪，談在石門水庫建設委員會工作，現已由中壢移至十一份辦公，又談其夫君王景民君仍在花蓮工作，前曾謀亦至石門水庫，因另有競爭者，以致失敗云。下午，孫福海君來訪，為申請景美之放領地承購過戶事由李洪嶽律師代表出面，但另附有十人名單寫明全部聲請人，囑余蓋章。

瑣記

余昔對於美國出版之 *Reader's Digest* 無何印象，自九月間旅行閱讀九月號該刊後，始知此一素樸之雜誌確具有十分結實之內容，於是而發生愛好，數月來多由舊書攤購讀，價格十分廉宜，最近在書攤所買為最近數期，其中十月號不過五元，十一月號不過六元，在書店則需十一元，目前店內所陳者以最近期者為十一月份，而余則竟在書攤上以八元買到十二月號，據云係由洋人處收買而來，如此情形殊非夙昔所知也，現在本年全年之該刊除六月份與二月份係由安全分署圖書室借閱不復買入外，其餘十個月份已完全自有，紹南對此刊物本亦愛好，於吸收新知及閱讀英文均有幫忙之處云。

12 月 16 日　星期一　晴陣雨

職務

　　今日工作為將月來所查各工程總隊之帳目所得各項剔除款目加以整理，彙算總數，首將各頁工作底稿上所記之各項剔除數之過於零碎如香煙或稅費之類者，加成一小計數，數下用紅筆標出，然後分類得其總數，於是製成兩項統計表，作為寫報告時控制剔除款總數之依據，以免有遺漏或相加不符之虞，兩表一為按預算科目排列，知每科目內各剔除若干，二為按剔除之性質分別計算，計分為稅費、交際、錯誤，及不屬於援款期內等四項（Taxes, Entertainment, Error, and Beyond PPA Provisions），兩表之左標皆按各單位分列，計有五個總隊、一個技術總隊、一個獨立大隊，兩表各以縱橫相加表示不誤，另以兩項總數之互相一致而表示劃分之無誤，此兩表之核算因算盤運用特加小心而得以順利告成焉。

交際

　　晚，安全分署會計處同仁聯合為新任之副會計長 John Vicedomini 及 John Gould 洗塵，表示歡迎之意，地點在鐵路局招待所，凡四席，外籍被請作陪者有 Controller S. Baranson 及 Audit Division Chief A. O. Johnson，席間各有演說，主方由陶聲洋君代致歡迎詞，言簡意賅，甚為得體，室內懸有紅額 "Welcome"，與去年歡送 Gordon 者之用 "Bon Voyage" 者有異。

12月17日　星期二　晴陣雨
交際

　　中午，到善導寺為同事張孝棠君母喪弔奠，事先送花圈一具，係與徐正渭君聯合為之，弔後因招待人員堅留午餐素齋，故未辭去，飯後返。

集會

　　晚，到區黨部出席委員會議，今日之會只有三項討論事項，一為有一黨員辱罵市議員黨內候選人，經查明，決定送紀律委員會議處，二項為申請入黨者請通過准如所請，三為入黨已經調查明確者請開始訓練程序，計費時半小時，而會議開始時先為冗長之報告，用去二小時餘，直至討論完畢散會，余以精疲力竭，而常委劉壽朋氏仍精神煥發，可謂樂此不疲矣。

12月18日　星期三　晴
職務

　　開始寫工程總隊用援款之查帳報告，因現在之外籍負責人力主報告須簡短，故儘量將詳細材料綴成附表方式附於報告之後，於是報告正文即可只申述總數，而將細數註明見附表即可，此項附表按支出科目寫成，每表詳列剔除款之傳票號數、日期、金額，及剔除之原因與支出之性質，按本計劃中之支出科目凡六，其中有三科目甚單純，只在報告本文申述即可，另有三科目則筆數繁多，如家具，如交際費，如援款期間外支出等項，報告內準備只寫總數，而附表則一一分列，表成加總數與前日之統計表相對照，幸迅速對壘，無何錯誤。

12 月 19 日　星期四　晴細雨

職務

　　終日繼續寫作工程總隊查帳報告，今日之工作為根據所得各項資料，將要緊部分須在報告 Findings 正文內列舉者加以列舉，為減少篇幅計，儘量將細數歸入附錄詳表，正文中只寫總數，今日尚未寫完，其原因之一為共同查帳之胡君對於剔除項目認為尚須調整，其中一為各項汽車乃就地所買，其中必包括進口稅捐，但為數若干須由賣主處查明，此項資料尚未完全得到，另一原因為關於隊員補助之三個月生活費，余本照 PPA 所定總數 6235 人為基準，每月照國防部實發數 150 元計算，超過者剔除，如此應列支二百八十萬之譜，較之實付三百萬應剔除二十餘萬，但胡君根據輔導會所提人數統計尚不足 6235 之數，計算結果只二百六十萬餘，尚須剔除四十萬餘。此二項後者須改算，前者須等待，故不易迅速告成焉。

家事

　　紹南報考中央信託局保險辦事員錄取第一名，已領來保證書空白，余於今晨到台灣省合作金庫訪隋玠夫兄，託為作保，紹南因現在任職台大助教，因恐不能兼顧，頗感躊躇，德芳勸之不聽，經余剖析其利害，認為機不可失，應向學校當局說明，如能通融兼辦最好，否則請求中信局延展半年，不可在大意中拋棄一方，渠始無異言。

12月20日　星期五　晴有細雨

職務

　　今日將工程總隊查帳報告之本文寫成，由於其中各項數字儘量歸納於附表之內，而附表三件已於前日寫就，故本文寫來極為簡單，計稿紙用去五葉，連附表共十二葉，再連胡家爵君擔任之部分不過倍於此數而已。全報告除開端各項例須寫入之要項外，Findings 共分六大段，一為 PPA 所規定之重要約束事項，二為本計劃在事工上之成就，三為援款收支存餘之概況，四為費用預算與實支之比較，五為各項剔除款之要點，六為財務購置與管理之情形，其中一、二、六由胡君擔任，三、四、五由余擔任，另有附表三件為說明第五大段之詳細內容，包括逐筆之日期傳票號數及金額等項，極為詳盡，目的在節約正文之篇幅，蓋外籍人員一再強調報告需簡單扼要也。今日所寫各段因一部分未先閱胡君部分前即行寫就，而有胡君亦已寫入者，故下午重新行文，刪除與胡君重複之處，以示一致。據云安全分署會計處對於審閱報告今後將成為 Allen O. Johnson 之全權工作，此本為會計長 Baranson 所必須親自過目者，後又將此事堆之於副會計長 J. Vicedomini，而此人甚不迅速，於是又推之於 Johnson 矣，此人最恨報告冗長，再三表示須簡單明瞭，今後彼負完全責任，當能貫澈其初衷也。

12 月 21 日　星期六　晴

瑣記

為準備最近為大門加漆並將地板重新油漆一道，到市上探詢有關事務，前數日曾在永固造漆公司得悉普通所用油漆只能用於門窗，漆底有濃厚之顏色，至於地板所用則為先用洋乾漆，再用凡利水，永固只賣凡利水，不賣洋乾漆，今日到附近潮州街口詢問，又知所賣洋乾漆無色，欲用何色，須自行混合，又有一漆匠云，須用透光漆再漆一道，即更佳矣，但亦有謂不需要者，於是到永固買地板凡利水半加侖，又買油漆四分之一加侖，準備油漆大門。

師友

途遇高注東兄，係昨晚來此，將參加廿三至廿五日之光復大陸全體委員會與國大代表年會者，余因上月曾由其公子代為簽名代余向國大秘書處買西服衣料，其後聞屏東方面亦已配售，其本人亦買，乃仍改用余本人名義另買一套，只不分期付款，此事一直未去信說明，故今日亟為解釋原委。

體質

自昨日起左鼻有閉塞現象，刺激左眼陣陣流淚，且微感頭痛，夜間睡眠多夢囈，但似未發燒，諒非傷風，只是鼻炎，又名花粉病而已，飲食尚無影響，試用噴射式之鼻藥 Biomydrin 數次，無何感覺。本月四日在肺結核防治中心照小片，現已接到通知，謂肺部正常云。

12 月 22 日　星期日　陰

師友

上午，與高注東兄互值於巷外之馬路上，乃同到省
立台北醫院探望武英亭兄之病，此為武兄病倒後余再
次往探，見氣色轉佳，但仍不能言語，只能勉強喊出
「椅」字，聞其經濟情形仍有待於援助云；辭出後又同
到中山堂辦理光復大陸委員會全體委員會議之報到手
續，同回余寓午飯，飯後高兄辭去。

集會

下午五時到貴陽街搭車赴陽明山革命實踐研究院應
陳副總統之邀集參加晚宴，所約皆研究院畢業之國大代
表，計六百人左右，飯後由陳氏報告希望互相策勉，勿
放過社會不良風氣共負改善之責，並報告若干瑣碎感
想，對於眾所預料之國民大會代表正在辦理簽署提議舉
行臨時國民大會一案將於今日有勸阻之表示，反無隻字
道及，咸出意外，七時散。

娛樂

晚，應高注東兄之約到三軍托兒所禮堂觀中美
合作技術研究會（Sino-American Technical Cooperation
Association）所出演之平劇，由戴綺霞主演辛安驛代洞
房，表情與蹻工皆有可觀，場內且有數外籍人士在座，
印有西文說明，十一時散。

體質

所患花粉病鼻炎，今日流涕流泪之現象已大見輕
減，不知是否噴射 Biomydrin 之原因，抑其自然週期如

此云。

12 月 23 日　星期一　晴

職務

　　與胡家爵君將工程總隊援款之查帳報告作最後之編排整理，於下午定稿，繼即從事於排列 work papers，成為十大項，以 ABC …… 等加以分段，並加 thumb index，今日定稿時對於其中所指之以單據之十倍矇混報銷一段，採用胡君之意見，不如此詳細指明，只籠統的謂有差額若干無單據，以免洋人主張對此等事須發掘至於水落石出之階段，而余等固不負有此責任也。

集會

　　中午，到中山堂參加陳副總統邀集之聚餐，此為光復大陸研究委員會全體委員會議之局部聚餐，因人數太多，限於場地，分為兩天舉行也。今日上下午均有委員會議，余因事不能參加，只託高注東兄將簽到卡片每場一份代為遞交云。

家事

　　紹南考取中央信託局辦事員後，曾向其台大商學系主任劉南溟氏報告一切，意在希望能兼顧雙方，不料劉氏大發牢騷，認為在校聘約一年，除非有妥當代課之人，不可輕易辭去，且阻其暗中兼職兼薪之圖，今日到中央信託局人事科說明困難，希望能將任用之期延展至將來，尚未有結果，據悉此次考取共十五人，已通知八人任用，紹南如請求延至第二批，當可邀准，但延至何時，是否仍能不妨固有職務，殊無把握云。

12月24日　星期二　晴

職務

今日只將所作工程總隊查帳報告作最後之複閱，將頁數編就，又將 work papers 加以編列，即到署準備參加酒會，故事實上等於休假也。

集會

下午，到中山堂出席光復大陸設計研究委員會第四次全體委員會之第四度集會，坐定後只聽逐一之冗長的報告，謂係自由交換意見，不忍卒聽，即行早退。晚，出席區黨部委員會議，討論即將於下月舉行之市議員選舉應如何開始展開競選工作，余因另有他事，故未終席而退。晚，出席小組會議，余因另有他會，故未待開始退席。

交際

上午十一時，在安全分署參加酒會，此會由 Baranson（Controller）、Johnson（Audit Division Chief）、Vicedomini（Deputy Controller），及 Gould（Field Auditor）聯合邀請，除本處全體外，尚有有關係之機關來賓多人，本署其他各組關係人員多人，酒食甚多，但未必全適合中國人之口味，聞四人共用款美金七十五元云。

師友

晚，到泉州街訪葛之覃兄，因渠在中央信託局服務，故託其在局內向人事方面為紹南解釋不能立即赴局服務之理由，請求延展至明年六月底，葛兄謂諒無困難，甚至主張，如局內諒解，暫行兼顧，有何不可，余意學校方面既已有不肯放鬆之表示，且初出學校即為此表裡相悖之事，亦不甚妥，故不主拖泥帶水云。

12 月 25 日　星期三　晴
集會

　　上午九時到中山堂出席國民大會代表年會及行憲十週年紀念會，因係紀念會性質，故並邀有立法委員與監察委員參加，首由主席曾寶蓀女士報告，繼由蔣總統致詞，首先對於十年來各代表患難與共表示快慰，繼對於五權憲法之不可絕對分裂加以強調，認為如各人只知有己不知有人，此乃共匪之所欲而大陸同胞必對吾人失望者，此乃針對近來監察院與行政院為俞院長拒絕應邀報告之爭執而發，聽者皆為動容，最後宣讀預擬之講稿，歷時前後一小時而散。上午續開預備會，由俞鴻鈞院長報告一般行政情形，皆為空泛之論，歷半小時而散。下午繼開年會大會，討論各代表之提案凡數十件，皆未費討論時間，即行通過，余因事先行外出，未終會而散。傍晚，國民大會舉行十週年行憲酒會，中外來賓參加者甚多，頗極一時之盛。

娛樂

　　晚同紹南到三軍球場參加國民大會勞軍晚會，節目甚多，首為歌唱，次為京戲清唱與採排，有李金棠、劉玉麟、于正蘭、張正芬之天女散花等，再次為相聲，山東樂曲，此即膠東尤其棲霞之笙管合奏，鄉音濃重，悠揚悅耳之至，三十餘年不聞此調矣，最後由康樂隊演三幕舞劇「昭君出塞」而散會，時為十時半。

12月26日　星期四　晴

職務

今日只為退除役官兵各工程總隊之查帳資料再作補充整理工作，緣各工程總隊在開辦時即有帳蓬與鋪板各數批，由輔導會統一購發，各隊之支出憑證僅有輔導會之記帳通知單，或未附記帳通知單，只用證明條作為單據了事，當時由會同查核財產之胡家爵君在採購部分核閱投標紀錄，認為相符，一面通知會計部分檢送發票，由於此等發票在購買出帳時係在該會本身經費內墊支，而支出之日期又不完全相同，故遲遲未能檢送，而查帳工作已經結束，故不及等候，只得作為相符了事，近日經辦人員又將單據逐一檢出送核，余因其費時太多，乃補行審核，其中帳蓬有數家供給，付款先八成後二成，但彙計總數則相符，且所購較轉入相對基金數額且有超過，則此項支出之均有單據，自無問題，鋪板一項則係向林產管理局買入原二級針葉木，一次付款，後又招標加工，在相對基金內支付之數係分發鋪板至各單位之數量按均價彙算者，其所餘之木材則未歸相對基金負擔，前後處理經過亦經胡君詳查而於今日將單據核對亦屬相符者，此兩部分與其他財產性支出如被服等之由輔導會 Material Stock Fund 內開支者不同，因當時尚未有此 Fund 存在也。

12月27日　星期五　晴

職務

中國生產力中心一九五八會計年度請求美援補助

經費二百一十餘萬元，提出申請書一紙（Counterpart Fund Application），由美援會轉來安全分署，主管之 ADI、ADO 兩部分均已照准，而送會計處會稿（for clearance），劉允中主任因過去查帳工作由余擔任，乃將此件交余處理，余經過半日之研究，並將前次查帳報告加以檢查，又因此項申請應以 PPA 為基本根據，乃至 ADI 先後與主辦之 H. E. Eu、C. M. Tien 及 Norman Wood 洽詢，知 PPA 尚在 process 階段，乃調取草稿，以觀其中有關部分有無歧異，知其中亦將以二百一十餘萬元為該中心經費，情形全部明瞭後，遂於下午寫成意見書，並自用打字機打就，其大致為：（1）去年實支只一百三十餘萬元，今年實增八十餘萬元，其原因為人員增加，辦公費增加，事業費增加；（2）由增加情形分析，其中事業費部分如能經費隨事業增加，本會計處當不反對，但薪俸部分又另立名目增列交通津貼四萬元，辦公費部分除房租乃契約支出，所增雖多，尚屬合理外，其餘皆應撙節，蓋依 PPA 規定明年即應減去美援四分之一，今年似仍以保持去年限度為佳也；（3）此兩項應減列十五萬元，故總數應為一百九十餘萬云。寫成後於下午立即到署交劉允中主任，渠對此加以詢問並了解後，將根據此意簽註云。

12 月 28 日　星期六　晴
師友

前日聞之張志安先生，知呂明誠兄臥病台北醫院，病為半身不遂，乃於今日上午前往探視，見神智甚清，

飲食亦甚為正常，只是臥床難動，不能說話，據云已經
月餘，現在比初患時已有進步云。

瑣記

元旦日出版之今日世界半月刊已經發行，其中所刊
填字遊戲，余亦作出，全部自知甚確，只餘一個名詞非
余所知，手頭書籍難以參考，苦思亦無所獲，其提示
云，兩字為江蘇省縣名，地在贛榆西，複姓亦有用此二
字者，已知其第二字為「其」字，蓋其交叉句為「后亲
其蘇」，此二字則由其向上頂格也，今日到中央圖書
館，先查古今圖書集成方輿彙編，只有數省，內無江
蘇，又查明倫彙編，氏族部分亦不完全，翻閱人名大辭
典與地名大辭典，因不知首字，仍然不得其門而入，於
是查閱通志氏族略，見複姓之第二字為其者有三，乃逐
一與辭源核對，獲知「祝其」為複姓，同時亦為古縣
名，乃斷定為此，於是此一難決問題迎刃而解，此條極
冷僻且不易入手查書，恐應徵者不會太多，而擬題者
之常識最為豐富也。（此項填字題乃仿自西文之 cross
word puzzle，而作者數年來命題之圖式始終保持四角對
稱之章法，即此一端，已見其選用成語資料之能從容取
捨，不感拮据，非一般泛泛者可比也。）

12月29日　星期日　晴

集會

台灣省會計師公會下午在人民團體活動中心舉行常
年會員大會，余因年來並未執行業務，本不欲出席，因
接于國霖君由台中來信委託代理出席，遂不得不前往一

行，通知時間為下午二時，二時半余往尚只十餘人，至三時開會只四十餘人，尚包括被代理者在內，顯然不足法定人數，不知將來作為正式會抑作為談話會，余於開會後即先行退席，至於代于君所攜回之資料則以一份轉寄于君云。

家事

　　紹南考取中央信託局後，因其服務之台灣大學商學系主任劉南溟不肯應允，進退為難，日昨所託之葛之覃兄來電話云，經與該局產險處相壽祖經理與主管科主任談商，因其中有一人以服兵役為由請求保留，俞國華局長未允，只批將來役滿時再議，故咸以為不必再用此方式，仍以到局服務為宜，台大職務在上課時，局內暗地予以通融即可，余歸與德芳及紹南商量，認為不必再行躊躇，不妨即行到職，將來再託人向劉主任解說絕不耽誤學校方面份內之事，今日又有兩事證明此事非就不可：一為相經理來託人說明如能到局服務，以在十二月底前到局為宜，考績有方便處，二為紹南今日在學校遇其擔任助教之教授蘇在山氏，彼詢紹南，紹南告以經過，表示進退兩難，蘇氏認為機不宜失，往就為佳云。

12 月 30 日　星期一　雨

職務

　　開始 George Fry and Associates 之 Follow-up audit，今日只將自春間查帳後所增加之文卷加以檢查，以明此期間有何案情，又將此期間經費現金收支情形加以核算，以明其經費支用與繳回之梗概，並分別摘錄要點，以備列入 working file。

閱讀

　　連日略讀 John Mantle Clap 著 *Accountants' Writing* 一書，此書目的在討論會計師所寫作之會計文件與查帳報告如何避免技術名詞與專業文字，而使行文通俗曉暢，使外行人亦能知其內容，各章由用字、成語、造句、分段、核閱、朗讀，逐次討論，末並舉文例以明，讀後頗多啟發之處，惟彼所談乃美國會計師界之情形，中國人而能在英語上有此造詣者甚不多也。略讀 Reigner: *English for Business Use*，此為一教科書，在商業文字上之造句用字等等討論，頗值得注意，至於談程序與格式等章，則因無何特殊之見解，未加詳閱，則亦為時間所限也。

師友

　　下午訪隋玠夫兄於合作金庫，託代存之款已滿兩月，即將利息取來，並承贈月曆一份。晚，趙榮瑞君來訪，談所借三百元因年終獎金至今未發，暫難歸還，此外並送來日曆兩份，一案頭一懸掛。

12月31日　星期二　晴

職務

　　上午照常辦公，應於明日屆期發放之薪俸，提早於今日上午發給，下午即開始放年假，故上午只整理文件，並與胡家爵、徐正渭二君商定明年開始查核之帳目，為手工藝中心與漁殖計劃二項。

家事

中午，表妹婿隋錦堂之同族隋洪林由姑丈引導來訪，渠係台南工學院畢業，刻正進行出國，但恐役男資格與獨身無家在台者不易邀中美雙方之許可，關於出境證手續有二人保證，其一已託警務處李德洋，其次將託余為之，當即為之蓋章，並託其持赴國大秘書處用印。

交際

晚，公路局新任局長林則彬在天長酒樓請客，在座尚有美援會張元本、劉溥仁及另一秦專員，本署余及樓有鍾、徐正渭、胡家爵等，林君談及曾在膠濟路高密任工務段長，前後共任職該處十二年之久云。

置產

所住羅斯福路房屋自去年漲價前申請承購，至今始得通知按舊價繳款，今日余乃前往，繳價共地房合計四千七百七十元，另欠租二十個月三千一百四十八元（初收至十二月份尚多一個月，後即發覺照退十二月份一百五十七元四角），取得收據，謂產權證明書須一兩月後始能開出，屆時再通知持往辦理土地登記云，此案本已通知照新價計算，經異議後始改，昨日德芳曾往欲先繳產價，俟新年後再繳欠租，無結果，乃提前取出合會公司存款於今日全部繳清。

附錄

發信表

日期	人名	事由
1/7	繆其昌	附寄安徽省銀行證件
1/15	鄭旭東	送黃海公司顧問證書
1/15	翟宗濤	借事務所事待另方答復再議
1/20	翟宗濤	事務所已另借出矣
1/20	楊孝先	收到所還二百元
2/10	簡樹水	營林組合名單早為周爐索去
3/18	朱興良	近況
3/18	王雲飛	索公銀業務原理手冊
3/19	王慕堂	張直夫售房子，安全分署不買房
3/19	叢芳山	託代周靖波催詢大陸救災會貸款
4/2	吳伯實	承託事未多有速效
4/2	牟瑞庭	承託事未多有速效
4/4	張中寧	新中央樣品事已詢悉
5/8	高注東	託代送潘維芳子喜儀
5/30	高注東	匯還代墊五十元
5/30	楊孝先	失約表歉
5/30	于治堂	會計師總清查
6/14	朱興良	彰化行對保信寄回
7/6	李子敬	賀子訂婚
8/27	公產代管部	請迅辦承購房地事
9/11	馬忠良	興學募資事請假時日並減配額
10/26	閻若珉	通候（星加坡）
10/26	李德民	復勉渡困難
11/29	公車處	請嚴辦毆打學童之車掌
12/11	公產代管部	請照舊價買房
12/19	馬忠良	匯一千元為補校助基金
12/29	于國霖	函寄會計師公會大會文件

經濟收支表

日期	摘要	收入	支出
1/1	上年結存	1,985.00	
1/1	家用		1,400.00
1/2	兩周薪	1,815.00	
1/2	上月車錢		110.00
1/2	看溜冰、打針、癬藥		100.00
1/7	旅費		229.00
1/7	字典、書刊		39.00
1/9	打針及維他命 B 一瓶		25.00
1/9	晚飯、黨費		25.00
1/11	酒		10.00
1/16	兩周薪	1,815.00	
1/16	打針		30.00
1/19	光復會車馬費	300.00	
1/19	家用		300.00
1/19	理髮		3.00
1/19	光復會同仁喪事捐		10.00
1/24	景美放領地地價		170.00
1/24	合作大樓房租退回	750.00	
1/24	家用		580.00
1/24	韓榮齡喜儀		20.00
1/24	郵票、勞軍		10.00
1/24	紹彭蛋糕		12.00
1/25	德芳襪、紹中鞋、茶葉		50.00
1/26	二月份待遇	1,000.00	
1/26	德芳襪、手套、領帶		150.00
1/26	年俸加發	1,000.00	
1/26	酒、車票、紹彭理髮		55.00
1/26	本年一月份眷貼	100.00	
1/26	同仁捐		35.00
1/26	牙刷、兒童樂園、印卡片		30.00
1/26	家用		1,000.00
1/29	第四建築合作社公費	2,000.00	
1/29	家用		700.00
1/29	兩周待遇	1,815.00	
1/29	車錢		120.00
1/29	打針		30.00
1/30	酒		12.00
	合計	12,809.00	5,026.00
	本月結存		7,783.00

日期	摘要	收入	支出
2/1	上月結存	7,783.00	
2/9	理髮		4.00
2/10	奶粉		33.00
2/10	黨費		4.00

日期	摘要	收入	支出
2/10	補 30 日車錢、又 31 日車錢		75.00
2/10	補 31 日王興西代表兒童壓歲錢		100.00
2/10	桔子、蛋、報紙等		25.00
2/10	付衍訓		200.00
2/13	兩周待遇	1,815.00	
2/13	張建國喜儀		100.00
2/13	毛巾、砂糖		35.00
2/13	家用		1,500.00
2/13	酒、桔子等		25.00
2/15	光復會車馬費	300.00	
2/15	德芳藥十丸		55.00
2/15	德芳汗衫		15.00
2/15	酒、毛巾二條		20.00
2/15	光復會同人捐（勞軍）		10.00
2/16	車票、襯衣、肥皂、電影、車錢、水果		140.00
2/18	衛生用品、藥皂、本色布		35.00
2/19	書刊、聚餐		15.00
2/20	書刊、針藥三支		55.00
	合計	9,898.00	2,446.00
	本月結存		7,452.00

日期	摘要	收入	支出
3/1	上月結存	7,452.00	
3/1	理髮		6.00
3/1	本月待遇	1,000.00	
3/1	扣同人捐		30.00
3/1	上月眷貼	100.00	
3/1	花蓮什用		46.00
3/1	稅務旬刊稿費	450.00	
3/1	雞蛋		130.00
3/1	花蓮薯、牛肉乾、肉、香蕉		95.00
3/1	賞工程處女工		30.00
3/1	皮鞋（余與紹南）		340.00
3/1	毛線一磅		225.00
3/1	洗衣、車錢、酒、報刊		31.00
3/1	送人拖鞋、看電影、食品		72.00
3/4	上兩周待遇	1,815.00	
3/4	公請 Gordon		100.00
3/4	上月包車		120.00
3/4	家用		1,000.00
3/9	書刊		10.00
3/9	奶粉二磅		34.00
3/9	牙膏二支		10.00
3/9	換鞋跟		10.00
3/9	車費		6.00
3/13	東勢旅費	540.00	

日期	摘要	收入	支出
3/13	酒		12.00
3/13	兩週待遇	1,815.00	
3/13	換鞋跟		10.00
3/17	酒、電影等		30.00
3/19	光復會車馬費	300.00	
3/19	辭源、書刊、健素		160.00
3/19	瑤弟買車尾數		40.00
3/19	針藥五支		75.00
3/22	花蓮旅費	425.00	
3/22	食物、酒		20.00
3/23	檯燈		135.00
3/23	奶粉四磅		84.00
3/23	本月眷貼	100.00	
3/23	看病		25.00
3/23	茶葉、書		56.00
3/23	理髮		4.00
3/24	龔璧端奠儀		50.00
3/27	兩週待遇	1,815.00	
3/27	酒、電影		25.00
	合計	15,812.00	3,021.00
	本月結存		12,791.00

日期	摘要	收入	支出
4/1	上月結存	12,791.00	
4/1	維他命 B1		60.00
4/2	書刊		40.00
4/3	上月車資		120.00
4/3	兒童節書刊、食物		10.00
4/3	家用		1,800.00
4/6	本月國大待遇	1,000.00	
4/6	寄衍訓		300.00
4/6	本學期子女教育費	400.00	
4/6	同仁捐、郵票		25.00
4/6	看病		20.00
4/8	曹太夫人喪儀		50.00
4/8	車錢、酒、茶		20.00
4/12	理髮		4.00
4/12	兩週待遇	1,815.00	
4/12	家用		300.00
4/12	修收音機及收聽費		140.00
4/13	看病、英字典二種		60.00
4/14	書刊、茶葉、地瓜、鳳梨酥		60.00
4/16	光復會夫馬費	300.00	
4/16	家用		300.00
4/20	藥皂、書刊		20.00
4/20	奶粉一聽、蛋五枚又十枚		40.00
4/23	聚餐		30.00

日期	摘要	收入	支出
4/24	兩週待遇	1,815.00	
4/24	打針		30.00
4/24	家用		1,300.00
4/24	標會付息 104 收息 153 之差額	49.00	
4/24	蚊香、汗衫、手套、毛巾、糖		90.00
4/24	酒、洗衣工資		126.00
4/27	肥皂 20 塊、雞蛋十一個		33.00
4/27	奶粉二磅		42.00
4/28	電影、電料		20.00
4/28	理髮		4.00
4/30	捐魏建言治病		30.00
	合計	18,170.00	5,074.00
	本月結存		13,096.00

日期	摘要	收入	支出
5/1	上月結存	13,096	
5/1	家用		100.00
5/2	聚餐、車費		26.00
5/3	上月包車		120.00
5/4	本月待遇	1,000.00	
5/4	扣同仁捐		20.00
5/4	本月眷貼	100.00	
5/5	解毒丸三粒、食品、禮券		70.00
5/5	王興西子喜儀		100.00
5/7	魏壽永女喜儀		100.00
5/7	看病		75.00
5/8	牟瑞庭借		50.00
5/8	兩周待遇	1,815.00	
5/8	看病		35.00
5/11	傷風藥		84.00
5/11	毛巾、肥皂、車票		34.00
5/11	21 期聯誼會攤開支		50.00
5/12	奶粉三聽、葡萄乾		66.00
5/12	傷風藥		45.00
5/12	雞蛋斤半		21.00
5/12	補 9 日看病		50.00
5/15	藥品		150.00
5/15	車錢等		25.00
5/17	上星期車錢		40.00
5/17	盛禮約子喜儀		100.00
5/18	綸祥廠 4/25-5/13 利息（3,000）	50.00	
5/18	理髮		4.00
5/18	公共車票三本（二學一公）		70.00
5/18	其他另用		6.00
5/18	光復會車馬費	300.00	
5/18	書刊、兒童食物		50.00
5/19	定做西褲		100.00

日期	摘要	收入	支出
5/19	香港衫、童襪、被單布等		230.00
5/20	鹹蛋、葡萄乾、麵包等		35.00
5/21	香港衫一件		170.00
5/21	兩週待遇	1,815.00	
5/21	書刊等		30.00
5/21	家用		1,000.00
5/22	家用		1,500.00
5/23	西褲付清		120.00
5/23	縫工、牙膏、芒果、書刊、酒		50.00
5/30	潘維芳子喜儀		50.00
5/30	家用（修屋）（支票 800、700，又現款 400）		1,900.00
5/31	車錢		5.00
5/31	端節賞工友		20.00
	合計	18,176.00	6,701.00
	本月結存		11,475.00

日期	摘要	收入	支出
6/1	上月結存	11,475.00	
6/1	電扇		694.00
6/1	本月待遇	1,000.00	
6/1	扣同仁捐		25.0
6/1	送龔太太禮		86.00
6/1	德芳用傘		195.00
6/1	包車預付一部		150.00
6/1	家用		250.00
6/2	紹寧鋼筆等什用		10.00
6/2	酒		12.00
6/5	兩週待遇	1,815.00	
6/5	定木板		20.00
6/8	書刊、糖、汗衫		35.00
6/8	理髮		4.00
6/8	酒、油漆		48.00
6/9	奶粉、洗衣		95.00
6/10	助武英亭兄		200.00
6/13	藥品		95.00
6/13	郵票等		5.00
6/15	光復會車馬費	300.00	
6/15	同仁捐		20.00
6/15	肥皂、木料、酒		55.00
6/15	龔舜衡子喜儀		50.00
6/17	綸祥廠利息	90.00	
6/17	食品、所得稅		20.00
6/19	兩週待遇	1,815.00	
6/19	補本月家用、修屋		1,200.00
6/20	書刊、檀扇、牙刷、梳		76.00
6/20	家用		1,000.00

日期	摘要	收入	支出
6/21	書刊、車票		100.00
	合計	16,495.00	4,445.00
	本月結存		12,050.00

日期	摘要	收入	支出
7/1	上月結存	12,050.00	
7/1	電車車票一部		40.00
7/4	短褲布、車錢、支票本		50.00
7/4	兩周待遇	1,815.00	
7/4	德芳衣料		620.00
7/5	花呢三公尺		660.00
7/6	本月待遇	1,000.00	
7/6	同人捐助		35.00
7/6	上月眷貼	100.00	
7/6	蛋、奶粉		83.00
7/6	紹中車票、紹彭短褲		28.00
7/6	襪子、酒、扣子		34.00
7/9	捐女師幼稚園		50.00
7/9	針藥二種		115.00
7/10	維他命 B		45.00
7/10	修理收音機		50.00
7/10	包月洗衣		150.00
7/16	贈張緒心物品		90.00
7/16	紹中鋼筆、葡萄乾、食品		70.00
7/16	製衣		25.00
7/16	茶葉半斤、蒸餃、洗衣		30.00
7/16	家用		1,300.00
7/17	兩周待遇	1,815.00	
7/17	德芳修表、包車		240.00
7/20	息金	90.00	
7/20	所得稅、酒、紹南用		25.00
7/20	光復會車馬費	300.00	
7/20	同人捐、理髮		15.00
7/21	襪、電影、花生、西瓜、香蕉		50.00
7/26	家用		1,800.00
7/31	兩周待遇	1,815.00	
7/31	縫工		550.00
7/31	家用		350.00
	合計	18,985.00	6,505.00
	本月結存		12,480.00

日期	摘要	收入	支出
8/1	上月結存	12,480.00	
8/1	蚊帳		170.00
8/3	本月待遇	1,000.00	
8/3	肥皂、香皂、茶、車票、葡萄乾		110.00

日期	摘要	收入	支出
8/3	上月眷貼	100.00	
8/3	洗衣、奶粉、藥皂、蚊香		140.00
8/9	麥片、雞蛋、書刊		50.00
8/10	理髮		5.00
8/10	景美代書費		400.00
8/10	紹彭、紹因汗衫、預約字典、手帕		65.00
8/11	B片、鈣片、洗衣、手絹、汽水		75.00
8/12	補記上月包車		80.00
8/14	利息	90.00	
8/14	車錢		5.00
8/15	蘋果		15.00
8/15	本兩週待遇	1,815.00	
8/15	本月家用		850.00
8/16	針藥、片藥、溫度表、膠布		200.00
8/17	光復會車馬費	300.00	
8/17	書、糖、香蕉、車錢		85.00
8/19	字帖九宮格		10.00
8/20	內衣、書刊		65.00
8/22	看病		30.00
8/24	黨費、中秋勞軍		15.00
8/24	兩期潭墘地價稅及一期罰金		220.00
8/24	茶葉、毛巾、車票、電影		80.00
8/28	兩週待遇	1,815.00	
8/28	家用（半月來累計）		1,150.00
8/31	電影		10.00
	合計	17,600.00	3,830.00
	本月結存		13,770.00

日期	摘要	收入	支出
9/1	上月結存	13,770.00	
9/1	書刊		20.00
9/2	本月待遇	1,000.00	
9/2	李金華賻儀		40.00
9/2	上月眷貼	100.00	
9/2	中秋勞軍		10.00
9/3	針藥		40.00
9/6	針藥、保女榮		95.00
9/6	車票二種、毛巾四條、肥皂五塊		90.00
9/6	紹中學費等		360.00
9/6	什用		5.00
9/9	光復會車馬費	300.00	
9/9	書刊		10.00
9/11	半月待遇	1,815.00	
9/11	崔唯吾氏壽糕		80.00
9/11	字帖		10.00
9/12	書刊		10.00
9/14	本月眷貼	100.00	

日期	摘要	收入	支出
9/14	書刊、去漬油		20.00
9/18	奶粉一聽、洗衣		30.00
9/19	利息	90.00	
9/19	針藥、牙刷		65.00
9/20	辦戶口、砂糖、酒		28.00
9/20	理髮		4.00
9/20	月來家用		2,500.00
9/22	書刊、鎖、鹽酸、汗衫		50.00
9/24	電影、水果		15.00
9/25	鳳梨酥		40.00
9/26	參觀、車錢		13.00
9/28	月票、車錢		40.00
9/28	酒、蛋、牛皮紙		25.00
9/29	德芳看病		50.00
9/30	兩週待遇	1,815.00	
9/30	髮蠟、蚊香、梳、鞋油		54.00
9/30	兒童樂園三本		10.00
9/30	家用		700.00
	合計	18,990.00	4,414.00
	本月結存		14,576.00

日期	摘要	收入	支出
10/1	上月結存	14,576.00	
10/1	什用		1.00
10/1	本月待遇	1,000.00	
10/1	奶粉三磅		66.00
10/3	書刊、米度尺、洗衣、租書		30.00
10/4	午飯、茶葉		20.00
10/8	什用		7.00
10/9	本月待遇	1,815.00	
10/9	葛之覃子喜儀		100.00
10/11	旅費結餘	260.00	
10/11	家用		1,500.00
10/12	理髮		3.00
10/12	酒		12.00
10/13	玩具、展覽地圖、什用		12.00
10/14	藥品、報紙		20.00
10/17	水果、什用、車錢		40.00
10/18	蛋（共150，由家用中付60）		90.00
10/19	絲棉、書刊		25.00
10/21	旅費結餘	325.00	
10/21	藥片、藥膏		8.00
10/21	利息	90.00	
10/21	藥針二種		172.00
10/22	車票、牙刷		39.00
10/22	照相		21.00
10/22	家用		500.00

日期	摘要	收入	支出
10/23	兩週待遇	1,815.00	
10/23	食品、洗衣		10.00
10/24	藥皂、黨費、砂糖、杯盤		35.00
10/26	酒、郵票、魚肝油丸、毛巾、電影		40.00
10/28	酒、書刊		20.00
10/31	酒、檢查收音機		20.00
10/31	水果		10.00
	合計	19,876.00	2,801.00
	本月結存		17,075.00

日期	摘要	收入	支出
11/1	上月結存	17,075.00	
11/1	肥皂、茶葉		35.00
11/2	本月待遇	1,000.00	
11/2	觀影及另用		20.00
11/2	上月眷貼	100.00	
11/2	扣同人賻儀		40.00
11/2	理髮		5.00
11/2	家用		1,000.00
11/4	家用		1,000.00
11/6	本月待遇二周	1,815.00	
11/6	牙膏		10.00
11/8	針藥		40.00
11/8	車票二種、車錢		48.00
11/8	棉毛衫、書刊、酒		27.00
11/9	景美地戶稅及道路地代負擔部分		180.00
11/9	襯衣一件		60.00
11/10	大蛋糕、紹因鞋		85.00
11/11	茶葉、蘋果		25.00
11/12	酒、洗衣		15.00
11/15	光復會車馬費	300.00	
11/15	扣捐、蛋、針藥、書刊		112.00
11/15	家用		1,300.00
11/16	奶粉五磅、酒、兒童樂園		130.00
11/16	茶葉半斤、鹹蛋十個、藥膏		43.00
11/18	蛋		15.00
11/20	半月待遇	1,815.00	
11/20	DDT、牙膏		18.00
11/20	利息	87.00	
11/20	酒		12.00
11/22	上月旅費結餘	585.00	
11/22	ICA CLUB 食費		10.00
11/22	防癆印花		40.00
11/25	理髮、蚊香、酒、花生、香蕉		50.00
11/25	蘋果、蛋、胃藥、梳子		100.00
11/26	車票、蛋、皂、糖		87.00
11/28	布二段、教科書		70.00

日期	摘要	收入	支出
11/29	傘		75.00
11/29	藥針		40.00
11/29	水果、什用		15.00
11/30	于仲崑弟喜儀		60.00
11/30	家用半月米		1,500.00
	合計	22,777.00	6,267.00
	本月結存		16,510.00

日期	摘要	收入	支出
12/1	上月待遇	16,510.00	
12/1	書刊		20.00
12/4	兩周待遇	1,865.00	
12/4	六日買衣料四段		1,190.00
12/7	本月待遇	1,000.00	
12/7	毛線一磅		230.00
12/7	本期子女教育費	200.00	
12/7	扣第一次衣料價款		260.00
12/7	本年上月份眷貼	100.00	
12/7	扣同仁捐		30.00
12/7	捐政大獎學金		50.00
12/7	自治學會會費		10.00
12/7	賀年明信片		20.00
12/7	襯衣、茶葉、燈泡		65.00
12/7	牙刷、車票、鹽蛋、茶葉、毛巾		60.00
12/9	雞蛋、書刊		60.00
12/13	公請洋員份金		100.00
12/13	絲襪二雙		25.00
12/13	車票		34.00
12/13	劉壽朋侄女喜儀		50.00
12/14	書刊、酒		26.00
12/14	與紹彭理髮		6.00
12/14	蛋、水果		52.00
12/18	兩周待遇	1,865.00	
12/18	酒		12.00
12/18	利息	85.00	
12/18	家用（半月來）		500.00
12/18	玻璃杯、張孝榮母喪		55.00
12/18	光復會夫馬費	300.00	
12/19	郵票、印賀年片		16.00
12/20	蛋、桔、蕉		50.00
12/22	光復會出席費	200.00	
12/22	扣衣料款第二次		100.00
12/22	國大年會出席費	1,000.00	
12/22	扣會費、勞軍等		65.00
12/22	一月份待遇	1,000.00	
12/22	B complex 一瓶、酒		55.00
12/22	家用		900.00

日期	摘要	收入	支出
12/24	交換禮物		24.00
12/25	砂糖、藥品、蛋、香蕉		40.00
12/25	酒		10.00
12/28	本月眷貼	100.00	
12/28	內衣換領		15.00
12/30	利息	105.00	
12/30	車票、酒		45.00
12/31	兩周待遇	1,865.00	
12/31	補房租 20 個月		3,148.00
12/31	針藥、丸藥		154.00
12/31	日記本		30.00
12/31	蛋、香蕉		43.00
12/31	家用		1,720.00
	合計	26,195.00	9,270.00
	本月結存		16,925.00

吳墉祥簡要年表

1909 年	出生於山東省棲霞縣吳家村。
1914-1924 年	入私塾、煙台模範高等小學（11 歲別家）、私立先志中學。
1924 年	加入中國國民黨。
1927 年	入南京中央黨務學校。
1929 年	入中央政治學校（國立政治大學前身）財政系。
1933 年	大學畢業，任大學助教講師。
1937 年	任職安徽地方銀行。
1945 年	任山東省銀行總經理。
1947 年	任山東齊魯公司常務董事兼董事會秘書長。
	當選第一屆棲霞國民大會代表。
1949 年 7 月	乘飛機赴台，眷屬則乘秋瑾輪抵台。
1949 年 9 月	與友協力營救煙台聯中校長張敏之。
1956 年	任美國援華機構安全分署高級稽核。
1965 年	任台達化學工業公司財務長。
1976 年	退休。
2000 年	逝世於台北。

民國日記 46

吳墉祥在台日記（1957）

The Diaries of Wu Yung-hsiang at Taiwan, 1957

原　　著　吳墉祥
主　　編　馬國安
總 編 輯　陳新林、呂芳上
執行編輯　林弘毅
封面設計　陳新林
排　　版　溫心忻

出　　版　開源書局出版有限公司
　　　　　香港金鐘夏慤道 18 號海富中心
　　　　　1 座 26 樓 06 室
　　　　　TEL：+852-35860995

　　　　　民國歷史文化學社 有限公司
　　　　　10646 台北市大安區羅斯福路三段
　　　　　　　37 號 7 樓之 1
　　　　　TEL：+886-2-2369-6912
　　　　　FAX：+886-2-2369-6990

初版一刷　2020 年 9 月 30 日
定　　價　新台幣 400 元
　　　　　港　幣 105 元
　　　　　美　元 15 元
I S B N　978-986-99448-4-7
印　　刷　長達印刷有限公司
　　　　　台北市西園路二段 50 巷 4 弄 21 號
　　　　　TEL：+886-2-2304-0488

http://www.rchcs.com.tw

國家圖書館出版品預行編目 (CIP) 資料

吳墉祥在台日記 (1957) = The diaries of Wu
Yung-hsiang at Taiwan. 1957 / 吳墉祥原著；
馬國安主編 . -- 初版 . -- 臺北市：民國歷史文化學
社 , 2020.09

　　面；　公分 . -- (民國日記；46)

ISBN 978-986-99448-4-7 (平裝)

1. 吳墉祥　2. 臺灣傳記　3. 臺灣史　4. 史料

783.3886　　　　　　　　　　　109014832